Cheryl Benard und Edit Schlaffer

Mütter machen Männer

Wie Söhne erwachsen werden

WILHELM HEYNE VERLAG

MÜNCHEN

HEYNE SACHBUCH
Nr. 19/440

4. Auflage
Ungekürzte Taschenbuchausgabe im
Wilhelm Heyne Verlag GmbH & Co. KG, München
Copyright © 1994 by Wilhelm Heyne Verlag GmbH & Co. KG, München
Printed in Germany 1998
Umschlagillustration: ZEFA/P. Arsenault, Düsseldorf
Umschlaggestaltung: Atelier Adolf Bachmann, Reischach
Druck und Verarbeitung: Ebner Ulm

ISBN 3-453-09876-5

Inhalt

Was geschieht mit kleinen Jungen?

Eine Einleitung

Die kritische Fachliteratur geht im allgemeinen davon aus, daß die traditionelle Erziehung Mädchen sehr benachteiligt, sie in ihrer Entwicklung eingrenzt und sie einengt. Söhne hingegen, so wird angenommen, werden gefördert und gestützt, haben viel mehr Freiheit. Doch das ist ein Trugschluß.

Ist Männlichkeit mit all ihren guten und schlechten Eigenschaften biologisch festgelegt, also nur geringfügig zu modifizieren, aber in den wesentlichen Punkten unverrückbar? Und sind es, wie es ständig heißt, nicht schließlich und fast ausschließlich die Frauen, die ihre Söhne erziehen und in dieser Aufgabe offensichtlich versagen, da sie später mit dem Ergebnis so unzufrieden sind?

Der Evolutionstheoretiker und Philosoph Thomas Henry Huxley kam im letzten Jahrhundert zu der Schlußfolgerung, daß der dringlichste Schritt zur Verbesserung der Gesellschaft die Mädchenbildung sei. Mädchen nämlich würden – je nach Klassenzugehörigkeit – daraufhin erzogen, dem Mann entweder als Spielzeug oder als Arbeitstier zu dienen oder ihm erhabenes, engelsgleiches Wesen zu sein, nicht aber Gefährtin und Ebenbürtige. »Emanzipiert die Mädchen«, forderte er.

Wir treten heute mit der umgekehrten Losung an Sie heran. Huxleys Forderung ist in den seither verstrichenen Jahrzehnten weitgehend eingelöst worden. Nicht immer, nicht überall und nicht befriedigend, aber dennoch: Ein Mädchen, eine Frau ist heute frei, ihren Lebensweg zu wählen. Klischees, soziale Zwänge und Benachteiligungen engen sie immer noch ein, aber sie schließen sie nicht mehr von der Wahl aus. Es ist unsere ehrliche Meinung, daß Mädchen und Frauen heute in vieler Hinsicht freier sind als Jungen und Männer. Die Palette ihrer Wahlmöglichkeiten, betreffend Verhalten und Lebensgestaltung, ist größer.

Die Entwicklung von Söhnen interessierte uns persönlich, weil wir beide Söhne haben; sie interessierte uns politisch, weil wir glauben, daß heute ohne eine Veränderung der Männer in gewisser Hinsicht ein toter Punkt in der gesellschaftlichen Entwicklung erreicht ist; sie interessierte uns noch mal politisch, weil Söhne in erster Linie auch Kinder sind und als solche sehr schnell unsere anteilnehmende Solidarität gewannen.

Den Anstoß für dieses Buch lieferte uns eine Frage, die immer rätselhafter wurde, die immer schwerer zu beantworten schien, je öfter wir ihr begegneten. Wir kannten die Beschwerden, die Frauen gegen erwachsene Männer vorbringen. Ihre Gefühlsarmut, ihr unfaires Verhalten in der Partnerschaft, ihre mangelnde Bereitschaft zum Sprechen, zum Mithelfen, ihre Bindungsunwilligkeit. Wir kannten die Eigenschaften, die an den erwachsenen Männern so irritierend sind: ihre Arroganz und Überheblichkeit, ihre mangelnde Sensibilität, ihr unfaires Konkurrenzverhalten, ihre Verschlossenheit.

Warum waren sie so? Wie wurden sie so?

Wir beobachteten männliche Kinder und Jugendliche, zunächst ganz unsystematisch, um die Wendepunkte auszumachen – doch es gelang uns nicht. 5jährige männliche Wesen strahlten nur so vor Empfindsamkeit, Neugier, Anhänglichkeit und Gefühl. 10jährige männliche Personen weinten in Anwesenheit ihrer Freunde und wurden liebevoll von diesen getröstet. 12jährige vertrauten uns verbittert die Ungerechtigkeiten an, die ihnen in der Schule und der Welt angetan werden. 17jährige erzählten uns anteilnehmend vom Leben und vom Beziehungskummer ihrer Mütter und konnten klar erkennen, welchen Schaden die Herablassung, die männliche Wichtigtuerei und die Abwesenheit ihrer Väter bei ihrer Mutter und bei ihnen selbst anrichteten. 20jährige beschrieben besorgt die starren Erwartungen, die von der Gesellschaft – meist verkörpert durch ihre Väter – an sie als Männer gerichtet werden, und ihre Hoffnung, dem zu entgehen und ein abgerundetes, kreatives Leben zu führen.

Und dann gab es plötzlich die 35- und 40jährigen, von denen ihre Partnerinnen behaupteten, sie sprächen nie, zeigten keine Regungen, könnten ihre Gefühle nicht ausdrücken; von denen ihre Kinder erzählten, sie seien humorlos, kränkend und kalt.

Wir sahen die einen, und wir sahen die anderen, doch die Bruchstelle konnten wir nicht finden. Wann war diese grundlegende Veränderung eingetreten? Wir fühlten uns wie jemand, der unbedingt Zeuge einer historischen Sonnenfinsternis werden will. Der dann aber nichts sieht, weil er im entscheidenden Moment für eine Sekunde blinzeln mußte. Doch in welcher Sekunde hatten wir nicht aufgepaßt?

Was geschieht mit jungen Männern? Diese Frage interessierte uns immer stärker. Und wir glauben, zumindest in wesentlichen Konturen, eine Antwort darauf geben zu können. Wir sahen uns Mutter und Vater und das Elternhaus an, die Schule, die Beeinflussung durch Gleichaltrige, durch ältere Kinder und durch die Kultur. Wir sprachen mit sehr vielen jungen männlichen Personen. Und wir erkannten einen systematischen Prozeß, der junge Persönlichkeiten einfängt und sie, wie auf einem Fließband, in die EU-Normgröße hineinzwängt. In mancher Hinsicht gilt das für alle Menschen, aber für männliche Menschen gilt es um so mehr: Sie sind als Kinder besser, unbeschädigter, ganzheitlicher als später im Erwachsenenalter. Jede Frau weiß es – ein 9jähriger ist fast immer charmanter, hilfreicher, gesprächiger, interessanter, fairer und »partnerschaftlicher« als ein 35jähriger. Was ist das für ein Prozeß, der ihn zu einem anderen macht, und wann setzt er ein?

Den »Punkt«, die Wende, die wir anfangs suchten, gibt es natürlich nicht. Sozialisation ist ein Prozeß, die Mühlen der Männlichkeit mahlen langsam, aber beständig. Das Bild des Fließbandes ist nicht unberechtigt: Das männliche Rohmaterial wird eingegeben; am Anfang hat es noch seine individuelle Form, doch dann wird es abgeschliffen, getrimmt und hartgeklopft und am Schluß noch in die vorgesehene Verpackung gestopft. Mit manchen geht es einfach nicht, die werden aussortiert, sind II. Wahl. Einige sind charakterlich für diesen Umformungsprozeß wie geschaffen, die meisten lassen es mit sich geschehen und sind mit 25 oder 30 Jahren normgerecht und angepaßt.

Wer sie in den davorliegenden Jahren kannte, weiß, wieviel dabei verlorenging. Wer den Prozeß beobachtete, weiß, wie brutal er mitunter ist, wieviel er wegschneidet und wegprügelt und mumifiziert an menschlicher Sensibilität und individuellem Empfinden. Es ist unmöglich, das Aufwachsen junger Männer zu beobachten und dabei nicht betroffen und parteiisch zu werden. So viel wird ihnen genommen. Sie sind so offen, so vielversprechend, und sie haben fast keine Chance. Sogar ihre Eltern liefern sie dem Messer dieser brutalen Normierung aus, nicht anders als die Eltern in Ländern der Dritten Welt, die ihre kleinen Töchter sexuell verstümmeln lassen in der Vorstellung, sie damit attraktiver zu machen und ihre Heirats- und Lebenschancen zu verbessern.

Abstrakt betrachtet, ist unser Bild von Männlichkeit unverändert archaisch, wird Männlichkeit ausschließlich als evolutionsstrategische Maßnahme verstanden. Als gesellschaftliches Rohmaterial interessiert am Mann seine Muskelkraft; sozialbiologisch ist er dafür verantwortlich, seine jeweilige Horde oder Gesellschaft kampf- und überlebensfähig zu machen, sei es durch Pfeil und Bogen, Raketen oder gesteigerte Firmenbilanzen. In den urtümlichen Gesellschaften wurden Männer zu Jagd- und Kampfmaschinen geformt. Daran hat sich bis heute nicht viel geändert. Nur daß die Jagd heute nicht mehr dem Mammut gilt, sondern allem, was Geld und Prestige verspricht, und der Kampf allem, was den Mann und sein Ego daran hindert.

Was ist ein Mann? Keine Ahnung. Denn kein einziger hatte noch die Chance, sich als männlicher Mensch offen zu entfalten. Vielleicht sollte sich die Wohlstandsgesellschaft den Luxus leisten, zumindest ein paar unverstümmelte Exemplare gedeihen zu lassen, einfach zur Befriedigung unserer Neugierde.

Wer bin ich? Wie soll ich sein?

Wir alle sind in unserem Selbstbild davon abhängig, wie andere uns sehen. Und der erste und wichtigste »Spiegel« sind die eigenen Eltern. Was sieht ein Sohn, wenn er sich durch die Augen seiner Mutter, seines Vaters sieht? Kann er sich später überhaupt davon befreien?

Wer bin ich? Wie bin ich? Eine erste Antwort auf diese Frage suchen Kinder in den Augen ihrer Eltern. Sie suchen sich selbst, ihr mögliches Selbst. Und sehen oft nur ein Zerrbild, ein Wunschbild, ein Klischeebild.

Im Spiegel der Mutter

Von Virginia Woolf stammt die Beobachtung, Frauen hätten für Männer in der Geschichte ihres Zusammenlebens stets die Funktion von Spiegeln erfüllt: und zwar von fantastischen Zauberspiegeln, in denen sich der Mann in doppelter Lebensgröße bewundern konnte. Für Männer dürfte das wirklich Schmerzhafte, das wirklich Unerträgliche an der weiblichen Emanzipation daher gewesen sein, daß sie sich fortan brutal zurechtgerückt, abrupt auf ihre tatsächlichen Maße und Dimensionen zusammengeschrumpft erleben mußten, weil die Frauen nunmehr Besseres zu tun hatten, als zu ihnen aufzuschauen.

Bleiben wir beim Bild des Spiegels. Auch als Mütter haben Frauen, und hier sogar legitimerweise, die Funktion eines Spiegels. Ein Säugling, ein Kind hat noch keine konkrete Vorstellung, noch kein deutlicheres Bild von sich selbst. Es weiß nicht, was es ist und wie es ist, nicht, wie es sein sollte. Dieses Selbstbild muß sich erst entwickeln, und das geschieht in einem komplizierten Wechselspiel zwischen dem Kind und den anderen. Unter den ersten und wichtigsten anderen, mit denen Kinder es zu tun haben, kommt der Mutter eine Sonderstellung zu. Zunächst erlebt das Kind sie, wenn wir den Entwicklungspsychologen glauben dürfen, als Teil von sich selbst oder sich selbst als Teil von ihr und kann noch keine Grenze unterscheiden. Viele der Spiele, die ganz kleine Kinder so gern und so ausdauernd spielen, drehen sich um diese Abgrenzung, um das Thema Trennung und Wiederannäherung.

Nicht nur Säuglinge und Kleinkinder, wir alle sind in unserem Selbstbild davon abhängig, wie andere uns sehen – bzw. davon, wie wir *glauben*, daß sie uns sehen. Frauen haben oft ein sehr bescheidenes Selbstbild, oder sie leben in der Angst, daß andere sie nicht akzeptieren werden, wenn sie nicht bescheiden, nett, lieb und entgegenkommend sind. Wichtig wäre nun, daß Frauen sich nicht nur in den Augen von anderen sehen und danach einschätzen, sondern auch ein stabiles eigenes Bild von sich haben. Und daß sie in ihrem Zusammenleben mit Männern aller Altersgruppen auch wirklich sehr genau wissen, *was* sie selbst widerspiegeln.

Der Umgang von Frauen mit der Männlichkeit ihrer Söhne ist sehr subjektiv, teilweise noch sehr stereotyp. Sie haben eine bestimmte Anschauung, und in diese Anschauung passen sie ihre Söhne ein. Wie es zu welcher Anschauung kommt, hat viele Ursachen: ob die Frau ausschließlich Söhne hat oder auch Töchter; ob der Sohn ihr willkommen war oder ob sie keine geschlechtsbezogene Präferenz hatte; ob sie aus komplizierten biografischen Gründen ganz besonders gerne einen Sohn oder viel lieber eine Tochter gehabt hätte; welcher Beziehungssituation dieser Sohn entstammte und wie ihr Verhältnis zu seinem Vater war und ist, wie es ihr insgesamt gerade geht und unzählige andere Faktoren.

Es gab eine ganze Reihe von Punkten, in denen wir bei den

interviewten Frauen überhaupt keine Einigkeit erzielen, in denen wir sogar kaum ein Muster erkennen konnten. Zwar waren sehr viele Frauen anhand ihrer eigenen Kinder zu dem Schluß gelangt, daß manches wohl tatsächlich »angeboren« war, obwohl man es vorher ausschließlich für anerzogen gehalten hatte. Häufigste Nennungen in dieser Kategorie: Interesse für Autos und Geräte, Freude am Raufen und Kräftemessen, Ablehnung von Mädchen in bestimmten Altersstufen. Doch das waren eher oberflächliche Beobachtungen. Bei den wirklich grundsätzlichen Fragen herrschte kein Konsens, konnte man nicht einmal so etwas wie die wichtigsten Denkrichtungen identifizieren. Waren Söhne irgendwie »fremder« als Töchter? Gab es typische Charakterzüge, typische Verhaltensweisen im Zusammenleben? Waren Söhne emotional anders, verschlossener, autonomer? Hierzu hatte, wie es schien, jede Frau ihre eigene Meinung.

Die 33jährige Antonia, Mutter von einem 12jährigen Mädchen und einem 10jährigen Sohn, ist felsenfest davon überzeugt, daß Mädchen sensibler und gesprächiger sind:
»Was mir wirklich auffällt im Unterschied Mädchen-Junge, ist, daß ich mit dem Mädchen immer schon eine innigere Beziehung gehabt habe, weil sie die typische weibliche Neugierde, das Redenwollen, ein Mitteilungsbedürfnis, alles das, was wir Weiber sichtlich mehr haben, hatte. Der Sohn war von Anfang an nicht so. Der Sohn ist ein wahnsinniger Egoist. Ich bewundere ihn, weil er für mich ein kleines Genie ist. Er werkelt vor sich hin mit diesem, was weiß ich, elektrischen Lego-Zeugs. Er teilt sich darüber nicht mit, während die Sophie in einem fort geplappert hat. Schau Mama, jetzt leg ich die Puppe ins Bett, und jetzt hab ich ihr Zöpfe gemacht, etc. etc. Währenddessen hat der Josef Flugzeuge gebaut. Der war zu beschäftigt, um sich mir mitzuteilen.
Die Sophie ist die wesentlich Oberflächlichere. Sie war immer schon so eine kleine Tratschen, und auch ihre Freundin-

nen sind gekommen und haben mit mir geredet. Der Josef und seine Freunde, die waren viel weiter weg, und ich war sozusagen ehrfürchtig vor seinem Talent, das er ja hatte, vor seinem angeborenen Interesse. Wohl war er verschmuster, die Sophie hat nie mit mir geschmust. Irgendwie, ich weiß nicht, körperlich war da zwischen uns nichts. Aber so inhaltlich, da konnte der Josef mit mir nicht viel anfangen. Da war immer das große Warten auf seinen Vater, nicht aus Liebe, sondern weil ihm dann endlich einer sagen kann, wohin die Batterie gehört. Mich braucht er da gar nicht erst zu fragen, das weiß er. Einmal hat er zu mir gesagt, Mami, warum bist du so dumm. Aber was soll ich auch für eine Ahnung haben von Volt und Watt.«

Für Antonia scheint klar, daß ihr Sohn und ihre Tochter vom Wesen her grundverschieden sind und daß sie sich in ihrem Verhalten lediglich auf diesen von außen vorgegebenen Unterschied eingerichtet hat. Doch schon während des Gesprächs vermuten wir, daß es zumindest zum Teil umgekehrt gelaufen ist. Denn Antonia hat ein sehr ausgeprägtes Weltbild, zu dem ein sehr konventionelles Geschlechterbild gehört. Sie glaubt an die männliche Über- und die weibliche Unterlegenheit. Frauen sind, wie sie glaubt, gefühlvoller, an zwischenmenschlichen Dingen interessierter, gleichzeitig aber weniger wertvoll, weniger ernsthaft. Auch die eigene Tochter schließt sie in diese Abwertung mit ein. Zu der hat sie zwar das innigere Verhältnis, sie kann besser mit ihr reden, aber das ist ja nur typisch für »uns Weiber« und ein Beweis, daß die Tochter von ihren Kindern die »oberflächlichere« ist. Männer und ihre Belange sind dagegen seriöser. Mit ihrem Sohn hat sie wenig Gesprächsbasis, weil sie seine Interessengebiete für sich selbst als »off-limits«, als zu schwierig definiert. Sie ist es eigentlich, die sich distanziert, und nicht der Sohn. Der kommt sowieso immer wieder mit seinen Batterien und seinen Projekten, blitzt aber ab. Das »was weiß ich, elektrische Lego-Zeugs«, vom

Hersteller konzipiert für 8- bis 12jährige, würde das intellektuelle Fassungsvermögen der durchaus intelligenten Antonia bestimmt nicht überschreiten, aber sie will es ja gar nicht verstehen.

> Jungen – das ist ein anderer Planet. Neulich fuhr ich mit meinem 5jährigen Neffen im Bus. Er sah aus dem Fenster und bemerkte, daß der Bus seinen Schatten auf die Straße warf und daß dieser Schatten uns begleitete. Sein nächster Gedanke war: Wer ist schneller, wir oder unser Schatten? Die Fahrt wurde für ihn zu einem Wettrennen, und er war ganz versessen darauf, daß »wir«, im Bus, siegen sollten. Ein ganz einfaches Alltagserlebnis, doch für ihn ging es um Sieg oder Niederlage.
>
> *Anna*

An Antonias Beispiel können wir auch erkennen, welchen Unterschied lebensgeschichtliche Details spielen. Würden wir in ihrer Kindheit Nachforschungen anstellen, so würden wir herausfinden, daß sie die älteste Tochter eines Vaters war, der sich sehnlich einen Sohn gewünscht hatte. Die zweite Tochter bemühte sich, indem sie sich für Sport und technische Dinge begeisterte, dem Vater als Ersatzsohn zu gefallen. Antonia aber war die Tochter ihrer Mutter, durfte und sollte weiblich und mädchenhaft und lieb sein.

Auch die aktuelle Lebenssituation prägt. Würde Antonia sich nicht vielleicht anders verhalten, wenn sie Alleinerzieherin wäre und es keinen Vater gäbe, auf dessen abendliches Heimkommen sie den Sohn vertrösten kann? Wie wäre ihre Beziehung zu dem Sohn, wenn er ein Einzelkind wäre und es keine Tochter gäbe?

Einen vollkommen anderen Standpunkt hat Ulla. Ulla ist 32

19

und hat drei Kinder – zwei Töchter und einen Sohn. Seit der Geburt des ersten Kindes ist sie zu Hause.

»Die ersten beiden Kinder waren Töchter. Als ich erfuhr, daß das dritte Kind ein Junge wird, habe ich komisch reagiert. Mein erster Gedanke war: Um Gottes willen, jetzt brauch ich lauter neue Babykleidung. Mein zweiter Gedanke war, da wird die Oma sagen, ›Na endlich habt's einen Buben‹. Ich habe mir überlegt, wie ich darauf reagieren sollte. Sie hat es dann auch wirklich gesagt.

Mit dem Max war es von Anfang an anders. Das war mein Kind. Die Mädchen waren nie so meine Kinder; ich weiß nicht warum. Ich war stolz auf die beiden, ich war total happy, sie waren bildschöne Babies. Aber ich habe nie gespürt... da war nie so... ich weiß nicht, diese Mutter-Kind-Einheit irgendwie. Der Max war von Anfang an mein Kind, und das ist er jetzt noch. Er kuschelt sich an mich. Er hat sich das erste Jahr von mir überhaupt nicht trennen lassen. Ich konnte mich nicht einmal wegdrehen. Er liebt schon auch seinen Vater, aber eigentlich gibt's für ihn nur mich. Er hängt wirklich besonders an mir. Zum Beispiel kommt er unglaublich gern zu mir ins Bett kuscheln. Mein Mann und ich schlafen in einem Doppelbett, aber er liegt nie auf der Hälfte vom Hans. Er liegt immer nur auf meiner Hälfte. Am liebsten hält er sich dann an meinen Haaren fest. In jeder Hinsicht bin ich es, die für ihn wichtig ist. Außer, wenn es um Fußball geht oder um Skifahren, da bin ich nicht so wichtig, da will er den Papa. Aber so für das Tägliche... Wenn die Frage auftaucht, wer ihm sein Getränk macht, wer ihm den Himbeersaft macht, da bin ich ihm lieber. Das freut mich schon sehr. Manchmal mache ich mir Sorgen, ob mir das nicht einmal abgehen wird. Das hört ja zwangsläufig auf, mit der Zeit; vielleicht sogar schon bald.

Ob ich zu ihm anders bin? Gut, man ist zu jedem Kind anders. Sie kommen einem ja auch anders entgegen. Der Max hat sich von Anfang an derart breitgemacht in meinem Leben...

Das haben die Mädchen nie. Also, sie haben sich schon auch breitgemacht, aber anders, viel aggressiver. Die Sarah z. B. war total aggressiv. Als Baby schon; sie hat gebrüllt wie am Spieß. Der Max hingegen ist mehr fürs Kuscheln und Anschmiegen. Er sagt ja selber von sich, ›ich bin so gemütlich‹.

Die Mädchen sehen mich sehr verschieden. Für die Große bin ich ein totaler Aggressionspunkt, glaube ich. Wir sind ständig im Clinch. Die Mittlere hätte es gerne, wenn ich öfter mit ihr alleine wäre. Die hat mich, glaube ich, irrsinnig gern. Aber sie ist mehr so in der Warteposition, d. h. sie wartet, bis sie etwas kriegt. Sie ist auch sehr verständnisvoll. Trotzdem sehen mich beide, glaube ich, mehr als das Dienstmädchen an. Ich bin dazu da, Mahlzeiten anzubieten.

Der Max betet mich meistens an. Manchmal ist er böse auf mich, dann droht er gleich mit Liebesentzug. Dann sagt er gleich, ›jetzt hab ich dich nicht mehr lieb, ich habe jetzt den Papa lieber‹. Das passiert dann, wenn ich irgendwie nicht funktioniere, wenn ich ihm z. B. ein Eis verweigere. Oder wenn ich ihm eine Semmel ohne Schinken gebe. Aber ich weiß, für ihn bin ich wahnsinnig wichtig.«

Der Kontrast zwischen beiden Frauenstandpunkten zeigt, wie subjektiv die Wahrnehmung der Mutter-Sohn-Beziehung ist, wie sehr sie von der Frau definiert wird auf der Grundlage ihrer Erwartungen. Für Ulla ist der Sohn der Emotionsträger; diese Erwartung filtert ihre Beurteilungen. In beiden Familien zieht es den Sohn bei substantiellen Interessen wie Sport und Hobbies zum Vater – die erste Mutter erlebt das als Abwendung, der zweiten ist es egal. Wenn ihre Töchter von ihr Mahlzeiten beanspruchen, erlebt Ulla sich als »Dienstmädchen«; wenn aber der Sohn seinen Himbeersaft von ihr serviert haben will, wertet sie das als Liebesbeweis. Forderndes Verhalten von ihren Töchtern erlebt sie als »aggressiv«, sogar im Babyalter. Beim Sohn amüsiert es sie, wenn er sich mit allen Mitteln durchsetzen will. Ulla sieht, daß ihre Töchter sehr verschieden sind, daß die zweite Tochter eigentlich genauso anschmiegsam und liebesbedürftig wäre wie der Sohn – doch diese Tochter blitzt bei ihr ab. Wenn sie die Ablehnung akzeptiert, wird sie als »vernünftig« gelobt; beim Sohn hingegen macht Ulla sich manchmal Sorgen, daß er »so gutmütig bleiben wird, wie er jetzt ist« und dadurch im Leben als Mann benachteiligt sein könnte. Frauen sollen nicht durchsetzungskräftig sein, sonst wirken sie »aggressiv«. Ulla hält sich für eine emanzipierte Frau, macht sich lustig über die traditionellen Ansichten ihrer Schwiegermutter, daß ein Sohn etwas Besseres, etwas Besonderes sei. Doch in Wahrheit hängt Ulla dem konservativen Weltbild an. Das sind alles sehr klare Botschaften, die ihre Wirkung auf die Kinder nicht verfehlen – der verhängnisvolle Subtext der Erziehung. Im Alter von viereinhalb hat Ullas Sohn bereits gelernt, daß Liebe im Umgang mit Frauen eine kaufkräftige Währung ist, daß sie gerne dienen, daß man als männlicher Mensch etwas besonderes ist.

Das Geschlecht hält oft her als Erklärung für etwas, das ganz andere Ursachen haben kann. Frauen, die zwei Söhne haben, von denen der eine kooperativer und häuslicher und emotionaler ist und der andere bockiger und weniger zugänglich, schreiben diesen Unterschied ihren jeweiligen Persönlichkeiten zu. Auch andere Erklärungen hörten wir. Frauen meinten dann, der Verlauf der jeweiligen Geburt hätte die Persönlichkeit der beiden Söhne entscheidend geprägt, und derjenige mit der langen umständlichen Geburt sei jetzt der Geduldigere und Kooperativere, während derjenige mit der leichten, schnellen Geburt auch danach stets erwarte, daß alles in seinem Leben ganz leicht und problemlos zu sein habe. Andere fanden in der Geburtsreihenfolge die Erklärung, wobei die Erklärungen aber keineswegs konform gingen. Der Erstgeborene konnte als der weichere, nachgiebigere, weniger verwöhnte angesehen werden, was sich die Mutter damit erklärte, daß sie zu ihm ein exklusiveres und daher innigeres Verhältnis aufgebaut hatte. Außerdem habe er als der Ältere gelernt, die Bedürfnisse eines Kleineren anzuerkennen. Genausogut aber konnten diese Eigenschaften dem Zweitgeborenen zugeschrieben werden mit der Erklärung, daß dieser sich in ein bereits vorgegebenes System hatte einfügen müssen, daß er als Baby mehr Aufmerksamkeit bekam usw.

Sobald es in einer Familie Töchter und Söhne gibt, rückt die Geschlechtszugehörigkeit als zentrales Erklärungsmodell in den Mittelpunkt. Nicht selten garantiert die Kraft der Erwartungen schon deren Bestätigungen – wenn wir das Erklärungsmuster für das Verhalten unserer Kinder schon parat haben, dann wird es sich auch bewahrheiten. Oft erzählen Frauen, ihr erstes Kind sei so vernünftig, so entgegenkommend, so hilfreich; das zweite hingegen sei viel schwieriger, viel eigensinniger, viel schwerer zu lenken. Wenn das erste Kind ein Mädchen ist, liegt die Erklärung auf der Hand: Jungen sind eben anders. Sind beide Kinder Söhne, greift man auf die Persönlichkeit der Kinder oder auf die Geburtsreihenfolge als Erklärung zurück. Interessanterweise sind auch heute noch, bei allem Wissen über geschlechtsspezifische Sozialisation, Eltern eher bereit, ihre eigene unterschiedliche Einwirkung hinsichtlich der Geburtsreihenfolge zu reflektieren als hinsichtlich der Geschlechtszugehörigkeit. Sie geben bereitwillig zu, daß sie das Jüngste anders behandeln als das Älteste, wollen aber nicht glauben, daß sie Söhne und Töchter verschieden behandeln.

Wie überhaupt in der Erziehung, so hängt auch hier sehr viel davon ab, ob das Wesen des Kindes mit den Vorstellungen der Eltern übereinstimmt bzw. inwieweit Eltern und Kinder in ihren jeweiligen Charakteren zusammenfinden und zusammenwachsen können. Ein flexibler, neugieriger Mensch kann gut mit einem Kind zusammenleben, das ganz anders ist, als er erwartet hat, und das von seinem Wesen her nur schwer mit seinen Lebensgewohnheiten zu vereinbaren ist, weil er den

Unterschied anregend findet und sich gern auf etwas Neues einstellt.

Es gibt Eltern, für die der Bewegungs- und Entdeckungsdrang ihrer Kinder ein Zeichen von Aufsässigkeit und Ungehorsam ist. Dazu gehört der Vater, für den ein Spielzeugauto bloß eine potentielle Delle auf dem exquisiten Parkettboden darstellt. Aber es gibt auch andere: »Mir hat das gefallen, ich wollte immer so ein Kind, das sich bewegt, wo man merkt, das lebt, und da tut sich was.«

Dieselben persönlichen Unterschiede spielen in der Mutter-Sohn-Beziehung eine Rolle. Es gibt Frauen, denen es gefällt oder die es zumindest amüsiert, wenn ihre Söhne ganz andere und ganz neue Sachgebiete in ihr Leben hineintragen, wenn sie plötzlich ganz viel über Baseball lernen und in die Ästhetik des Baggers eingeweiht werden. Und dann gibt es andere Frauen, die solche Themen von vornherein als fremdartig ablehnen und davon nichts wissen wollen. Die erste Gruppe sieht die bubenspezifischen Interessen ihres Sohnes als eine Ergänzung ihrer mädchenspezifischen Sozialisation oder nimmt diese neuen abstrusen Wissensgebiete zumindest mit interessiertem Humor zur Kenntnis. Die zweite Gruppe erblickt darin eine unüberwindbare Fremdheit zwischen Mutter und Sohn.

Viele Frauen halten sich für modern und aufgeschlossen, und sie würden energisch verneinen, daß sie Söhne und Töchter unterschiedlich behandeln, anders erziehen. Doch wenn sie dann über ihre Kinder, über ihre Söhne sprechen, zeigt sich, wie stark die alten Bilder noch in ihnen nachwirken. Es gibt drei Bereiche, in denen sich das ganz besonders deutlich zeigt:
– die Erwartungen
– die Interpretationen
– die Zielvorstellungen.

Wie wird es sein, einen Sohn zu haben? Welche Art von Beziehung werden wir zueinander haben? Was bedeutet sein

Verhalten? Wie ist seine Persönlichkeit? Wie soll er einmal werden? Welche Eigenschaften wünsche ich ihm? Diese Fragen steuern, bewußt und unbewußt, die Art und Weise, in der wir unserem Kind begegnen. Die Antworten sind sehr subjektiv und stehen miteinander in starker Wechselbeziehung. Wenn wir z. B. erwarten, daß ein männliches Kind fordernder und durchsetzungskräftiger sein wird als ein weibliches, dann interpretieren wir schon sein erstes Weinen und Schreien als kraftvoll und zornig.

Beate ist 30 Jahre alt. Sie arbeitet in einem Reisebüro, hat einen 5jährigen Sohn und ist seit zwei Jahren geschieden. Sie schätzt sich selbst als eine Frau ein, die sehr viel Wert auf Unabhängigkeit legt und der es wichtig ist, in der Beziehung zu dem Sohn das richtige Maß zu halten. Keine Rabenmutter, aber auch keine Glucke möchte sie sein, traditionell will sie ihn nicht erziehen, aber auch nicht alternativ; kein Macho soll er werden, aber in der Welt, auch in der Männerwelt, soll er eines Tages akzeptiert werden. Was bei ihrem Interview aber am deutlichsten herüberkommt, ist eine große Orientierungslosigkeit. Ihre pädagogischen Vorstellungen in bezug auf einen Sohn bestehen aus einem Sammelsurium von kaum reflektierten Lehrsätzen. Sehr stark ist der Einfluß ihrer männlichen Verwandten; ihre drei Brüder und deren Gedanken über die richtige Erziehung von Söhnen sind ihr um so mehr ein Leitbild und eine ständige Verunsicherung, als sie sich als Alleinerzieherin von vielen Risiken umgeben fühlt. Bezeichnend für diese große Unsicherheit ist, daß sie sich im Zweifelsfall an jeden Strohhalm klammert: Schon ein Illustriertenbild von einer amerikanischen Schauspielerin ist im Notfall als Orientierungshilfe geeignet. Beate fühlt sich zerrissen zwischen dem Wunsch, ein Kind nach eigenem Geschmack und Gefühl zu erziehen, und dem Imperativ, als Mutter dem Sohn gegenüber bloß keine verhängnisvollen Fehler zu machen. Wie nahe darf der Sohn der Mutter sein, ohne als Muttersöhnchen zu enden?

Wieviel Emotion soll ein männlicher Mensch zeigen dürfen, ohne in der Welt später als Schwächling dazustehen? Für Beate haben diese ominösen Fragen eine ständige pädagogische Gratwanderung zur Folge.

»Ich hatte mit Kindern sehr wenig Umgang, das Mutterwerden war für mich eine total neue Situation. Ich hätte sehr gern ein Mädchen gehabt, weil ich einen sehr engen Kontakt zu meiner Mutter habe und es schön gefunden hätte, das fortzusetzen. Bei Söhnen weiß man ja, daß man sie später an die Familie der Freundin oder zukünftigen Frau verliert. (Erwartung: Zu einem Sohn wird man keine richtig enge Beziehung haben.)

Auf keinen Fall will ich ein Muttersöhnchen haben. Man hört ja immer wieder von diesen Männern, die sich ein Leben lang nicht von der Mutter lösen können, die sich nicht abnabeln konnten. Aber ich glaube nicht, daß das beim Vinzent passieren kann. Ich habe einen Sohn, der einen sehr starken und festen Charakter hat und sehr dem Vater nachgerät, in der Form, daß er sehr dominant ist, selbstbewußt, daß er seinen Weg zu gehen weiß. (Die Scheidung von ihrem Mann fand statt, weil dieser in der Beziehung zu Beate zu dominant und absolut kompromißunfähig war.)

Kurze Zeit allerdings hat Vinzent Ansätze zum Schwächling gezeigt. Da war ich schon besorgt, denn ich möchte einen erfolgreichen Jungen haben, in dieser Beziehung bin ich schon sehr ehrgeizig. Und er hat sich von seinen älteren Cousins zu sehr dominieren lassen. Er konnte sich in keinster Weise mehr gegen die verteidigen. Teilweise war es ja verständlich, durch den großen Altersunterschied, er konnte sich ja eigentlich nicht gegen die verteidigen. Wenn drei oder vier größere Kinder über ihn hergefallen sind, weil er von seinen Spielsachen nichts abgeben wollte, dann konnte er nicht viel machen. Aber das hat sich Gott sei Dank gebessert, weil er älter geworden ist. Er versucht jetzt, einen eigenen Weg zu finden und sich nicht nur bei der Mama auszuweinen. Denn gerade bei einem

Einzelkind muß man einfach aufpassen, daß er kein Schwächling wird, der von der Mutter immer beschützt wird. (In der Zeit, über die Beate spricht, war ihr Sohn gerade drei Jahre alt, aber sie erwartet von ihm bereits »männlichen« Kampfgeist und Durchsetzungsvermögen.)

An und für sich muß ja da kein Unterschied sein, aber bei einem Mann wird so manches in der Berufswelt immer noch als Schwäche ausgelegt.

Der Vinzent hat schon so anhängliche Phasen, wo er sehr verschmust ist. Am Anfang waren wir da ein bißchen streng. Das Kind sollte in der Nacht nicht in unser Bett kommen, er sollte selbständig sein. In letzter Zeit passiert es immer wieder, daß er plötzlich einen Anfall bekommt, mich umarmt und küßt, und ich denke mir, es ist ja egal, ein Bub kann genauso verschmust und anhänglich sein, ohne daß es den Anschein hat, daß man eine Glucke ist.« (Für Beate sind hier weder ihre eigenen Empfindungen maßgeblich noch die Bedürfnisse des Kindes, sondern die fantasierte externe Beurteilung ihrer mütterlichen Haltung.) »Was er sehr gerne hat, in den letzten eineinhalb Jahren, ist, daß ich mich am Abend zu ihm ins Bett lege. Ich denke mir, ich gehe ihm halt ab den ganzen Tag, und wenn er noch ein bißchen Nestwärme braucht, dann ist das doch in Ordnung. Da kommt mir das tolle Bild in Erinnerung aus der Zeitschrift ›News‹, wo die Demi Moore mit ihrem Kind so schlummert. Das ist doch etwas sehr Beruhigendes und ein toller Tagesausklang.«

Im Spiegel des Vaters

In der Literatur lassen sich die Experten oft darüber aus, wie schwer die Identitätsfindung gerade für einen Jungen ist. Eine Tochter kann sich mit der Mutter identifizieren, doch der Sohn muß sich von ihr lösen. Schon allein dazu braucht er, laut Meinung dieser Experten, dringend seinen Vater – als Verbündeten und Fluchthelfer sozusagen. Es entspricht auch unseren Beobachtungen, daß männliche Identitätsfindung sehr schwierig sein kann, infolge der Armut des Angebots in puncto Vorbilder. Und der Vater ist leider allzuoft weit davon entfernt, eine Instanz der Befreiung oder der Orientierung zu sein. Nicht selten ist er, ganz im Gegenteil, nur ein ranghoher Beamter der Geschlechterpolizei.

Beginnen wir mit den guten Nachrichten. Immerhin gab es bei unserer Umfrage* eine kleine Minderheit von jungen Männern, die den Vater positiv erlebt hatten. Das war zwar weniger als ein Fünftel der Befragten, und ihre Definition eines guten Vaters war eigentlich eher bescheiden und realistisch. So konnte ein Vater in den Augen seines Vaters etwa durch seine »Warmherzigkeit und sein Verständnis« die »Aggressionsausbrüche« kompensieren, die er »selten, aber doch« gegen seine Familie richtet.

Vielleicht in noch jüngeren Jahren, aber nicht mehr in dem Alter unserer Interviewpartner stellen Kinder Perfektionsansprüche, finden sie in jedem Fall etwas, das sie an ihren Eltern bekritteln müssen. Mit 25 trifft das nicht mehr zu. Auch die positiv beschriebenen Väter durften Mängel, sogar erhebliche Mängel haben. Was ihnen dennoch eine freundliche Bewertung einbrachte, waren ihre menschlichen Eigenschaften. Die »guten« Väter zeichneten sich durch einige gemeinsame Merkmale aus: Sie hatten keine starren Vorstellungen davon, was und wie ihr Sohn einmal werden sollte, sie drängten ihm nicht ihr eigenes Weltbild auf, und sie waren emotional anwesend. Das kann etwa so aussehen:

»Negativ: Mein Vater ist eher kleinbürgerlich. Positiv: Er kümmert sich doch um mich. Und er ist ein lustiger Mensch.«

---

* Die im folgenden referierten Ergebnisse beziehen sich auf die Befragung von 20-30jährigen Männern, die auf den Seiten 61 ff. ausführlicher beschrieben ist.

»Was mich stört, ist seine Sportbesessenheit. Aber er ist auch vertrauenswürdig, zärtlich und verständnisvoll.«

Vor allem in den Vorstellungen darüber, wie und was der Sohn einmal werden soll, unterschied sich diese kleine Gruppe dramatisch vom Rest der Väter. Während die Mehrzahl der Väter offenbar sehr konkrete Berufs- und Leistungsvorstellungen an den Sohn richtete, waren die Vorstellungen dieser Gruppe viel unbestimmter, was die Söhne als Erleichterung empfanden.

»Mir sind keine konkreten Erwartungen bekannt«, schrieb ein 19jähriger. »Gesund und intelligent soll ich wahrscheinlich sein. Nicht kriminell und nicht drogensüchtig.« Die »Fähigkeit (des Vaters), unkomplizierte Liebe zu geben«, gefällt ihm.

Der Vater darf sogar bestimmte Vorstellungen haben, solange er auch andere Ideen gelten läßt:

»Ich sollte auf die Wirtschaftsuni, dort und im Leben erfolgreich sein. Er war nicht zufrieden, als ich beschloß, Musiker zu werden. Er hat sich jedoch bald damit abgefunden und ist jetzt sogar einverstanden. Bedingung: Ich muß es ernst meinen mit der Musik.« Diesen Sohn stört am Vater dessen »Übergenauigkeit«; als positiv empfindet er seine Toleranz.

Die guten Eigenschaften, die bei den Vätern besonders hervorgehoben werden, sind nicht geschlechtsspezifisch bzw. sind im konventionellen Denken sogar die eher »weiblichen« Tugenden. Gelobt wird der Vater wegen seiner »Warmherzigkeit« und daß er »sich kümmert«. »Er ist hilfsbereit.« »Sehr familiär.« »Geduldig.« »Kreativ.«

Ein 21jähriger glaubt, den Erwartungen des Vaters meist gerecht zu werden, »da er kaum welche hat, zumindest stellt er keine Forderungen an mich«. Die Beziehung zu seinem Vater kommentiert dieser junge Mann zufrieden mit: »Ich komme gut mit ihm aus. Mich stört nichts!«

Für die Mehrheit der von uns befragten jungen Männer sah es leider anders aus. Die Mehrheit wuchs auf mit dem Gefühl, den Erwartungen des Vaters nicht gerecht zu werden. Im »Spiegel« des Vaters konnte der Sohn sich nicht wiedererkennen; er sah nur das strahlende, unerreichbare Porträt des perfekten, stereotypen jungen Mannes, der er nie sein konnte. In knappen Sätzen, die nicht selten den dahinterliegenden Schmerz verrieten, erläuterten junge Männer die Hintergründe dieses Gefühls, in den Augen ihrer Väter zu versagen.

Wie hätten Sie, laut Vater, sein sollen?
Unter dieser Rubrik werden von den Söhnen kaum irgendwelche menschlichen Eigenschaften genannt. Nicht von einem einzigen Vater glaubte zum Beispiel der Sohn, dieser würde ihn sich »glücklich« vorstellen oder »kreativ« oder »zufrieden«. Alle Erwartungen waren formeller Natur, die meisten bezogen sich auf die Leistung.

Vermutete Zielvorstellungen des Vaters?
»Intelligent, gehorsam, erfolgreich, ihn bewundernd, von ihm lernend.«

Hat man dieses Ziel denn erreicht?
»Nein. So gut wie nie. Ich war unkonzentriert, faul. Er war mit keinem von uns zufrieden, wir sind drei Brüder, und niedergemacht wurden wir alle im gleichen Maß.«

»Ich sollte erfolgreich, hart, durchsetzungsfähig sein, ohne Schwächen, mit einem perfekten Äußeren. Sollte überall nicht nur mittun können, sondern der Beste sein.

Ich hatte kaum das Gefühl, dem gerecht zu werden. In der Auseinandersetzung mit Gleichaltrigen hatte ich, weil ich es nicht schaffte, immer ein Gefühl der Unterlegenheit.«

»Seine Erwartungen erfüllte ich nicht, vor allem in puncto Mädchen. Ich war einfach kein Aufreißertyp.«

»Er erwartete: Teilen seiner Weltanschauung; Respekt allein aufgrund der Vaterrolle; Berufswahl, die seinen Vorstellungen entspricht. Ich habe nirgends entsprochen. Monatelang hat er mit mir die Kommunikation abgebrochen, weil ich Zivildienst machte. Ich habe Theologie und Psychologie studiert statt Jura. Ich habe ihm widersprochen.«

»Ich sollte erfolgreich sein in Schule und Beruf. Er glaubte, ein Kind entwickelt sich von selbst, und seine Aufgabe bestünde darin, zu mahnen und zu rügen.

Ich habe ihm nie gefallen. Er betont ständig seine eigenen hervorragenden Leistungen, die ich nie erreichen kann.«

»Er will Erfolg, einen Herzeigsohn. Aus seiner Sicht bin ich scheinbar mißraten.«

»Er erwartet, daß man keine Schwächen hat bzw. sie nicht zeigt. In der Schule und im Sport war er mit mir zufrieden, aber seinen anderen Erwartungen konnte ich nicht gerecht werden.«

»Er wollte vielleicht einen Stammhalter. Zufrieden war er nie mit mir, Identifikation mit ihm war nie da, und in der Pubertät hat sich das noch erhärtet.«

»Was er will: angepaßt, leistungs- und lernfähigst, einen Durchbeißer. Ich hatte fast nie das Gefühl, seinen Erwartungen gerecht zu werden.«

Die meisten der von den Söhnen wahrgenommenen Erwartungen bezogen sich auf berufsorientierte Leistung: gute Noten, rationales Denken, Durchsetzungsvermögen. Erschreckend häufig war die Verbreitung sozial rigider Vorstellungen bezüglich des Lebensweges, den ein heute 20jähriger Mann einschlagen soll. Mehrere Männer hatten ihre Väter dadurch enttäuscht, daß sie sich für »Musik« interessierten; andere hatten ihre Väter erfreuen können, indem sie im Sport gut waren, ein klassisches Kriterium für den Herzeigsohn.

Sehr viele Väter vertreten ein starres, konformes Bild von Männlichkeit. Theoretisch könnte sich der Sohn dagegen abgrenzen, so, wie er sich ja auch gegen die Weiblichkeit der Mutter abgrenzt. Theoretisch könnte er die Art von Männlichkeit, wie der Vater sie vertritt, ablehnen und gerade durch diese Ablehnung seine Freiheit, seine Unabhängigkeit, seine Einzigartigkeit erreichen. Doch das ist unrealistisch, eine krasse Überforderung. Identität kann nicht rein durch Abgrenzung erfolgen, sie braucht auch positive Bausteine, Ermutigung, Lob. Das Urteil wichtiger Personen läßt sich nicht schadlos abschütteln. In Ermangelung anderer, besserer Ideen geraten die meisten Männer ihren Vätern nach – im Wissen, daß diese Väter nicht glücklich waren, im Wissen, daß sie den angestrebten Standard nie erreichen werden, im Wissen, daß dieser Standard ihnen gar nicht wirklich gefällt.

Ein 22jähriger Mann füllte einen Fragebogen in einer Art und Weise aus, die eigentlich alles sagte.
Was stört ihn an seinem Vater?
»Die Engstirnigkeit, Männlichkeit in Anführungszeichen; er ist autoritär, intolerant.«
Was gefällt ihm an der Mutter?
»Ehrlich, offen, spontan, tolerant, lieb.«
Die Beziehung der Eltern?
»Unausgewogen, gehemmt, kompliziert, gespannt.«
Wie hat sich der Vater seinen Sohn vorgestellt?
»Auf jeden Fall Doktortitel.«

Der Vater hat negative Eigenschaften, zu denen seine »Männlichkeit« gehört; die Mutter hat positive Eigenschaften, ist aber eine Frau. In der Ehebeziehung »siegt« der Vater, d. h. die Beziehung unterliegt den Blockaden, die er in sie hineinbringt; die Ehe ist nicht »spontan« wie die Mutter, sondern gehemmt wie der Vater, nicht »offen« wie die Mutter, sondern kompliziert und gespannt wie der »engstirnige« Vater. Der Vater siegt – und zerstört damit alles. Er siegt auch über den Sohn, der – ohne Alternativen – vor den Ansprüchen der »Männlichkeit« kapitulieren muß, denn was soll er sonst werden, wenn nicht ein »Mann«?

Bei der Antwort des 22jährigen auf die letzte Frage hört man im Geist, wie die zaghaft keimende Identität eines jungen Mannes in den Sarg gelegt und der letzte Sargnagel eingeschlagen wird: Hat er das Gefühl, den Erwartungen des Vaters gerecht zu werden?

»Lange Zeit nicht... Jetzt fühle ich mich so, wie er wollte, daß ich bin.«

La Mamma

*Moderne Frauen wollen ihre Söhne zeitgemäß erziehen.
Sie sollen dazu fähig sein, später partnerschaftlich zu leben.
Tatsächlich geben viele Mütter ihren Söhnen das Beispiel
einer starken, selbständigen und intelligenten Frau mit auf
den Lebensweg. Doch parallel dazu vermitteln sie eine
zweite verhängnisvolle Botschaft. Indem sie Ihre Söhne
verwöhnen – heillos verwöhnen –, bringen sie ihnen bei,
die Liebe einer Frau mit mütterlicher Hingabe, weiblicher
Selbstlosigkeit und freundlichem Diensteifer zu verbinden.*

Sehr viele Frauen wollen ihre Söhne so erziehen, daß sie später einmal partnerschaftliche, faire und gefühlsfähige Männer werden. Und in diesem Zusammenhang denken die meisten Frauen darüber nach, was sie diesen Söhnen *sagen* sollen. Sie denken an Werte; sie überlegen sich, wie ihr Sohn denken, woran er glauben, was er gut und schlecht finden soll. Er soll Frauen respektieren. Er soll an die Gleichberechtigung glauben. Sie achten darauf, daß in seinen Kinderbüchern auch positive, starke Frauen und Mädchen vorkommen. Sie sorgen dafür, daß er genügend geschlechtsneutrale Spielsachen besitzt.

Unsere Erkenntnis, daß dieses Bemühen viel zu abstrakt ist, entwickelte sich ganz langsam, im Zuge vieler kleiner Erfahrungen. Auch ganz persönliche Augenblicke gehören dazu. »Ich hasse Selbstbedienung«, kommentiert einer unserer Söhne die Aufforderung, sich doch selber das gewünschte Sandwich zu machen. Das soll ein Scherz sein, aber der Scherz kommt der Wirklichkeit zu nahe, um nicht auch nachdenklich zu stimmen.

Persönlich sehr erhellend ist auch der Augenblick, in dem ich bemerke, wie ich mich ganz ungewollt beim Abendessen verhalte. Diensteifrig springe ich auf, um Ketchup zu holen, obwohl mein Sohn keines verlangt hat, obwohl er zehn Jahre alt ist und es sich ganz bestimmt selber holen könnte, obwohl ich am Tag davor aus dem Krankenhaus entlassen wurde und mir gar nicht nach Aufspringen zumute ist. Warum, bitte, tue ich das?

Diese persönlichen Erfahrungen decken sich oft mit den Details aus dem Alltagsleben der vielen Frauen, die uns über ihre Söhne berichten.

Aus den Schilderungen selbst der resolutesten, bewußtesten, selbständigsten Frauen geht eklatant eines hervor: Die meisten von uns verwöhnen die Söhne unglaublich. Wir bedienen sie. Wir entlasten sie. Wir setzen uns ständig zurück, um ihnen das Leben schöner, bequemer, leichter zu machen. Und es fällt uns oft gar nicht auf, in welchem Übermaß wir das alles betreiben.

Über die Mutterliebe

Der Wunsch, ein Kind zu verwöhnen, ist, das wollen wir gleich festhalten, den Müttern nicht wirklich als Fehler anzulasten. Er ergibt sich aus dem Kontext der Mutter-Kind-Beziehung. Am Anfang ist die Abhängigkeit des Kindes total, und noch jahrelang besteht die Beziehung aus Umsorgung. Man prüft am Handgelenk die Milchtemperatur und schneidet ihnen das Essen, putzt ihnen die Nase und schnürt ihnen die Schuhe zu. Es ist nicht leicht, eingefahrene Verhaltensmuster zu verlassen, nicht immer leicht, den Zeitpunkt zu erkennen, an dem sie etwas schon allein könnten, und schon gar nicht leicht, zwischen Fürsorge und Liebe zu trennen. Anfangs füllen wir den Saft in die Flasche, weil das Baby hilflos daliegt und noch nicht einmal mit dem Daumen in den Mund findet. Später füllen wir den Saft ins Glas, weil das kleine Kind das zwar gern selbst machen, aus dem tückischen Tetra-Pack dabei aber alles ausschütten würde. Ein paar Jahre später schenken wir den Saft ein, weil wir das Kind den ganzen Schul- und Bürotag lang nicht gesehen haben und ihm mit dem Saft auch ein bißchen Zuwendung, ein bißchen Fürsorge schenken wollen. Und am Ende schenken wir den Saft ein – und waschen und bügeln die Kleider und kochen und räumen auf, weil wir es immer schon machten. Und ein bißchen vielleicht auch wegen des zufriedenen Lächelns, das wir dafür ernten.

Daß am Ende dieser Entwicklung dann ein riesengroßer Mann auf einem Sofa lümmelt und sich von seiner Angetrauten das Bier aus dem Kühlschrank bringen läßt, daran denken wir nicht.

Max ist zweieinhalb. Seit einer Woche geht er in den Kindergarten, von 9 Uhr bis 12 Uhr. Ich bringe ihn hin und bleibe dabei; das nennt sich »Eingewöhnung«. Am dritten Tag war er so in ein Singspiel involviert, daß ich mit seinem Einverständnis für eine Weile weggehen durfte. Im Etappenplan der Eingewöhnung sind wir jetzt an dem Punkt angelangt, an dem ich ihn hinbringen und dann weggehen soll. Wir haben darüber gesprochen, und er schien das zu akzeptieren, doch nun weint er und hält mich fest. Die Kindergärtnerin hebt ihn auf und trägt ihn davon. Sie setzt ihn strampelnd an den Frühstückstisch und bedeutet mir energisch, daß ich weggehen soll.
Ich stehe im Gang. Ich kann ihn weinen hören. »Ah, ein Neuer«, meint anteilnehmend eine andere Mutter. Eine Kindergärtnerin kommt vorbei und erzählt mir, daß die Kinder immer weinen. Manchmal stehen dann die Mütter am Gang oder auf der Straße vor dem Kindergarten und weinen auch. »Das ist ganz natürlich«, meint sie aufmunternd.
Ich stehe im Gang, und plötzlich überkommt mich die Erinnerung. Es hat wahrscheinlich mit einem eigenen Kindheitserlebnis zu tun, aber es vermittelt sich nicht als Erinnerung an ein Ereignis, sondern als Erinnerung an einen Geschmack. Es fällt mir ganz plötzlich ein, wie das schmeckt, wenn man sehr klein ist und beim Essen weint,

wenn sich im Mund das Essen mit den Tränen vermischt.
Eine Semmel mit Butter, Marmelade und Tränen.
Wir lieben unsere Kinder, aber wir servieren ihnen
Tränen zum Frühstück.

Cheryl

Daß man Söhne nicht verwöhnen soll, schon in ihrem eigenen
Interesse nicht, weil es sie lebensuntüchtig macht und unrealistisch in ihren Erwartungen einer späteren Partnerin gegenüber, darin sind wir uns fast alle einig und vertreten es mit
Nachdruck. Sie sollen mitarbeiten lernen! Sie sollen Verantwortung übernehmen! Sie sollen partnerschaftlich sein!

Es ist nicht nur die Opferbereitschaft, die liebende Selbstaufgabe der Frauen, die uns an der Umsetzung dieses guten
Vorsatzes hindert. Es gibt auch zwei tückische Fallstricke, die
ihren Teil dazutun.

Der erste ist die Verknüpfung zwischen Emotion und Versorgung. Persönliche Dienstleistungen haben in der Eltern-
Kind-Beziehung sehr viel mit Liebe und Vertrauen zu tun.
Das äußert sich schon darin, daß kleine Kinder für persönliche
Versorgungsleistungen oft die eine oder andere Person bevorzugen – das Recht, an ihrem kleinen Körper irgendwelche
Dienste zu versehen, wird von ihnen als Privileg betrachtet.
Sobald die Mutter anwesend ist, darf die Tagesmutter ihnen
nicht mehr die Windeln wechseln.

Der zweite Fallstrick liegt in der tradierten Rollenverteilung, daß nämlich die meisten Versorgungsleistungen eben
nicht von den Eltern, sondern von der Mutter erbracht werden. Damit wird die intime, die persönliche Versorgung nicht
mit »Liebe der Eltern« gleichgesetzt, sondern mit »Liebe der
Mutter«, Liebe einer Frau. Diese Affektkomponente, diese
Symbolbedeutung mütterlicher Fürsorge läßt fast alle Frauen
in diese Falle gehen. Hausfrauen verwöhnen ihre Söhne, weil

sie schließlich und endlich ja ganz bewußt »zu Hause geblieben« sind, um der Familie Wärme und Komfort zu bieten. Berufstätige Frauen verwöhnen ihre Söhne, um ihre Abwesenheit zu kompensieren, um in der zur Verfügung stehenden Zeit mit Liebesdiensten Liebe zu zeigen.

Doris ist eine belesene Frau mit einem starken feministischen Engagement. In ihrer Ehe hat sie nicht alle, aber viele ihrer Wertvorstellungen verwirklichen können. Ihre Berufstätigkeit war von Anfang an selbstverständlich, und im Haushalt übernimmt ihr Mann »so in etwa« seinen Anteil. Aber der 11jährige Sohn ist überproportional ihre Verantwortung geblieben. Sie war es, die seine Existenz irgendwie mit ihrem Tagesablauf vereinbaren mußte, die den Erziehungsurlaub nahm, die sich später um den Kindergartenplatz kümmerte. Dem Sohn gegenüber versucht sie, den Geschlechterstereotypen entgegenzuwirken. Aber aufschlußreich ist eine Passage, in der es um Gefühle geht:
»Der Juri hat seinen Vater in einem Aufsatz beschrieben, äußerlich, wie er ausschaut, und dann hat er noch geschrieben, mein Vater ist immer fröhlich und gut gelaunt. Offensichtlich erlebt er ihn so. Und wenn er mich vielleicht beschreiben sollte, also einer der Sätze wäre, ›ich krieg sie immer rum.‹ Weil letzten Endes, wenn es wirklich darauf ankommt, bin ich ihm völlig ausgeliefert. Wenn ich merke, daß ihm etwas ganz wichtig ist, wenn er etwas wirklich will und es für ihn schwierig wäre, ohne das zurechtzukommen, dann finde ich immer ganz wichtige und verständliche Gründe, warum das jetzt so sein muß, wie er es will.«

Wenn beide Elternteile das in gleichem Maße täten und/oder wenn Mütter ihren Töchtern gegenüber das gleiche Verhalten zeigten wie den Söhnen, hätte das alles nicht diese symbolische Bedeutung, wären die Folgen weniger ausgeprägt. Aber so ist es eben nicht, Liebesdienste werden von Müttern erbracht, und Söhne sind die überproportionalen Nutznießer. Die Liebe zu Töchtern bedingt für die Mütter viel eher, daß sie ihnen auch etwas beibringen wollen, daß sie sie einführen in die Fertigkeiten der Haushaltsversorgung. Feministische Mütter sehen in ihnen eine Partnerin. Traditionelle Mütter sehen in ihnen eine Hilfe, eine zukünftige Frau und Mutter.

Es ist interessant, wie wenig bewußt den Frauen in dieser Hinsicht ihr eigenes Verhalten ist. Oder nein, sagen wir lieber: wie stark der Impuls ist, es zu leugnen und verdrängen, auch sich selbst gegenüber. Frauen schienen nicht sehen zu wollen, wie einseitig die Arbeit zu Hause verteilt war, wie sehr sie ihre Söhne verhätschelten. Andere sahen es sehr wohl, es war ihnen sehr peinlich, und sie wollten es zunächst vor uns geheimhalten, um dann halb lachend, halb verlegen ihre »Geständnisse« abzulegen. Selten mußten wir so bohrend nachfragen wie bei diesem Thema; selten wurde uns so ausweichend, so beschönigend geantwortet. Die Söhne wurden behütet und in Schutz genommen vor unserer möglichen Kritik.

Was genau machte also nun dieser 16- oder 17jährige Sohn, den sie allein erzogen hatten, den sie in der vorangegangenen Interviewstunde als so partnerschaftlich und emanzipiert und modern beschrieben hatten, im gemeinsamen Haushalt? Pause. Ausführliches Herumgerede. Viele Erklärungen und Begründungen. Und schließlich die Erkenntnis: Er macht nichts.

Und wenn er nun eine Tochter wäre, würden sie dann auch noch um 17 Uhr nach Hause laufen, um ganz schnell einzukaufen und das Abendessen zu kochen, weil die sich »im Sport so verausgabt hat und am Abend schon so hungrig ist«?

Nehmen wir zum Beispiel Sonja. Peppig, gescheit, durchsetzungsfähig sitzt sie uns gegenüber und erzählt von ihrem Leben als alleinerziehende Mutter zweier Söhne. Die waren vier und sechs Jahre alt, als die Ehe wegen der Untreue des Ehemannes in die Brüche ging; jetzt sind sie 17 und 19, und Sonja hat die dazwischenliegenden Jahre gut gemeistert. In ihrem Job als Buchhalterin ist sie trotz der Vielfachbelastung stetig aufgestiegen, und daneben hat sie Sprachkurse besucht, Reisen gemacht und einen großen Freundeskreis gepflegt. Wenn jemand selbständig und selbstsicher wirkt, dann Sonja. Wenn jemand weiß, wo es langgeht, dann Sonja. Wenn jemand sich im Leben nichts mehr gefallen lassen will, dann Sonja.

Und doch gibt es zwei Punkte in ihrer Biografie, die ganz und gar nicht in dieses Bild passen. Erstens hat sich Sonja bei und nach ihrer Scheidung finanziell regelrecht übervorteilen lassen. Noch vor zwei Jahren, als jedes Bindungsgefühl an den Ex-Ehemann restlos erkaltet war und sie sich auch keine Illusionen über seine väterlichen Qualitäten mehr machen konnte, willigte sie in Abmachungen ein, die eklatant zu ihrem und der Kinder Nachteil waren.

Der zweite Widerspruch betrifft die Söhne. Ihnen gegenüber ist Sonja nicht bloß der Hauptpfeiler der Familie, nicht nur verantwortlich für den Unterhalt und für die seelische und schulische Entwicklung der Kinder, sondern sie macht auch sonst rundum alles. Über alles, sogar über kränkende Ereignisse wie das Liebesverhältnis ihres Mannes mit ihrer besten Freundin, spricht sie ganz offen; doch bei diesem Thema muß man die Fakten aus ihr mühsam herauspressen.

Ihre Söhne hätten überhaupt keine Macho-Allüren, hat sie uns erklärt. Man lebe entspannt und gleichberechtigt zusammen und habe viel Verständnis füreinander. Die Söhne würden auch ihre Freiräume respektieren und sie darin ermutigen, eigenen Interessen nachzugehen. Das alles zweifeln wir auch gar nicht an. Doch wie sieht die praktische Verteilung der Alltagslasten aus? Welche Pflichten, fragen wir, haben die Söhne zu Hause? Nun, sie sind für ihre eigenen Zimmer verantwortlich.

Wenn sie wollen, daß diese Zimmer aufgeräumt sind, dann müssen sie das auch selber machen. Ja, und vor einem Jahr hat Sonja auch noch durchgesetzt, daß sie ihre schmutzige Wäsche in den Wäschekorb werfen. Da war sie ganz rigoros, da blieb sie hart; sie war nicht mehr bereit, wie früher, in den Zimmern ihrer Söhne die aufgehäuften Kleiderberge zu durchwühlen, um die schmutzigen Socken und Unterhosen dort einzusammeln. Großer Erziehungstriumph: Was nicht im Wäschekorb liegt, wird nicht mehr gewaschen.

Ja. Und wer wäscht dann diese Wäsche? Sonja. Wer bügelt sie? Sonja. Unsere Antwortgeberin, die trotz unserer bemüht professionell-neutralen Tonlage den Sinn und die Tendenz unserer Nachfragen bemerkt, wird unruhig und rechtfertigt sich. Diese Arbeiten mache sie nämlich am Abend, meint sie, oft ziemlich spät am Abend. Und da seien die Söhne ja schon längst in ihren Zimmern und mit anderen Dingen befaßt oder schon im Bett.

Ja. Und... wer kocht? Sonja. Wer kauft ein? Sonja. Wer wäscht das Geschirr? »Niemand«, antwortet Sonja, nun schon leicht gestreßt. Dafür gäbe es einen Geschirrspüler. Doch so leicht lassen wir uns nicht abfertigen: Wer bitte räumt diesen Geschirrspüler ein und aus? Also: sie, Sonja. Weil sie das nämlich auch noch am Abend macht, nachdem die Söhne, wie gesagt, ja schon in ihren Zimmern sind.

»Eigentlich sind sie sehr bequem«, reflektiert Sonja nun. »Ich glaub, ich hab da Fehler gemacht. Aber das hat auch Gründe«, fügt sie schnell hinzu. Teilweise liegt es ja bloß an ihrer eigenen schlechten Organisation. So überlegt sie etwa meist erst beim Einkaufen, was sie an diesem Abend kochen wird. Wäre sie besser organisiert, dann hätte sie eine Einkaufsliste und könnte einen der Söhne in den Supermarkt schicken. Und außerdem ist sie zu anspruchsvoll. Wahrscheinlich würden sie nicht das genau Richtige bringen, nicht den schönen Salat, sondern einen verwelkten, nicht das Mischbrot, sondern das dunkle.

»Oft« fragt sich Sonja, ob das alles genauso laufen würde, wenn sie Töchter hätte. Sie fragt sich das schon deshalb, weil ein guter Bekannter alleinerziehender Vater ist. Der hat zwei Töchter, genau im Alter ihrer Söhne, und diese Töchter helfen überall mit. Sie kochen, sie waschen. Weil er als Vater, als Mann, es sich anders und besser eingeteilt hat?

Sonja muß nur kurz nachdenken, um ihren eigenen Anteil an der Situation zu erkennen. So erinnert sie sich daran, daß die Söhne ihr mehrmals Hilfe und Mithilfe anboten, sie das aber zu verhindern wußte:

»Der zweite Sohn hat früher, wenn ich am Bügelbrett stand, angeboten zu bügeln. Aber das war mir zu umständlich. Ich hätte ihm das alles beibringen müssen... Gut, in der Firma muß man das auch machen, da arbeitet man neue Mitarbeiter auch ein... Sicher, als Frau schaufelt man sich das eigene Grab dadurch, daß man alles selber macht, alles schnell machen will.«

Fast gezielt sucht Sonja Lösungen, die ihre Söhne von jeglicher Selbstversorgung entlasten. Als sie vor zwei Jahren von ihrer Halbtagsanstellung wieder auf einen vollen Arbeitsplatz wechselte, stellte es sich als Problem heraus, daß die Söhne »um halb fünf halt schon hungrig wurden«. Sonja fielen dazu zwei Lösungen ein: Sie bot den Söhnen an, bis auf weiteres wieder auf halbtags zu reduzieren. Das lehnten die ab mit dem Hinweis, daß dies doch für ihre berufliche Fortentwicklung sehr ungünstig wäre und sie ihr das nicht antun wollten. Sonjas zweite Idee: Im Umkreis »gibt es genügend Fastfood-Läden, und sie waren zum Glück schon alt genug, um hinauszugehen und sich was zu kaufen«. Die dritte Lösung, daß die beiden sich vielleicht selber eine Kleinigkeit zubereiten konnten, kam niemals zur Diskussion.

In manchen Interviewpassagen kommen wir dann auch auf die darunterliegende – und wirklich verhängnisvolle – Begründung dieser weiblichen Dienstfertigkeit. Auf die emotionale Komponente nämlich. Manchmal, erzählt Sonja, rätsele sie schon darüber, wieso ihre Söhne in der Schule so kompetent und so selbständig, zu Hause aber so schlampig und so nachlässig seien. Doch dann denkt sie sich, »das ist ja eigentlich ein Vertrauensbeweis. Sie machen das, weil sie wissen, daß sie von mir trotzdem akzeptiert werden«.

Sonjas Opferfreude drückt sich auch räumlich aus. Beiläufig erfahren wir, daß sie vor ein paar Jahren ihr Schlafzimmer an den zweiten Sohn abgetreten hat und seither im Wohnzimmer auf dem Sofa schläft. »Es stört mich nicht so sehr«, kommentiert sie dieses Arrangement. »Auf der Couch schlaf ich schon okay. Das Problem dabei ist eher, daß man halt nicht wirklich einen Bereich für sich selber hat. Man kann zum Beispiel nie etwas herumstehen lassen, weil das Wohnzimmer ja ein öffentlicher Raum ist. Es erdrückt mich schon manchmal, dieses Immer-da-sein für die. Aber es ist ja nicht für ewig.«

Sonja ist eine erwachsene Frau. Sie arbeitet hart. Und dennoch gesteht sie sich nicht einmal ein eigenes Zimmer, ein richtiges Bett, ein bißchen Privatsphäre zu. Als Tugend der Weiblichkeit setzt sie in den Augen ihrer Söhne die Genügsamkeit fest. Für eine liebende Frau ist es genug, daß etwas sie »nicht so sehr« stört, daß sie »okay« schläft, wenn dafür bloß die Söhne glücklich sind.

Weibliche Liebe, allumfassend

Weibliche Liebe, das kann gleichgesetzt werden mit Opferbereitschaft, Nachsicht, Duldsamkeit, grenzenlosem Verständnis. Weibliche Liebe verzeiht. Weibliche Liebe freut sich über Zeichen des Mangels, der Bedürftigkeit, der Schwäche, weil sie dort einhaken, sich dort nützlich machen kann. Das ist die Lektion, die Söhne ein ganzes Kinder- und Jugendlichenleben lang eingehämmert bekommen, ein schlechter Liebesdienst an der nächsten Generation.

Und die Söhne können ganz authentisch nichts dafür. Aus Erzählungen über das Verhalten kleiner Jungen wissen wir ganz genau, wie sehr sie sich um Wechselseitigkeit bemühen. Der Mutter, die ihnen die Schuhe angezogen hat, wollen sie im Austausch auch brennend gerne die Schuhe anziehen. Begeistert erledigen sie Botendienste oder suchen einen benötigten Gegenstand. Wenn sie als 3- und 4jährige nicht Aufwaschen dürfen, kann es mitunter Tränen geben. In der Pflege des eigenen Körpers streben sie nach Selbständigkeit. Geräte wie der Staubsauger oder die Waschmaschine begeistern sie. Sie müssen schon sehr systematisch entmutigt und ausgeschlossen und bedient werden, ehe diese Impulse in ihnen absterben.

Und was treibt uns dazu, ihnen so allversorgend gegenüberzutreten? Ein zwanghafter Impuls zur Mütterlichkeit offensichtlich. Wirklich aufhorchen ließen uns bei Sonja daher auch die Passagen, in denen es gar nicht um ihre Söhne, sondern um ihre Beziehung zu ihrem Mann geht.

Sonja und ihr Mann kauften im fünften Jahr ihrer Ehe ein Haus. Es handelte sich um ein altes Bauernhaus in der Kleinstadt, wo Sonjas Eltern zu Hause sind. Ursprünglich nur als Wochenendhaus gedacht, mauserte sich dieses Haus mit der Zeit und durch Investitionen, die weitgehend von Sonjas Eltern kamen, zu einem richtig schönen Wohnobjekt. Heute wird dieses Haus von Sonjas Ex-Ehemann, dessen neuer Frau und deren beiden Söhnen aus erster Ehe bewohnt. Der Verlauf dieses Eigentumtransfers ist hochinteressant, wir lassen ihn uns am besten von Sonja direkt erzählen.

»Das kam so, wir haben kurz nach der Scheidung ausgemacht, daß er damals weniger Unterhalt für die Kinder bezahlen mußte, und dafür hielt er das Haus alleine instand. Und ich versprach dafür, das Haus auch nicht zu benützen, also am Wochenende nicht mehr hinzufahren.«

Sonja erzählt das mit großer Selbstverständlichkeit und will schon weiterreden, über ein anderes Thema, doch Moment mal... Sonja hat »freiwillig« einer Reduzierung des Unterhalts für die Kinder zugestimmt – was sie eigentlich gar nicht »darf«, da dieses Geld gar nicht wirklich ihr, sondern den Kindern zusteht, gesetzlich festgelegt wird und vom Gericht beschlossen wurde. Außerdem hat sie noch versprochen, das Haus nicht mehr zu benützen. Es ist, zumindest auf den ersten Blick, nicht einsichtig, was sie dazu bewogen hat und was ihre Überlegung dabei war. Sonja hat viele Erklärungen; nach einem anfänglichen Redefluß hält sie inne und zieht ein interessantes Resümee.

»Das Haus hatte einen schlechten Beigeschmack, weil ich erfahren habe, daß er sich dort öfter mit seiner Freundin traf. Ja, und... ich dachte ja, daß das Haus eines Tages den Kindern gehören wird. Außerdem – also, meine Eltern hatten zwar das Haus mitbezahlt, und es war in meinem Heimatort, aber es war damals, als wir es kauften, ein absichtlicher Plan von mir, um ihn erwachsener zu machen. Er sollte etwas haben, an dem er arbeiten konnte. Obwohl... ich hing dann schon auch sehr an dem Haus.«

Betreten faßt Sonja zusammen:

»Irgendwie ist das ja auch ein blöder Idealismus. Man denkt sich, wir waren schließlich 15 Jahre zusammen, und es waren ja auch schöne Zeiten, und da sollte man jetzt doch nicht so miteinander umgehen. Ich bin, glaub ich, keine dumme Person, aber in dieser Sache war ich sehr blöd. Ich gab ihm meine Haushälfte einfach so, und er war nicht einmal bereit zu unterschreiben, daß sie eines Tages den Kindern gehören würde. Ich ging zwar davon aus, aber er wußte es damals schon besser; nur drei Monate später zog er mit seiner Neuen und deren beiden Kindern dort ein. Jetzt kann ich sehen, daß er mich manipuliert hat. Männer machen das, sie sprechen gar nicht die Frau an, sondern sie sprechen in niedriger Weise die Mutterinstinkte an. Sie sitzen da, es geht ihnen schlecht, und man tröstet sie dann, und am Schluß ist es auch noch mit Geld verbunden.«

Erstaunlich fand es Sonja ebenfalls, daß ihr Mann diese Mit-leids-, Schuld- und Muttergefühle auch in jener Situation noch hatte anzapfen können, Jahre nach der Trennung, Jahre nach der Scheidung.

Das ist paradox, aber genau betrachtet hat ja auch die Mutter-schaft etwas Paradoxes. Da gibt es eine große, starke, in jeder Hinsicht weitaus überlegene Person, und dann gibt es eine winzige, hilflose, abhängige Person. In den meisten menschli-chen Interaktionen hat, unter solchen Vorzeichen, der Schwa-che nichts zu melden. Nur in der Mutter-Kind-Beziehung ist das anders. Dort ist Schwäche mit Vorrechten, mit Begünsti-gungen, mit Privilegien verbunden, und die Stärkere nimmt sich andauernd freiwillig zurück, gibt und läßt und sieht Feh-ler nach.

Realpolitisch gesehen leben Mütter nach verkehrten Vor-zeichen, also genau gegen die Regeln, die sonst im gesell-schaftlichen Verkehr gelten. Sie erlauben ständig Grenzverlet-zungen, schlechtes Benehmen und Selbstsucht, weil sie wissen, daß ihr Gegenüber unreif ist und noch nicht am nor-malen Standard gemessen werden kann. Wo es erwachsenen Männern gelingt und diese sich nicht entblöden, das in andere Lebenssituationen zu transponieren, können sie auch noch unter den widersinnigsten Umständen als die Gewinner dar-aus hervorgehen.

Für die Söhne ganz unmittelbar ergibt sich ein problemati-sches Frauenbild. Die Frau wird als Person erlebt, mit der man alles machen kann, weil sie alles versteht und alles verzeiht. In dieser Hinsicht ist Sonja durchaus typisch. Das mütterliche Verständnis gegenüber den Unebenheiten des Reifeprozesses erzeugt nicht nur Toleranz, sondern manchmal auch ein grundsätzliches Mißverständnis. Hören wir zum Beispiel die Gedanken von Thea, einer berufstätigen Mutter, zu den pu-bertätsbedingten Verbalexzessen ihres Sohnes:

»Ich weiß, er liebt mich, ich bin seine Mutter, und er steht irrsinnig auf mich. Da hab ich keine Probleme oder Zweifel. Aber wenn ich manchmal etwas in seinen Augen Gemeines oder Ungerechtes gesagt habe, wenn ich ihm etwas verbiete oder so, dann sagt er, ›Ich hasse dich, du gehörst umgebracht!‹ Dann sag ich, aha, so so. Und ich merke in der Situation, das verletzt mich überhaupt nicht. Er verletzt mich überhaupt nicht, denn für mich ist das eher ein Zeichen, daß dieses Kind ein großes Vertrauen hat in mich. Ich hätte das zu meinen Eltern niemals sagen können, aber mein Sohn weiß, er kann mir so eine abgrundtiefe Gemeinheit sagen, und ich werd ihn trotzdem lieben. Also das ist für mich wirklich, so pervers es vielleicht klingt, irgendwie ein toller Beweis für seine Zuneigung und sein Vertrauen. Denn zu wem ist man am allergemeinsten? Zu dem, dem man am meisten vertraut, zu dem man den intensivsten emotionalen Kontakt hat.«

Was Thea da sagt, ist nicht ganz falsch. Die Entgleisungen unseres Kindes verletzen uns nicht, weil es erstens ein Kind und damit noch kein gänzlich mündiger, selbstverantwortlicher Sozialpartner ist und weil wir zweitens seinen Zorn und seine Unreife verstehen und manches relativieren können. Das Kleinkind, das in einem Wutanfall die Selbstkontrolle verliert und auf uns losschlägt, mag Kratzspuren hinterlassen, aber es »verletzt« uns nicht, weil wir wissen, daß Affektkontrolle erst gelernt werden muß und Wutanfälle in bestimmten Entwicklungsstadien normal sind.

Mütter, als die Klügeren, geben nach.

Doch das stimmt nur im Rahmen eines Lernprozesses. Unsere Aufgabe ist es, das Kind in seiner Entwicklung zu begleiten, ihm die Regeln beizubringen – mit viel Geduld, mit viel Verständnis für Fehler und Entgleisungen, das ja, aber letztendlich ist es schon unsere Zielvorstellung, daß das Kind die Regeln irgendwann gelernt haben soll. Reziprozität ist bei diesem Lernen ein wichtiges Hilfsmittel. Schlag mich nicht, ich

schlage dich ja auch nicht. Schlagen tut weh. Unsere Duldsamkeit muß groß sein, denn wir sind das Exerzierfeld, auf
dem die Kinder in Sicherheit lernen, aber sie darf nicht grenzenlos sein.

Thea ist nicht »verletzt«, obwohl ihr Sohn sich sehr verletzend, sehr grob ausdrückt. Sie weiß, daß die Pubertät sehr
schwierig ist, daß er unter sehr heftigen Gefühlsaufwallun-
gen leidet. Oft bricht er unvermittelt in Tränen aus. Er hat
sich nicht unter Kontrolle; deshalb sieht sie ihm auch seine
brutale Wortwahl nach. Doch Thea geht noch einen Schritt
weiter. Darin, daß er sich vor ihr so gehenläßt, sieht sie einen
Vertrauensbeweis – und damit nähert sie sich schon gefährlich einer Logik, die im Zusammenleben von Frauen und
Männern insgesamt verhängnisvoll ist. Zu Hause kann sich
der Mann gehen lassen; bis zur körperlichen Gewalt reichen
die Konsequenzen, wenn Männer gelernt haben, daß ein Ge-
fühlsüberschwang alles entschuldigt und eine liebende Frau
alles versteht. Aufgabe der Mutter ist es in solchen Situationen nicht nur, den subjektiven Kontext zu sehen und die
Ausschreitungen ihres Sohnes nicht persönlich zu nehmen.
Ihre Aufgabe ist es vielmehr, wie beim unbeherrschten 2jähri-
gen, den Sohn zu einer besseren emotionalen Selbstkontrolle
und einem besseren Verständnis für Reziprozität hinzu-
führen. Die Botschaft, daß er sie »gar nicht verletzen kann«,
ist eigentlich falsch. Lieber sollte sie ihm klarmachen, daß
seine Worte sie verletzen; daß sie sich zwar vorstellen kann,
wie aufgewühlt und belastet er im Moment ist, daß er aber
gleichzeitig in solchen Situationen sein Gegenüber nicht
vergessen darf. Daß er sich abreagieren kann, aber nicht an
ihr; daß er seine Gefühle ventilieren kann, aber nicht in Form
von Beleidigungen. Auch in dieser Situation muß ihr Kind
Regeln und Grenzen lernen, schon im eigenen Interesse
und in Hinblick auf seine späteren mitmenschlichen Qualitäten ganz bestimmt. Emotion zeigen mag gut, mag insbesondere für Söhne etwas Positives sein – aber auch die Art

und Weise, wie man Emotionen zeigt, ist wichtig und muß gelernt werden. Doch die Botschaft der Mütter ist eine andere: Ich liebe dich trotz allem. Mit mir kannst du alles machen.

Diese Art von Botschaft enthält viele neurotische Momente. So ist evident, daß eine solche Haltung in einem Jugendlichen auch Aggressionen wecken kann, denn als latente Botschaft ist ja auch enthalten: Du kannst mir gar nichts tun. Nichts, was du tust, hat einen Effekt, weil ich einfach alles ertrage.

Es besteht hier auch ein Zusammenhang zur traditionellen ungesunden Verstrickung von Mutter und Sohn in die Rollen der Leidenden und des Reuigen. Die Mutter erträgt alle Ungerechtigkeiten, die ihr zugefügt werden, der Sohn ist schuldig, schuldig, und hin und wieder auch ein bißchen reuig… auch ein Muster, das sich nahtlos in ein frustrierendes Ehedrama übertragen läßt. Besser bedient sind alle Beteiligten – die Mutter, der Sohn, und dessen zukünftige Partnerinnen, wenn der junge Mann Frauen nicht als seelische Fußabstreifer zu sehen lernt, sondern sich beherrschen, an die Gefühle anderer denken und die Konsequenzen seiner Übertritte erkennen kann.

Was ist hier zu tun? Ideal wäre eine anteilige gemeinsame Erziehung durch zwei Elternteile, einer davon männlich – denn dann würde diese großzügige, geduldige Art von Liebe nicht als Frauenliebe, sondern als Elternliebe erkennbar sein.

Für Frauen, die mit oder ohne Mann allein erziehen, ergibt sich die Schlußfolgerung, mehr Wert auf Gegenseitigkeit zu legen. Absichtlich und über Jahre gewöhnen wir es unseren Söhnen ab, uns als Menschen ernst zu nehmen, uns etwas geben oder zurückgeben zu wollen, unseren Platz anzuerkennen. Das heißt nicht, daß wir jetzt plötzlich unsere Liebes- und Fürsorgedienste verweigern sollen, im Gegenteil: Es heißt, daß wir sie auch nehmen und annehmen sollen. Erwarten wir von unseren Söhnen mehr als ein charmantes Lächeln und einen entwaffnenden Schmäh.

Wie den Sohn, so den Mann

»Wenn ich an all das Unrecht denke, das Männer Frauen antun, dann schäme ich mich fast, daß ich nicht in einem Zustand des ständigen Zorns herumlaufe... Und wie bereue ich dann die kleinen männlichen Gesichter, die ich gewaschen, die Fäustlinge, die ich gestrickt, die Hosen, die ich geflickt, und die Kratzer auf kleinen männlichen Fingern und Zehen, die ich liebevoll verarztet habe.«

Elizabeth Cady Stanton

»Den kann nur eine Mutter lieben«, mit diesem vernichtenden Kommentar versieht der englische Sprachgebrauch Menschen, die aus irgendeinem Grund bei ihren Mitmenschen auf wenig Begeisterung stoßen. Doch ein bißchen weitergedacht, ist dieser Gedanke beunruhigend. Die Tyrannen, die Despoten, die Vergewaltiger – sie alle haben Mütter. Und viele von ihnen wurden von diesen Müttern geliebt. Sie alle waren einmal klein, vielleicht sogar süß. Sie aßen Brei. Sie machten erste, tapsige Schritte. Sie entzückten mit ihrem ersten, zahnlosen Lächeln.

Der oben zitierte Satz der Feministin Elizabeth Cady Stanton war von dieser scherzhaft gemeint, aber es ist etwas daran. Zuerst sind sie noch rührend, mit kleinen kalten Fingern und herzerweichender Bedürftigkeit, dann plötzlich sind sie groß, laut, eingebildet und gefährlich und blicken auf alles herunter, was weiblich ist.

Es ist interessant, über die Verknüpfung von Weiblichkeit und Mütterlichkeit nachzudenken. Die weibliche Liebe hat eine starke mütterliche Komponente; Männer erwarten in der Liebe einer Frau einen starken Anteil an Mütterlichkeit. Die Frau verliebt sich nicht selten in den Jungen, den sie im erwachsenen Mann zu erkennen glaubt. Und in die Chance, ihn zu bemuttern, zu erziehen, zu verbessern.

Biografisch ist das sehr verständlich. Die Liebe wird von fast allen Kindern zuerst in ihrer mütterlichen Variante erlebt. Für ein abgerundeteres Bild fehlen den meisten Kindern zwei Versatzstücke: Sie erleben die Vaterliebe nur sehr spärlich und nehmen wenig von der Liebe Erwachsener zueinander wahr.

In diesem Punkt sensibilisiert, entdecken wir in der romantischen Literatur unzählige Beispiele dafür, daß weibliche Liebe eine Infantilisierung des männlichen Gegenübers voraussetzt. Achten Sie mal bei Ihrem nächsten Liebesroman darauf. Sie werden garantiert auf vergleichbare Passagen stoßen. Einige Beispiele aus aktuellen Roman-Bestsellern:

»Simon kam ins Zimmer, seine Haare noch naß von der Dusche. Seine gepunktete Krawatte hatte er schief gebunden [...] Er küßte sie, und es fiel ihm ein, daß er sich hätte rasieren sollen [...] Nicole überkam der Drang, ihm die Krawatte zu richten.«

(Später unterhält sich Nicole mit ihrer Freundin über das Rendezvous.)

Freundin: Na, ist er der Richtige?

Nicole: Ich weiß nicht. Er ist süß. Er ist so schlampig, ich möchte ihn so gern zurechtzupfen.«

(Peter Mayle, Hotel Pastis, London 1993)

»Als Jake bei der Tür hereinkam, wußte Emily, daß sie einen Fehler gemacht hatte. Er war genau die Sorte Mann, auf die sie immer hereinfiel. Nie konnte sie einem Mann widerstehen, der so aussah, als bräuchte er dringend einen Haarschnitt und eine selbstgekochte Mahlzeit.«

(Elizabeth Villars, Conjugal Rites, N. Y. 1993)

Was in diesen Passagen beschrieben wird, sind keine erotischen, sondern mütterliche Gefühle. Normalerweise sollte ein ungepflegtes Äußeres, eine sichtlich demonstrierte Unfähigkeit zur Selbstversorgung, eine Unbeholfenheit in Grundfertigkeiten wie Sichkleiden, Sichwaschen und Sichfüttern, keine Liebesgefühle auslösen. Einem Kind, einem Sohn gegenüber hat man den Impuls, ihm schnell noch die Jacke zuzuknöpfen oder ihm durch die ungekämmten Haare zu fahren. Diese Impulse übertragen sich in unserer Kultur, bedingt durch die Umstände unserer geschlechtsspezifischen Aufgabenteilung, dann offenbar auf erwachsene Männer. Zum Ausgehritual in vielen Ehen gehört es ganz selbstverständlich, daß die Frau ihrem Mann die Krawatte zurechtrückt und noch einen kritischen Blick auf sein Gesamtaussehen wirft. Als Teenager wehren sie sich gegen eine solche Entmündigung, aber viele erwachsene Männer unterziehen sich ganz selbstverständlich dieser Prüfung. Es gibt unzählige Geschäftsleute, die sich nie selber einen Koffer packen, sondern einfach anziehen, was Mutti für sie zurechtgelegt hat. Dieses Pflegeverhalten findet in der umgekehrten Richtung nicht statt. Kein Mann zupft seiner Frau vor dem Ausgehen stets den Blusenkragen zurecht oder frisiert sie noch schnell. Es wäre für eine Frau unvorstellbar, nicht zu wissen, mit welchen Kleidern sie für fünf Tage nach London fliegt.

Keineswegs nur im Roman, sondern auch im »wirklichen Leben« ist die Frau häufig die Mutter ihres Mannes. Scheinbar fällt den Betroffenen nicht auf, daß daran irgend etwas unpassend sein könnte. Prominente, dynamische, erfolgreiche Männer machen kein Geheimnis daraus, daß sie den Ablauf ihres Privatlebens am liebsten am Leben von Säuglingen orientieren.

Die »Sunday Times« porträtiert einen international bekannten französischen Chirurgen. Dieser soll einen typischen Tagesablauf schildern:

»Ich stehe um halb sieben auf. Meine Frau steht eine Viertelstunde vor mir auf und bringt mir meinen Kaffee, denn ich bin kein Schnellstarter. Ich nehme meine Vitamin- und meine Ginsengtabletten und sehe fern, während meine Frau mein Bad einläßt...

Mittags fahre ich heim. Mein Mittagessen esse ich am liebsten im Bett...

Abends um sieben ziehe ich meinen Pyjama an, dann bringt mir meine Frau das Essen ins Bett. Manchmal essen wir gemeinsam bei Tisch, als Familie, weil ich das wichtig finde, aber ich brauche meine Ruhe.

...Ich reise viel. Meine Frau versorgt das Haus und sieht zu, daß mein Leben glatt verläuft.«

Bei dieser Passage mußten wir sofort an die Kindergartenkinder denken, die bei ihrem Rollenspiel mit der Vaterrolle nichts anzufangen wissen. Wie erleben die Kinder der oben zitierten Arztfamilie ihre Eltern? Die Mutter versorgt alle, auch den erwachsenen Mann. Der Vater liegt hauptsächlich im Bett. Zu Hause ist er ein Baby, mit vielen babyhaften Attributen. Wenn sie alt genug sind, können seine Kinder begreifen, daß er tagsüber »arbeiten« geht und Geld heimbringt, von dem sie alle leben. Doch wie ein liebendes männliches Verhalten im Detail aussieht, wissen sie auch dann nicht.

Eine fürsorgliche elterliche Komponente hat in einer Partnerschaft durchaus einen legitimen Platz; bedenklich wird es erst durch die Einseitigkeit. Und es ist durchaus bezeichnend, daß Pflegeverhalten auch »bemuttern« heißt. Den Ausdruck »bevatern« gibt es nicht.

»Der Beruf einer Mutter ist ihr Kind«

*Hausfrau contra Karrierefrau – die Diskussion über die
Berufstätigkeit von Müttern füllt mittlerweile stattliche
Bände, belebt Talkshows und Feuilletonseiten.
Nichts kann die Vollzeitmutter ersetzen, sagen die einen.
Eine unzufriedene Hausfrau ist eine schlechte Mutter,
sagen die anderen. Und was meinen die Kinder?*

Eine christliche Gruppe in Österreich druckt jeden Monat ein kleines Plakat mit einem kurzen, sinnigen Spruch und hängt es in den Treppenaufgängen von Wohnhäusern auf. Im Monat Mai lautet das Motto kurz, knapp und neongelb: »Der Beruf einer Mutter ist ihr Kind.«

Über diesen Satz denken wir, während wir dieses Buch schreiben, sehr viel nach.

Die meisten berufstätigen Frauen haben Schuldgefühle. Entweder sie haben zu Hause überhaupt keine Entlastung durch den Ehemann und verfügen auch nicht über die finanziellen Mittel, die Erleichterungen und Hilfe möglich machen. Dann sind sie erschöpfend damit beschäftigt, ihr Leben und das Leben der Familie halbwegs im Griff zu behalten. Unter diesen Umständen hat die Zeit, die sie mit den Kindern verbringen, nicht immer die erwünschte Qualität.

Die berufstätige Mutter erlebt jeden Tag die Qual der Wahl. Was ist heute das Dringlichste? Worauf muß verzichtet werden? Jeder Punkt, der zurückgestellt werden muß, ist Nährboden für potentielle Schuldgefühle. Aber selbst diejenigen, die bei ihrem Partner oder bei der Verwandtschaft Hilfe finden oder die in besseren finanziellen Verhältnissen leben, haben das Gefühl, stets zu wenig für ihre Kinder zu tun.

Mit ihren Gefühlen der Vernachlässigung und Unzulänglichkeit mögen all diese Mütter richtig liegen, oder auch nicht.

Schuldgefühle sind in diesem Zusammenhang keine objektive Größe, sondern ein Bestandteil der weiblichen Psychostruktur. Egal, wie gut sie es macht, die typische Mutter plagt sich mit dem Gedanken, daß sie es eigentlich ganz anders und noch viel besser hätte machen müssen.

Die ständigen öffentlichen Diskussionen über das Für und Wider verschiedener Erziehungsstile sind Wasser auf den Mühlen mütterlichen Schuldgefühls. Sie ermöglichen es jeder Frau, sich schlecht zu fühlen, ob sie ihren Säugling beim Schlafen auf den Bauch legt oder auf den Rücken, ob sie ihre Schulkinder nachmittags mit Musik- und Judounterricht beschäftigt oder sie herumtrödeln läßt: Was diese Woche gut ist, gilt nächste Woche als schlecht.

Die Alternative zum Balanceakt zwischen Beruf und Familie wäre es, wie uns Angehörige der konservativen Weltanschauung immer und gerne erinnern, zu Hause zu bleiben. Ja, zu Hause, bei den Kindern! Man hat sie doch nicht bekommen, um sie Fremden zu übergeben! Nichts kann die Mutter ersetzen! Wir wollen hier nicht darüber diskutieren, daß viele Frauen berufstätig sein müssen und sehr viele es sein wollen. Wir wollen nicht darüber sprechen, daß die Entscheidung zum Berufsausstieg angesichts der existierenden wirtschaftlichen Strukturen und gesellschaftlichen Einstellungen verhängnisvoll ist, daß es keine plausiblen Wiedereinstiegschancen gibt und daß die Ehe längst nicht mehr die lebenslange Sicherheit bietet, die einen Verzicht auf die Berufstätigkeit zumindest aus überlebenstechnischen Gründen rechtfertigen würde. All das ist Ihnen zur Genüge bekannt.

Wir wollen uns vielmehr einer anderen Frage zuwenden: der Frage, ob es für Kinder – und Mütter – tatsächlich erstrebenswert ist, daß die Frau zu Hause bleibt.

Im Frühjahr 1994 befragten wir per Fragebogen 230 junge Männer über die geschlechtsspezifische Atmosphäre in ihren Herkunftsfamilien. Die 20–30jährigen erschienen uns geeignet als Auskunftsgruppe: Die Pubertät ist vorbei, liegt aber noch nicht so weit zurück, als daß man alles vergessen hätte. Man hat schon, zumindest in greifbarer Nähe, sein eigenes Leben, und somit ein bißchen Distanz. Es war ein kurzer Fragebogen, der eine bestimmte Facette des männlichen Selbstbildes verdeutlichen sollte. Wir fragten, wie – ihrer Meinung nach – ihre Väter/Mütter sich den Sohn vorgestellt hatten. Ob sie meist das Gefühl hatten, diesen Erwartungen gerecht zu werden. Was sie an ihrem Vater/Mutter gut fänden und was sie an ihm/ihr störe. Wie sie die Beziehung ihrer Eltern zueinander beschreiben würden.

Die Ergebnisse übertrafen unsere Erwartungen. Sie waren erstens übersichtlich, so übersichtlich, daß sich fast schon eine psychologische Formel daraus ableiten ließ. Sie ließen sich in der Erstauswertung in drei Stapel sortieren.

Stapel eins: Die jungen Männer, die ihre Väter sehr negativ, als sehr despotisch, kalt und gleichgültig beschrieben. Sie fühlten sich von diesen Vätern meist überkritisch bewertet, als Person mit eigenen Wünschen nicht ernstgenommen, sondern sollten in erster Linie Abklatsch, Wunschvollstrecker eines sehr anspruchsvollen Vaters sein.

Ihre Mütter erlebten diese Söhne als schwach und unterdrückt; die Beziehung ihrer Eltern schien ihnen schlecht zu sein. Einer zeichnete überhaupt nur einen Grabstein hin, um den Lebendigkeitsgrad der elterlichen Ehe zu beschreiben, ein anderer schrieb: »Katastrophe.« Diese jungen Männer wirkten in ihren Selbstbeschreibungen schwierig, unausgeglichen und sorgenvoll.

Der zweite Stapel bestand aus den eher ambivalenten bzw.

den differenzierenden Antworten. Der Vater war Alkoholiker, aber gutmütig; er war sehr konservativ, aber liebevoll. Die Mutter war unorganisiert, aber warmherzig; mischte sich zuviel ein, aber man konnte mit ihr über alles reden. Auch die Beziehung der Eltern zueinander wird als ambivalent beschrieben: Sie »streiten viel, aber man merkt, daß sie sich noch immer lieben«. »Beide wollen dominant sein, aber keiner von ihnen schafft es.« Diese jungen Männer schienen den Eltern relativ viel Toleranz entgegenzubringen, ihre Familie und das eigene Leben tendenziell positiv zu sehen, mit Nachsicht für menschliche Schwächen.

Eine dritte, sehr kleine Gruppe sah die Eltern und deren Beziehung ausschließlich positiv. Auch einige junge Männer aus geschiedenen Ehen oder von unverheirateten Müttern gehörten zu der Gruppe, die keine Kritikpunkte anzumelden hatte.

Es ist bestimmt zu einfach und dennoch nicht ganz falsch, aus diesen ganz eindeutigen Korrelationen etwas abzulesen: Wenn die Eltern zueinander und zu dem Kind freundlich, fair und nett sind, entsteht mit größerer Wahrscheinlichkeit ein zufriedener, ausgeglichener junger Erwachsener.

Der zweite »Ertrag« des Fragebogens betraf die Sensibilität der Befragten für die subtilere Dynamik ihrer Familien. Sie hatten einen sehr deutlichen Blick für die Strukturen und die versuchten Prägungen durch ihre Eltern, vor allem, was hinter dem Präsentationsbild der Familie tatsächlich noch alles an Spannungen, an Konflikten, aber auch Erotik oder Liebe vorhanden war.

»Die Beziehung ist nicht wirklich gut, aber sie brauchen einander.«

»Zwischen meinen Eltern besteht nach wie vor eine Liebesbeziehung, das zeigen sie aber nicht offen.«

»Völlig neurotisch, symbiotisch, sie kleben aneinander, aber ohne Liebe oder gegenseitiges Verständnis.«

Vor allem aber hatten unsere Auskunftgeber eine klare Sicht für die Verstrickungen, für die problematischen Abhängigkeiten innerhalb der Familie.

Bei der Frage nach der Mutter war zum Beispiel erstaunlich, daß unter den »störenden Eigenschaften« überwiegend Dinge aufgezählt wurden, die eigentlich als die klassischen weiblichen Tugenden, die Eigenschaften einer wirklich guten Frau und einer wirklich lieben Mutter gelten. »Sie opfert sich zu sehr auf«, »zu anhänglich in ihrer Ehe«, »nimmt zu vieles auf sich«, schrieben die Söhne.

Das waren – auf den ersten Blick – für uns erstaunliche Kritikpunkte. Beschwert sich denn ein Chef, wenn ein Angestellter zu fleißig ist, ein Konsument, wenn ein Auto zu wenig Benzin verbraucht... ein Sohn, wenn seine Mutter nicht aufopfernd ist?

Wir hatten schließlich nicht gefragt: »Was macht Ihre Mutter falsch? Wie benachteiligt sich Ihre Mutter selber?« Sondern wir hatten ganz deutlich gefragt: »Was stört Sie an Ihrer Mutter?« Und die Antworten:

»traut sich zu wenig zu«;

»zu unselbständig«;

»würde das Letzte für ihre Familie geben, dies kritisiere ich aber auch an ihr, sie lebt zu wenig ihr eigenes Leben«;

»leidend, unterwürfig«;

»zu große Kompromißbereitschaft, Angst«;

»gehemmt, aufopfernd«.

Traurig für diese Frauen – doch warum stört das *den Sohn*? Die Auswertung der Fragebögen gab uns drei Anhaltspunkte. Ein junger Mann schreibt: »zu große Aufopferung, Selbstüberforderung – dadurch Aggressivität.«

Damit hat er erkannt, daß die Demut und das Hinunterschlucken von Ungerechtigkeiten einen hohen Preis fordern. Die Mutter läßt sich alles aufbürden, doch innerlich wehrt sie sich dagegen mit aufgestauter Wut, die das Klima belastet.

Ein zweiter schreibt: »unselbständig, unsicher, wenig belastbar«. Die Dienstfertigkeit hat eine Schattenseite – die Person, die sich selber zu sehr zurücknimmt, ist nicht mehr voll da. Ihre Kinder fühlen das und empfinden das Defizit. Sie ist nicht belastbar, nicht stabil, kein Elternteil, auf den man sich voll verlassen kann.

Der dritte und wichtigste Grund liegt in der Dynamik der Familie, der Elternbeziehung. Die zu brave, zu weiche Mutter ist kein Gegengewicht für den zu harten, zu starken Vater. Sie verstärkt seine negativen Eigenschaften und liefert damit auch den Sohn dieser Art von übersteigerter, einseitiger Männlichkeit aus. Sie sollte nicht das liebe, gute, unschuldige Opfer, sondern der unverzichtbare Gegenpart sein, ohne den der Vater auch nicht so sein könnte, wie er ist. Das wird deutlich, wenn wir die Kritik an Mutter und Vater jeweils im Zusammenhang lesen:

»Mich stört ihre Ängstlichkeit und Anhänglichkeit, ihr mangelndes Durchsetzungsvermögen gegenüber dem Vater«, schreibt ein 27jähriger über seine Mutter, und über den Vater: »Mich stört seine Intoleranz, seine maskenhafte Männlichkeit und Härte, seine Gefühllosigkeit.«

Hier noch einige kritische Paarungen:

Mutter: »Setzt zu selten Grenzen, nimmt zu viel auf sich, schluckt viel hinunter.«

Vater: »Kaum empathisch, patriarchale Züge, vor allem gegenüber der Mutter.«

Mutter: Zu wenig Durchsetzungsvermögen in der Familie, unterdrückt.«

Vater: »Dominant, kann keine Anerkennung zeigen, kein Einfühlungsvermögen.«

Unfreiwillig vernichtend fällt das Urteil eines 25jährigen aus. Den Vater beschreibt er als »rigide, mißbilligend, rein geldorientiert«. Die Mutter kann sich ihm gegenüber nicht durchsetzen, er hat immer das letzte Wort, sie versucht um jeden Preis, eine intakte Familie zu erhalten. Was gefällt ihm an ihr? »Sie kann gut kochen«, schreibt er, ohne ersichtlichen Zynismus. Er spricht damit nur deutlich aus, was bei den vielen anderen Fragebögen zwischen den Zeilen herauszulesen ist: Die Psyche ist wichtiger als der Komfort. Eine gedrückte, glattgebügelte Mutter ist für ihre Söhne auch dann keine Freude, wenn das warme Abendessen immer pünktlich auf dem Tisch steht.

Die Mutter, die als übermäßig anpassungsbereit geschildert wird, war oft Hausfrau. Zu ihren negativen Eigenschaften gehörte die »Abhängigkeit«. Ihre Ehe hatte zwar Bestand, aber in einer für den Sohn fragwürdigen Qualität.

»Meine Eltern haben keine Gesprächsbasis.«

»Aufgestaute Frustration auf beiden Seiten, soziale Isolation.«

»Die Beziehung erscheint nach außen gut, ist aber sehr gespannt.«

»Die Ehe ist schlecht, weil meine Mutter meistens nachgibt und sich ausklinkt.«

Die Mütter werden als »warmherzig, liebevoll, tolerant, spontan, offen, fürsorglich, weltoffen, versöhnlich« beschrieben und gelobt; dieselben Mütter führen, in den Augen der Söhne, Ehen, die »gehemmt, gespannt, beziehungslos, distanziert, frustriert, lieblos, gescheitert« sind. Traurig für die Mutter, traurig auch für den Sohn. Er lebt jeden Tag in diesem Klima, in dieser Stimmung. Und er empfindet sehr deutlich, daß die schlechte Situation auf ein grundlegendes Ungleichgewicht zurückzuführen ist. Ehen, in denen die Eltern sich miteinander auseinandersetzten, werden von diesen Söhnen vergleichsweise als viel lebendiger eingeschätzt. Sie berichten auch über Scheidungen, denen eine Klimaverbesserung folgte.

Das Problem, das diese »Söhne« sehr genau registrierten, war das fundamentale Ungleichgewicht in ihrer Familie. Der Vater war zu stark, die Mutter zu schwach. Der Vater hatte zu wenig Zeit, die Mutter zuviel. Der Vater war zu starr, die Mutter viel zu weich. Die Mutter war zu präsent, der Vater zu abwesend.

»Der Beruf einer Mutter ist ihr Kind«? Der Fragebogen war für uns ein Anlaß, dieses Thema aufzugreifen. Rollt der Merksatz die Fragestellung nicht schon falsch auf? Die wichtigste Aufgabe einer Mutter ihrem Kind gegenüber ist es, selber eine authentische Person zu bleiben.

Dazu schreibt Alfred Adler:

»Die Beziehungen zu einer Mutter sind nie einfach und auch die Bindung zwischen Mutter und Kind darf nicht überbetont werden. Dies fordert das Wohl des Kindes, aber auch der Mutter. Wo eine Aufgabe überbetont wird, müssen alle anderen leiden, und selbst die einzelne Aufgabe, die uns gerade beschäftigt, kann besser gelöst werden, wenn wir ihr nicht allzuviel Gewicht beimessen. Eine Mutter unterhält Beziehungen mit ihren Kindern, mit ihrem Ehemann und mit dem gesamten Gemeinschaftsleben ihrer Umgebung. Diese drei Bindungen verlangen gleiche Beachtung: alle drei müssen ruhig und vernünftig ins Auge gefaßt werden. Wenn die Mutter nur die Bindung zu den Kindern berücksichtigt, wird sie notwendigerweise verwöhnen und verzärteln. Es ist dann für diese (Kinder) sehr schwierig, Selbständigkeit und Gemeinschaftsbewußtsein zu entwickeln.«*

Mutterschaft – ein Ganztagsjob?

Es gibt sicherlich Hausfrauen, die selbstbewußt sind, die ihren Interessen nachgehen (und zwar ihren echten und authentischen Interessen, nicht irgendwelchen zeitfüllenden therapeutischen Beschäftigungen).

---

* Alfred Adler, Der Sinn des Lebens. Frankfurt 1980

Ist ein Kind gut bedient, wenn die Mutter seinetwegen ganz zu Hause bleibt? Es ist interessant, wie kurz die historische Erinnerung reicht. Bei »Feminismus« denken wir an Karrierefrauen, dabei ist die moderne Frauenbewegung genaugenommen von einer Hausfrau angeregt worden. Betty Friedans Buch »Der Weiblichkeitswahn« löste die feministischen Überlegungen und Forderungen der Nachkriegszeit aus, und das Buch handelte vom Leben der Hausfrau. Es befaßte sich mit Frauen, die in den Vororten Amerikas das klassische Mittelschichtleben führten, die vom Einkommen des Mannes gut lebten, die ihren Familien ein ansprechendes Heim gestalteten und ihren Kindern liebevolle Mütter waren. Die ihre Lebensentscheidung für richtig hielten und nicht in Frage stellten, denen es nicht schlecht ging... und die dennoch kreuzunglücklich waren. »Das Problem, das keinen Namen hat«, nannte Friedan dieses undefinierbare Gefühl des Unglücks, das sich zusammensetzte aus Langeweile, Eintönigkeit, Isolation, Überlastung mit Kleinkram, fehlender Bestätigung und Abhängigkeit von einem ständig abwesenden Ehemann.

Heute ist die Hausfrau kontrovers. Berufstätige und Hausfrauen stehen sich mißtrauisch gegenüber und werden in Diskussionen oft gegeneinander ausgespielt. Die offizielle Linie predigt »gegenseitige Toleranz« und wird bei öffentlichen Zusammenkünften brav heruntergebetet: Jeder Frau soll es freistehen, ihren Lebensweg zu wählen, und jede Entscheidung ist zu respektieren, und der Hausfrauenberuf ist sehr wertvoll, etc., Amen.

Doch im Leben einer Hausfrau gibt es eine Reihe von immanenten Belastungen, die sich auf die Familie und die Kinder negativ auswirken.

- Eine Hausfrau hat kein eigenes Geld und kein soziales Ansehen, sie steht nicht im täglichen Erwachsenenleben. Sie ist, egal wie sie und vielleicht sogar ihr netter Mann es definieren, von diesem abhängig.

- Eine Hausfrau hat ihr eigenes Leben zurückgestellt, um sich der Förderung und Entwicklung anderer Menschen zu widmen. Sie lebt durch diese Menschen, deren Glück und Erfolg sie für ihr Engagement belohnen, deren Unglück und Mißerfolge sie jedoch als Versagerin abstempeln. Für die so betreuten Personen – Ehemann und Kinder – ist dieser hohe Involvierungsgrad mitunter belastend. Eine Hausfrau kann leicht in die Situation geraten, eine »Eis-Mutti« zu werden. *Ihre* Kinder machen die Hausaufgaben dreimal, bis sie wirklich perfekt sind. Schulerfolge sind für die Kinder nicht an sich wichtig, sondern sind Geschenke an die Mutter, die dann glücklich ist. Sie ist immer da. Sie weiß alles über das Leben ihrer Kinder.
- Für eine Hausfrau verengt sich oft die Perspektive, ihr Horizont ist ein anderer. Aus ihrer Lebenssituation entstehen unweigerlich Persönlichkeitsveränderungen – sie wird im sozialen Umgang unsicherer, empfindlicher, kleinere Probleme und Mißgeschicke bekommen ein größeres subjektives Gewicht. Ihr Mann, den sie im Familienleben total entlastet, verliert die häuslichen Notwendigkeiten vollkommen aus dem Blick. Fehlkommunikation und Konflikte sind vorprogrammiert. Für die Frau ist es eine Tragödie, wenn eine lange geplante und sorgsam vorbereitete Abendeinladung platzt, weil das Staatsoberhaupt von Ungarn plötzlich stirbt und ihr Mann in die Redaktion fahren muß. Für den Mann ist nicht mehr ersichtlich, daß auch manche »Kleinkram-Termine« – wie z. B. der Auftritt der Tochter bei einem Liederabend im Gymnasium – sehr wichtig sein können. Das Blickfeld der Hausfrau ist zu eng, der Blick ihres Mannes sieht über zu vieles hinweg.
- Die Hausfrau hat keinen objektiven Leistungsnachweis. Sonst ist jede gesellschaftliche Arbeit meßbar, in den Stunden, die man irgendwo verbringt, in den Arbeitsleistungen, die abgeschlossen werden konnten, im erwirtschafteten Einkommen, in Beförderungen. Die Hausfrau neigt dazu,

sich als Nachweis ihrer Existenzberechtigung Arbeit zu »machen« – besonders heutzutage, wo so viele Frauen berufstätig sind. Wenn andere Frauen Beruf *und* Haushalt *und* Familie bewältigen, muß die Hausfrau für sich eine Berechtigung finden. Sie muß Familie und Haushalt perfekter beherrschen als die anderen Frauen. Oft tut sie das, indem sie per Hand Arbeiten verrichtet, die längst maschinell geleistet werden. Sie näht, stickt, strickt, kocht Marmelade; ihre Knöpfe sind handbezogen. Uns sind Hausfrauen begegnet, die in Volkshochschulen Kurse für Gräberschmuck besuchten, um die Berufstätige sogar noch beim Begräbnis auszustechen – *ihre* lieben Verstorbenen kriegen handgefertigte Kränze, die müssen sich nicht mit Nullachtfünfzehn-Floristeneinheitsware begnügen.

Hinzu kommen noch strukturelle Probleme. Erstens ist ein Mann, der sich heutzutage noch als Partnerin eine Hausfrau wünscht, ein tendenziell traditioneller Mensch. Oft legt er großen Wert auf einen hohen häuslichen Standard; gleichzeitig ist er ein Mann, der in der Mutter die hauptverantwortliche Erziehungsperson sieht. In der Praxis sehen wir bei Interviews mit Hausfrauen, daß die Kinder und die Elternschaft für solche Männer keine echte Priorität darstellen. Denn wenn ihnen die Kinder persönlich wichtig wären, dann würden sie auch selbst gern intensiv an deren Aufwachsen beteiligt sein. Der Mann, dessen Frau Hausfrau ist, erwartet sich üblicherweise einen geregelten Haushalt und weitgehende Entlastung von allem, was mit Kind und Haus zu tun hat.

Dem Stereotyp zufolge ist es vor allem der große Wunsch, die eigenen Kinder optimal zu versorgen, der Frauen zum Zuhausebleiben bewegt. Dieses Stereotyp findet sich in der Wirklichkeit nicht bestätigt. Erstens hat nicht jede Hausfrau automatisch ein vertieftes pädagogisches Bewußtsein; ein Teil der Betroffenen wählt diese Lebensentscheidung aus Bequemlichkeit, aus Mangel an beruflicher Ausbildung oder beruflicher Motivation. Es gibt genug Hausfrauen, deren Kinder den Nachmittag vor dem Fernsehgerät verbringen. Es ist auch objektiv so, daß ein Alltag, der immer und ausschließlich mit kleinen Kindern verbracht wird, nicht wirklich erwachsenenadäquat ist. Wenn Untersuchungen zeigen, daß Hausfrauen mitunter weniger mit ihren Kindern spielen, ihnen täglich weniger vorlesen und sich kürzere Zeit inhaltlich mit ihnen beschäftigen als Berufstätige, dann ist ihnen das nicht einmal wirklich anzulasten. Für berufstätige Menschen kann die Beschäftigung mit ihren Kindern ein erfreulicher Ausgleich sein. Da die Zeit dafür beschränkt ist, ist sie auch kostbar. Verallgemeinerungen wären hier falsch. Es gibt Eltern, die vom Beruf zu sehr belastet sind, so daß die Kinder zu kurz kommen, aber auch Eltern, die sich in der verfügbaren Zeit ganz besonders intensiv mit ihren Kindern befassen. Es gibt Hausfrauen, die das Leben mit ihren Kindern genießen und darin aufgehen, und solche, die sich in ihrem Leben eingeschränkt fühlen und deshalb frustriert und müde sind.

Ein zweites Problem liegt darin, daß der Haushalt der unmittelbar sichtbare Nachweis für die Tätigkeit einer Hausfrau ist und somit oft Vorrang hat. Das ist besonders dann der Fall, wenn die Ehe sehr traditionell geführt wird. Dann setzt der Mann Maßstäbe, die von der Frau einen zeitlich hohen Aufwand und von den Kindern ein hohes Maß an Zurückhaltung verlangen.

Es gibt zwei Gruppen von unglücklichen Hausfrauen. Die eine besteht aus Frauen, die sehr gern berufstätig waren oder ehrgeizig sind, die eine sehr dynamische Persönlichkeit haben und trotz gegenteiliger Vorsätze bald das Gefühl bekommen, an der Eintönigkeit und Prestigelosigkeit des Hausfrauenlebens zugrunde zu gehen. Sie verwenden mitunter sehr drastische Ausdrücke, um ihre Situation zu beschreiben, fühlen sich eingesperrt, bestraft, in die Enge getrieben, »eingebunkert«.

Die zweite Gruppe besteht aus Frauen, für die das Hausfrauendasein ein tiefes Abhängigkeitsverhältnis nicht nur auf materieller, sondern auch auf psychischer Ebene bedeutet und die sich auch 1993 noch in sehr antiquierten Verhältnissen wiederfinden. Erstaunlicherweise gehören auch viele halbtags berufstätige Frauen zu dieser Gruppe. Für sie bedeutet der Teilzeitberuf nicht ein Stück Emanzipation, sondern die Verpflichtung, sich ihr »Haushaltsgeld« selber zu verdienen – und außerdem noch den gesamten Haushalt allein zu bewältigen.

Die 26jährige Volksschullehrerin Annegret war zunächst froh, ihren Beruf aufgeben und ein eigenes Kind versorgen zu können. Heute denkt sie mit Wehmut an die Zeit ihrer Berufstätigkeit zurück. »Georg ist unheimlich penibel, er findet auf jeden Fall irgend etwas, was ihm nicht paßt, und das zeigt er dann deutlich, indem er mit saurer Miene zum Beispiel noch irgendwelche Fettspritzer von der Herdplatte wegputzt.« Georg schreit nicht, droht nicht, wird nicht ausfällig – aber für Annegret, die den ganzen Tag auf Ansprache durch einen Erwachsenen wartet, ist seine schlechte Laune schon eine hinreichende Bestrafung. »Wenn er heimkommt, darf nicht einmal meine Handtasche oder irgendeine Einkaufstüte herumstehen, auch wenn ich gerade vom Einkaufen heimgekommen bin. Sonst ist der Abend gelaufen.«

Als allmählich verinnerlichte Instanz vermiest Georg ihr auch die Spielstunden mit dem Kind. Salzteig anrühren und wohlig darin herumkneten? Lieber nicht – das macht zuviel Unordnung. Eine tolle Lego-Anlage aufbauen? Keine gute Idee, denn wenn sie am Abend noch im Wohnzimmer steht, ist Georg böse, aber wenn sie nach dem Spielen gleich abmontiert werden muß, weint der Kleine.

Uns hat es zunächst überrascht, als Frauen uns von den hohen häuslichen Ansprüchen ihrer Männer erzählten. Wir hätten nicht gedacht, daß so viele Männer für die Details der Haushaltsführung ein dermaßen geschärftes Auge haben, doch wir wurden eines Besseren belehrt.

Esther, 25, wollte schon als Kind nichts anderes als Hausfrau und Mutter sein. Ihren Mann lernte sie mit 16 kennen.

Bernd, Elektriker, machte von Anfang an klar, daß er seine zukünftige Ehefrau »ganz im Haus« haben wollte. Doch erst mit der Zeit stellte sich heraus, daß sogar die häusliche, willfährige Esther seinen Ansprüchen nicht genügen konnte. »Das Essen war ihm enorm wichtig, alles mußte selbstgemacht sein. Da gab es immer wieder Schwierigkeiten. Ich habe sowieso viel gebacken, auch gerne, aber wenn ich dann mal einen Frühstückszopf beim Bäcker gekauft habe, und er hat es bemerkt, war er imstande, ihn in seinem Zorn an die Wand zu werfen.« Ein anderes Mal saß Esther abends im Schlafzimmer und ordnete ihre Nähsachen, da kam Bernd wütend herein und knallte den Nähkorb auf den Boden. »Ich hätte bei ihm im Wohnzimmer sitzen sollen, und ich wäre doch zu Hause, um für ihn dazusein«, erläutert Esther den Wutausbruch.

Esther sieht sich außerstande, auf diese Aggressivität zu reagieren, da sie sich als Hausfrau vollkommen abhängig fühlt. Wovon soll sie leben, wie soll es mit ihr weitergehen, wenn es zu einer Scheidung kommt? »Wenn ich Druck ausüben will, muß ich eine Alternative haben, wenn ich drohe, muß ich auch etwas dahintersetzen. Welche Alternative habe ich?«

Die Art von Verhalten, die Bernd an den Tag legt, ist nicht die Norm, aber auch kein Einzelfall. Jutta ist 27. Vor ihrer Ehe hatte sie viele Freundinnen und zahlreiche Hobbies. Ihr Mann aber »hat das sukzessive unterbunden. Er hat gesagt, daß wir zwei uns doch genügen.« Für ihn leicht zu sagen – als Handelsvertreter war er ständig unter Menschen, während Jutta meist mit zwei kleinen Kindern allein zu Hause saß.

Um »das bißchen Familienleben, das wir noch haben«, nicht durch Streit und Konflikte zu verderben, geht Jutta den Weg der Anpassung. Sie wählt ein Hobby, daß ihn nicht stört und auch nicht mißtrauisch macht, nämlich die Seidenmalerei, und erwirkt seine Erlaubnis, einen Kurs zu besuchen.

»Ich frage ihn nicht direkt um Erlaubnis, das wäre ja irgendwie komisch. Ich sage halt, ich möchte das gerne. Und da höre ich dann, ob es ihm recht ist oder nicht. Und wenn es ihm halt nicht so hundertprozentig recht ist, dann würde ich vielleicht lieber darauf verzichten.«

Die Untertänigkeit, die im Namen von Harmonie von manchen Hausfrauen an den Tag gelegt wird, ist erschütternd.

In ihren Sätzen finden wir die Mütter wieder, die in den eingangs zitierten Fragebögen der jungen Männer als »zu anpassungsbereit«, zu untertänig beschrieben waren. Diese entmündigten Frauen, mit ihrer Bereitschaft, alles hinzunehmen, sind kein Vorbild für die Kinder.

Auch das Statusgefälle zwischen den Ehepartnern läßt sich durch freundliche Formulierungen nicht wegreden. Tatsache ist: Die Frau verrichtet niedrige Dienste, für die man keine Ausbildung braucht und die einen untergeordneten, dienenden Charakter haben. Der Vater dagegen hat eine Position in der Welt, und wenn sie noch so bescheiden ist, so hat sie doch ein höheres Prestige als Putzen und Kartoffelschälen.

Der 35jährige Arzt Adam macht kein Geheimnis daraus, was er von Hausarbeit hält. Seine Kleider bleiben dort liegen, wo sie beim Ausziehen hingefallen sind, und auch für die Kinder ist er nicht zuständig. Wenn ein Kind spätabends weint, setzt er ungetrübt seine Klarinettenübungen fort. Seine Frau Renate, ehemals Grafikerin, erlebt ihre Situation als enormen Abstieg. »Früher waren wir ein Liebespaar. Jetzt ist er der Herr Doktor, und ich bin seine Putzfrau.« Nicht nur ihr Selbstwertgefühl sieht sie dadurch zerstört. »Solange ich Putzfrau bin, kann ich keine gleichberechtigte Beziehung zu ihm haben. Wenn einer immer den Dreck wegputzt, dann ergibt das eine Hierarchie. Wir sind einfach nicht auf derselben Ebene. Er liest Bücher über Zen-Buddhismus, während ich die Kasserolle schrubbe.«

Ungleichheit zwischen den Eltern bedeutet Ungleichheit in der Familie, bedeutet für einen Sohn Zerrissenheit. In dieser Zerrissenheit liegt ein Grundmerkmal der männlichen Sozialisation: Der Sohn hat die Möglichkeit, sich mit der Person zu solidarisieren, die ihm objektiv nähersteht, mit der Mutter, weil sie ihn versorgt, so viel für ihn tut, ihm so viel besser vertraut ist als der distanziertere Vater und die ihn, weil sie in der Familie der »underdog« ist, auch in seinem jugendlichen Gerechtigkeitsgefühl anspricht. Gleichzeitig ist ihm bewußt, daß er später zu der sozial stärkeren und privilegierten Gruppe gehören kann, gehören wird. Diese innere Zerrissenheit begleitet ihn in vielen Lebensbereichen. Im Kindergarten will er mit den Mädchen spielen, fühlt sich freundschaftlich hingezogen zu einem oder einigen der Mädchen, aber er erfährt auch, daß die Spiele der Jungens und ihr Lebensbereich der »bessere« ist und er sich dem Spott aussetzt, wenn er zu den Mädchen geht. In der Schule lehnt er die gewalttätige Dominanz der größeren, stärkeren Schüler ab, sie widerstrebt zutiefst seinem Gerechtigkeitssinn, doch er erkennt, daß er später Mitglied dieser Gruppe sein wird und daß es letztendlich besser ist, zu prügeln, als geprügelt zu werden. In der Familie fühlt er sich oft der Mutter nahe, weil sie ihn menschlich mehr anspricht und ihr Schicksal, ihre Behandlung durch den Vater ihm ungerecht erscheint. Das sind geschlechtsneutrale Wertungen, aber sie verlieren ihre Neutralität durch unsere gesellschaftliche Polarisierung in Frau und Mann, weiblich und männlich. Der junge Mann hat noch einen klaren Blick dafür, was gerecht und was ungerecht ist, und kann sich über die Geschlechtergrenzen hinweg ein Urteil bilden. Später muß er, ob richtig oder falsch, ob es seinem Gefühl entspricht oder nicht, sich auf die Seite der Männer stellen. Seine authentischen Empfindungen sind aber nicht verschwunden, sie sind nur unterdrückt; damit setzt sich die Zerrissenheit fort und findet Ausdruck in widersprüchlichen Lebensentscheidungen, in Aggressivität und auch in Selbsthaß oder später in aggressiven Gefühlen gegenüber dem eigenen Sohn, der das noch neutrale, offene Selbst verkörpert.

Väter und Söhne

Die Beziehung zwischen sehr vielen Vätern und ihren Söhnen ist von einer rätselhaften Aggression, Abwertung und Boshaftigkeit seitens des Vaters gekennzeichnet. Die Ursachen dafür liegen wohl in der Kindheit des Vaters und in einer tiefen Unzufriedenheit des Mannes mit seiner eigenen Situation. In der Entwicklung männlicher Kinder spielt diese väterliche Aggressivität jedoch eine sehr verletzende Rolle.

Dieses Buch handelt von Müttern und Söhnen. Doch insistierend schlich sich ein anderer Mitspieler ein.

An und für sich begrüßen wir es immer, wenn das passiert. Es wirft zwar die sorgfältig aufgebauten Hypothesen um, wenn etwas Unvorhergesehenes an die Tür trommelt und in die Untersuchung hineingelassen werden will. Aber nur so entsteht eine wirkliche Erkenntnis. Wir haben schon oft Anlaß gehabt, unsere Forschungsmethoden zu erläutern und zu reflektieren. Doch die beste Beschreibung fanden wir vor kurzem in einem Krimi. Da geht es um einen Psychologen, der mit der Polizei zusammenarbeiten soll. Der Detektiv, der sein Partner sein soll, will ihn einweisen und beschreibt die Arbeit so: Man stellt seine Nachforschungen an, ganz geradlinig, ganz normal, und dann wartet man, bis man stolpert und auf die Nase fällt. Dann dreht man sich um und schaut, *worüber* man gestolpert ist. Und dieser Stolperstein, diese Tatsache, dieses Detail, das da nicht hingehört, das einem den Weg verstellt, das liefert meist den entscheidenden Hinweis.

Wir wollten uns ausschließlich auf die Mutter-Sohn-Beziehung konzentrieren, aber dieser Weg war nicht gangbar. Wir stolperten sehr oft, und zwar fast immer, über dasselbe: über die Väter.

Einige Stolpersteine aus den Interviews:

Unverarbeitete Wut über den Ex-Partner und den Verlauf der Ehe machte es Frauen schwer, unbefangen mit dessen

Sohn umzugehen. So sehr sie sich bemühten, manchmal platzten sie mit »Du bist genau wie dein Vater« heraus.

Kränkungen durch den Vater ließen Söhne häufig an ihrem persönlichen Wert zweifeln, führten zu Komplexen, auch wenn die Mutter noch so perfekt und überlegt erzog und das Ego des Sohnes noch so sorgfältig in seiner Entwicklung begünstigte.

Beziehungen zwischen Männer und Frauen zerbrachen immer wieder daran, daß der Mann seine Partnerin als eine Art Mutter betrachtete. Das geschah entweder sofort, weil die Frau nicht geduldige, aufopfernde Mutter, sondern Partnerin sein wollte, oder etwas später, wenn ein Kind kam. Der Mann sah sich als Anwärter für mütterliche Dienste durch die Ankunft eines echten Kindes verdrängt, die Frau versuchte eine Weile, den Ansprüchen ihres großen und ihres kleinen Kindes gerecht zu werden, und warf irgendwann das Handtuch.

Dann gab es in den Interviews Passagen und Beobachtungen, die uns nicht oder nur als individuelle Kuriosität aufgefallen wären, wenn sie sich nicht durch die reine Häufigkeit unsere Aufmerksamkeit verschafft hätten. Manche dieser Äußerungen unserer Interviewpartnerinnen wollten wir anfangs nicht wahrhaben, weil sie uns nicht gefielen.

»Plötzlich hatte ich zwei Kinder«, sagten Frauen immer wieder in den Interviews. »Er war keine Hilfe, er war wie ein Kind mehr.«

Das fanden wir klischeehaft.

»Mein Mann war eifersüchtig auf das Kind«, sagten sie immer wieder.

Das, fanden wir, lag doch unter der Würde eines erwachsenen Mannes und Vaters. Das konnte doch nicht im Ernst ein verbreitetes Problem sein.

»Nach der Scheidung verlor er das Interesse an den Kindern, das hätte ich gar nicht für möglich gehalten, wie schnell das ging.«

»Nach der Scheidung war er zwar noch an mir interessiert, aber nicht an den Kindern. Er wollte mit mir sprechen, mich sehen, mich zurückbekommen. Die Kinder hat er ignoriert.«

Das fanden wir eitel, die schmeichelhafte Selbsttäuschung eitler Frauen.

Und immer wieder erzählten uns Frauen, junge Söhne und auch Väter Geschichten, die zeigen, wie sehr ein männliches Kind in seiner Identitätsfindung durch gedankenloses, kritisches und ablehnendes väterliches Verhalten beeinträchtigt werden kann.

Sobald es um alleinerziehende Mütter oder Fragen des Sorgerechts geht, steht plötzlich ganz intensiv der Vater zur Diskussion. Was bedeutet es vor allem für die Söhne, ohne den männlichen Elternteil aufzuwachsen? Haben Kinder nach einer Scheidung nicht das Recht auf beide Eltern, und wie kann man ihnen das in der Praxis sichern?

In den letzten vier Jahren haben wir mehrere Projekte zu den Themen Elternschaft, Scheidung und Sorgerecht durchgeführt. Dabei wurde uns klar, daß ein anderer Aspekt dieses Problems eigentlich viel dringlicher ist: die äußerst unvollkommene Wahrnehmung der Vaterschaft. Dieses Problem kann in jedem Kontext auftreten: bei einer intakten Ehe, nach einer einträchtigen Scheidung, nach einer Kampf-Scheidung. Natürlich wollen die betroffenen Väter nicht wissentlich und mutwillig negativ auf die Entwicklung ihrer Söhne einwirken. Meist kann man nach einem längeren Gespräch mit den Betroffenen schon vermuten, wo die Gründe liegen könnten. Selten haben sie etwas mit dem Kind zu tun, meist liegen die Gründe in der Kindheit des Vaters oder in schwelenden Konflikten zwischen den Partnern und Ex-Partnern. Doch der hauptsächliche Leidtragende ist das Kind.

Wir haben drei unterschiedliche Ursachenkomplexe ausgemacht, die für dieses Verhalten maßgeblich sein dürften:

- Männliche Unwissenheit über das Wesen von Kindern und deren Bedürfnisse, Egoismus, also unzureichende Fähigkeit oder Bereitschaft, sich mit den Gefühlen des Kindes auseinanderzusetzen und zugunsten des Kindes persönliche Einbußen hinzunehmen. Hier haben Frauen, seit Jahrhunderten diesbezüglich sozialisiert, zweifellos einen »Bonus« oder sagen wir besser, einen Vorsprung. Jeder einzelne Mensch jedoch, der mit einem zweiten Menschen – vor allem mit einem weit kleineren, schwächeren, abhängigen Menschen – zusammenlebt, sollte sich eigene Gedanken machen.

- Viele Männer sind biografisch vorbelastet durch die Beziehung zu dem eigenen Vater, der abweisend oder abwesend war oder aus anderen Gründen negativ auf ihr Erwachsenwerden einwirkte.

- Der Sohn gerät oft in das Psychoterror-Kreuzfeuer zwischen den Eltern oder wird als Schachfigur in einem Kampf eingesetzt, der mit einer Trennung der Eltern noch lange kein Ende finden muß.

Gedankenlosigkeit? Egoismus? Rache?

Karl ist sechs Jahre alt. Sein Vater Jonas ist Dolmetscher, die Mutter Sekretärin. Karl besucht eine experimentelle Schule, in der großen Wert auf die Mitarbeit der Eltern gelegt wird. Jonas trägt sich oft in die Liste der Eltern ein, die sich für Ausflugsbegleitung oder Mitarbeit im Unterricht melden. Karl ist schon am Tag vorher immer ganz aufgeräumt und erzählt seinen Freunden, daß morgen sein Papa kommen wird. Bis jetzt hat Jonas sich viermal in die Liste eingetragen, ist aber nur ein einziges Mal auch tatsächlich erschienen. Es kommen ihm berufliche Verpflichtungen dazwischen, was ja passieren kann. Allerdings wäre es dann besser, wenn er schon am Tag vorher Bescheid geben und nicht erst in der Schulgarderobe seinem Sohn und dessen Lehrerin absagen würde. Nun hat die Lehrerin ihn ausdrücklich gebeten, genau zu überlegen, ob er den Termin auch einhalten kann, bevor er sich wieder in die Liste einträgt.

Jonas erklärt sein Verhalten damit, daß er die Enttäuschung und die Bitten seines Sohnes so schwer ertragen kann; wenn er schon am Vortag Bescheid sagen würde, wäre das Kind den ganzen Abend traurig und würde versuchen, ihn umzustimmen. Auch für Karl sei es doch besser, sei »der Schmerz kürzer«, wenn er vor vollendeten Tatsachen stünde.

Hier können wir eine Mischung aus Selbstsucht, Unwissen und mangelndem Einfühlungsvermögen diagnostizieren. Für Jonas, aber sonst für niemanden, ist es leichter, wenn er aus dem Garderobenraum flüchtet, statt sein Versprechen einzuhalten. Die Lehrerin hat zu wenige Betreuungspersonen für den Ausflug, Karl verweint den halben Vormittag und geniert sich vor seinen Freunden. Jonas bemerkt nicht, was die wiederholten Enttäuschungen in seinem Sohn auslösen. Er erkennt nicht, daß Ereignisse für ein Kind eine andere Dimension haben können als für einen Erwachsenen. Er sieht es nicht, und er will es nicht sehen, und deshalb vermeidet er die Auseinandersetzung am Vortag.

Jonas hat, wie er selber meint, stets den »Vorsatz, zu den vereinbarten Zeiten auch wirklich zu kommen. Doch im letzten Moment hält mich oft etwas ab, manchmal ein Termin, manchmal nur das Gefühl, zuviel Arbeit im Büro zu haben. Dann denke ich, vielleicht reicht es, wenn ich nächste Woche komme. So entsteht eine Kette von Verschiebungen.«

Seine Frau Veronika sieht darin ein Muster, und zwar eines, das leider für die Interaktion zwischen Jonas und Karl typisch ist. »Zu Hause beginnt er mit Karl ein Spiel, dann fällt ihm ein, daß jetzt die französischen Nachrichten laufen, die er unbedingt hören muß. Gut, das wäre eine Unterbrechung von nur 20 Minuten, aber danach macht er dann noch ein paar Telefonate. Bis er wieder zur Verfügung steht, hat Karl dann keine Lust mehr.«

Die Vorfreude des Sohnes, seine anfängliche Begeisterung, dann immer wieder seine Enttäuschung... scheinbar fragt sich Jonas nicht, welche Spuren das hinterlassen wird. Er lebt in dem Glauben, daß guter Wille und gute Vorsätze genügen.

Friedrich und Helga waren beide noch Studenten, als der Sohn Chris geboren wurde. Friedrich hat sich ausführlich an dessen Betreuung beteiligt; weil Helga damals gerade ihr Diplom machte, war er streckenweise sogar der hauptverantwortliche Elternteil. Doch dann beendete auch Friedrich sein Studium, und plötzlich kriselte es in der Ehe. Helga, die Lehrerin, wirkte auf Friedrich plötzlich zu »bieder«, er fühlte sich eingeengt, und als er das 19jährige Model Ina kennenlernte, war überhaupt alles aus.

Ina wollte, was aus ihrer Warte verständlich ist, die Wochenenden im Taumel ihrer jungen Liebe verbringen und nicht mit einem »fremden« Kind. Ihren Willen setzte sie meist erst in letzter Sekunde durch; bereits ausgehfertig und mit seinem Wochenendköfferchen wartend, erfuhr Chris oft erst eine Stunde nach dem vereinbarten Abholtermin, daß sein Vater nun doch nicht kommen würde. Nachdem es deswegen immer wieder Streit mit der Ex-Frau gab, blieb Friedrich schließlich ganz aus.

Nach einer Unterbrechung von drei Monaten tauchte er dann wieder auf. Doch mittlerweile hatte Chris Gelegenheit gehabt, Ina als seine Feindin und Rivalin zu erkennen; die Besuchstage wurden zu einem Krieg zwischen Sohn und Freundin. Bezeichnenderweise gipfelte ihre Konkurrenz im Kampf um das Recht, Friedrichs Bett zu teilen. Chris bestand tränenüberströmt darauf, wie in den guten alten Tagen bei seinem Vater schlafen zu dürfen. Daraufhin entstand Streit zwischen Ina und Friedrich. Das Besuchswochenende sah so aus, daß Chris in der ersten Nacht schluchzend vor der versperrten Schlafzimmertür seines Vaters einschlief, während in der zweiten Nacht Ina, von Friedrich zum Nachgeben aufgefordert, wutentbrannt aus der Wohnung stürmte. Später entstand ein Kompromiß: An den Besuchswochenenden schläft eine Nacht Chris, die nächste Nacht Ina mit Friedrich im Ehebett.

Doch der halbe Sieg hat Chris auch nicht glücklich gemacht. Zunehmend klagte er in dieser Zeit über Hautjucken, der Arzt diagnostizierte Neurodermitis im Frühstadium und verschrieb eine strenge Diät. Die Besuche beim Vater gestalten sich nun schwieriger; McDonalds ist verboten, statt dessen reist Chris mit Essensbehältern an, da weder Friedrich noch Ina bereit sind, nach Vorschrift zu kochen.

Friedrich behauptet, Chris gegenüber kein schlechtes Gewissen zu haben. Schließlich hat er sich in dessen ersten drei Lebensjahren ganz vehement eingebracht und damit sozusagen eine Vorauszahlung in Sachen Vaterschaft geleistet. Dafür setzt er sich jetzt weniger ein. Und da die »frühkindliche Phase ohnehin die prägende ist«, meint er, daß die aktuellen Konflikte dem Sohn nicht bleibend schaden werden. Auch er, Friedrich, hat schließlich ein Recht auf Glück, und dazu gehört, daß er sich an die Bedürfnisse einer sehr jungen, noch nicht reifen und schon gar nicht mütterlichen Freundin anpaßt.

Isabel ist Hausfrau, ihr Mann Achim hat einen kleinen Bioladen. Sohn Eddi ist neun Jahre alt. Isabel erzählt vom letzten Wochenende:

»Es war Sonntag. Achim wollte aber arbeiten. Ich hatte mich also mit einer Freundin verabredet, die zwei Kinder hat, wir wollten schwimmen gehen. Doch plötzlich kommt Achim heim und sagt, er möchte mit Eddi essen gehen und dann ins

Kino. Ich bin schon ziemlich irritiert, denn er sieht ja, daß wir gerade gegessen haben, und Eddi ist sehr übergewichtig und wird deswegen in der Schule ständig gehänselt. Und dann schlägt Achim vor, unmittelbar nach dem Mittagessen zu McDonalds zu gehen! Aber Eddi ist hellauf begeistert, sein Vater hat selten Zeit für ihn, und dieses Angebot ist einfach nicht auszuschlagen. Also gut. Die zwei ziehen ab, ich gehe allein mit meiner Freundin und ihren Kindern ins Bad. Um fünf komme ich heim, sitzt der Eddi mit Kopfhörern vor dem Fernseher und weigert sich, über den Nachmittag zu reden. Erst am nächsten Morgen erzählt er mir, was los war. Achim ist mit ihm zu McDonalds, bestellt eine Menge Zeugs, ohne Eddi zu fragen, was er will, nimmt für sich selber einen Hamburger vom Tablett und geht nach nebenan, weil er flippern will. Eddi sitzt alleine vor seinem Tablett, mit der Anweisung nachzukommen, wenn er fertig ist. Okay, danach ist Kino angesagt. Achim fragt Eddi, was er sehen will, Eddi sucht sich ›Free Willy‹ aus. Eddi sieht, daß Achim nur ein Ticket kauft, und fragt: ›Gehst du nicht mit, Papa?‹ Darauf Achim: ›Brauchst du noch ein Kindermädchen? Hast du vielleicht Angst im Dunkeln?‹

Eddi geht ins Kino, Achim vergewissert sich noch, daß Eddi von dort alleine heimfinden kann. Aber Eddi bleibt nicht bis zum Ende des Films. Statt dessen geht er spazieren, er geht kreuz und quer durch die Stadt und landet schließlich vor dem Geschäfts seines Vaters. Aber an der Ecke kehrt er wieder um, weil er nicht weiß, was er sagen soll, wenn sein Vater ihn dort sieht.«

Immer wieder hören wir herzzerreißende Geschichten von der Sehnsucht junger Söhne nach der Liebe des Vaters. Und auffallend ist dabei, wie auch bei den typischen Problemen, die zwischen einer Mutter und ihrem Sohn auftreten können, daß eine »intakte Ehe« keines dieser Probleme verhindert. Das Vorhandensein eines zweiten Elternteils ändert wenig an der

Dynamik zwischen Vater und Kind, Mutter und Kind. Inzestuöse oder emotional inzestuöse Grenzsituationen oder Mißbräuche und die vielen Probleme, die sich aus dem Gefühl ergeben, von Mutter oder Vater nicht oder zuwenig geliebt zu werden, das alles quält Kinder, ob ihre Eltern miteinander und mit ihnen leben oder nicht.

Was den Vater anbelangt, so ist sein negatives Verhalten dem Sohn gegenüber oft erklärbar, aber selten zu entschuldigen.

Oft ist ersichtlich, daß eine destruktive Dynamik zwischen den Ehepartnern oder ehemaligen Ehepartnern auch den Sohn mit einbezogen hat. Durch die schlechte Behandlung ihrer Söhne erreichen Väter, daß sie ihre Frauen für eine Trennung bestrafen, nach einer Trennung kontrollieren oder von einer Trennung abhalten können.

Man sieht das bei Isabel. Sohn Eddi hat zwar gute Lernerfolge, doch sonst hat er viele Probleme. Die anderen Kinder verspotten ihn wegen seines Übergewichts, die Lehrer machen sich Sorgen über seine Verschlossenheit und erleben ihn als intelligent, aber geistesabwesend und unkonzentriert. Die Schulpsychologin erstellte ein Gutachten, aus dem hervorgeht, daß Eddi sich nicht konzentrieren kann, weil er permanent an seinen Vater denkt und dessen Ablehnung ergründen will. Er zeigte auch deutliche Ansätze von Selbsthaß. Eddi ist »innerlich völlig von dem Gedanken absorbiert, die Aufmerksamkeit seines Vaters auf sich zu ziehen«, merkt die Psychologin an. »Er lebt in dem Gefühl, unzulänglich zu sein und aus gutem Grund nicht geliebt zu werden.«

Wenn wir uns nun ein wenig ausführlicher mit der Dynamik in dieser Familie beschäftigen, dann erkennen wir, daß Achims Verhalten dem Sohn gegenüber durchaus einen pragmatischen Zweck erfüllt – und zwar einen überraschenden. Adressat seiner Botschaft, dürfen wir mit gutem Grund vermuten, ist nicht der Sohn, sondern die Ehefrau. Die nämlich hegt seit zwei Jahren Trennungswünsche, traut sich aber des

Sohnes wegen nicht, sie durchzuführen. Wenn der Sohn schon jetzt so obsessiv an seinem Vater hängt, schon jetzt so sehr unter dessen Ablehnung leidet, wie soll es dann erst nach einer Scheidung sein? Wird sie dann nicht in den Augen des Sohnes dastehen als die Böse, die ihn endgültig um die Liebe des heißbegehrten Vaters gebracht hat? »Eddi würde eine Trennung nicht verkraften«, fürchtet Isabel.

In anderen Fällen entscheiden sich Frauen für die Trennung, um ihren Kindern die anhaltenden Familienkonflikte zu ersparen. Doch die Hoffnung, den Kindern nach einer Scheidung eine zwar kleinere, aber dafür harmonischere Familie bieten und endlich zur Ruhe kommen zu können, erfüllt sich nicht immer.

Ein Grund dafür liegt in der Ambivalenz der Frauen. Mitunter ist aus ihren Stellungnahmen klar ersichtlich, daß sie sich nur scheinbar von ihren idealisierten Familienvorstellungen lösen konnten. In Wirklichkeit haben sie sie nur auf eine andere Ebene transponiert. Immer noch hoffen sie, daß aus diesem Mann ein toller Vater, ein Gesprächspartner bei Erziehungsfragen wird – wenn schon nicht in der Ehe, dann doch noch nach der Scheidung. Manchmal klappt das sogar. Manchmal verlieren nach Beendigung des Zusammenlebens auch die meisten Streitpunkte an Gewicht, und man kann sich auf einer neuen Ebene verständigen. Doch oft bedeutet die Trennung nur eine Fortsetzung des Ehestreits mit anderen Mitteln.

Man sagt oft, und oberflächlich scheint das zu stimmen, daß gemeinsame Kinder die vollständige Trennung verhindern, man kann nicht voneinander frei sein, kann nicht gänzlich mit der Vergangenheit abschließen, weil es da ja noch diese Menschen gibt, für die man gemeinsam Verantwortung trägt. Doch manchmal scheint es eher umgekehrt zu laufen: Die Partner können nicht wirklich voneinander loskommen, und die Kinder leiden unter der Ambivalenz ihrer Eltern.

Sibylle unternahm einige Versuche, ihre Ehe zu retten, doch ihr Mann schien zur Scheidung entschlossen zu sein. Eine Ehetherapie lehnte er rüde ab mit dem Hinweis, sie könne ja, wenn sie sich für geistig gestört halte, zur Therapie gehen; er jedenfalls brauche so etwas nicht. Da er zu diesem Zeitpunkt auch schon eine neue Freundin hatte und fast nie zu Hause übernachtete, gab Sibylle sich schließlich geschlagen und willigte in die Scheidung ein. Daß ihr Mann sie nicht mehr liebt – Sibylle hatte insgesamt zwei Jahre Zeit, sich an diesen Gedanken zu gewöhnen. Um so schwieriger ist es für sie heute »mitzuerleben, daß der Benni jetzt so leidet wie ich vorher«.

Wenn Benni alle zwei Wochen seinen Vater besucht, dann weiß dieser auf den Kummer und die Vorwürfe des Sohnes eine deutliche Antwort: Er gibt die Schuld seiner Frau. Sie allein, erzählt er dem Kind, ist an der Trennung schuld. Sie hat ihn hinausgeworfen. Auch heute noch würde er zu seiner Familie zurückkehren, wenn die Mama nicht so böse wäre.

Objektiv stimmt das nicht. Ihr Ex-Mann und dessen Freundin haben, wie Sibylle weiß, sogar schon einen Hochzeitstermin festgelegt. Mit seiner Version der Ereignisse umgeht er die Vorwürfe des Sohnes, doch Sibylle sieht noch ein anderes Problem. Ihre Trennung, glaubt sie, ist irgendwie unvollständig, nicht ganz abgeschlossen. »Diese Trennung war kein Abschluß, das war ein ›Hinschmeißen und Auseinandergehen‹.« Daß es kein Zurück mehr gibt, daß sie es heute auch gar nicht mehr möchte, ist ihr klar. Und trotzdem konstatiert sie auf beiden Seiten, auch bei ihrem Mann, ein »Nichtloslassenkönnen«, das möglicherweise vom Kind wahrgenommen wird.

Bei Barbara sind die Begleitumstände ganz anders, aber im Lauf des Interviews trifft sie eine ähnliche Feststellung. Barbaras Ehe war von Anfang an von Konflikten geplagt. Die Beziehung zu den Schwiegereltern, finanzielle Probleme, unterschiedliche Erziehungsauffassungen; von der Freizeitgestaltung über die Wahl des Wohnorts bis hin zum Sex gab es kein Thema, über das Barbara und ihr Mann nicht heftig streiten konnten. Barbara wirft sich vor, ihren Mann aus den falschen Gründen geheiratet zu haben – nicht wirklich aus Liebe, sondern um dem Elternhaus zu entkommen, um sich erwachsen zu fühlen. Man ging zu einer Eheberatung, doch die Probleme wurden immer größer. Unerträglich waren für Barbara letztendlich zwei Dinge: die Untreue des Ehemannes und die brutale Art, in der er seinen Sohn behandelte. Mit riskanten Mutproben, mit Spott und mit Drohungen wollte er aus dem Kleinen die Art von Kind machen, die er sich vorstellte. Der letzte Anstoß war eine Affäre, die er im sechsten Lebensjahr des Sohnes hatte. Das Kind war gerade eingeschult worden, hatte in der Schule extreme Probleme und hätte beide Elternteile gebraucht, um Halt zu finden. Statt dessen hatte er, wie Barbara meint, überhaupt keine Eltern. Der Vater war zur Freundin gezogen, und sie selber war so deprimiert und verzweifelt, daß sie sich kaum dem Sohn zuwenden konnte. Von einer Scheidung versprach sich Barbara klare Verhältnisse und eine persönliche Stabilisierung.

Hatte es in dieser Ehe dauernd Streit gegeben, so verlief die Scheidung musterhaft. Harmonisch einigte man sich über alle anstehenden Punkte: das Geld, das Besuchsrecht, die Verteilung des gemeinsamen Eigentums. Der Vater sah den Sohn einen Nachmittag in der Woche, jedes zweite Wochenende und einen Teil der Ferien. Oberflächlich schien es sich um eine erfolgreiche Trennung zu handeln.

Doch der Sohn sah das anders. Schon auf die ersten Vorboten der Trennung hatte er so hysterisch reagiert, daß seine Eltern beschlossen, ihm die Scheidung zu verheimlichen. Der Vater war ja schon vorher nachts nicht mehr nach Hause gekommen, da würde es dem Kind gar nicht auffallen, daß der Zustand nun auch gesetzlich verankert war. Doch direkt lügen wollte Barbara auch nicht.

»Wir waren schon mehrere Monate geschieden, da hat er wieder mal so panisch nachgefragt: ›Gell, ihr laßt euch nicht scheiden.‹ Darauf habe ich gesagt: ›Schatz, wir sind schon längst geschieden.‹ Mein nächster Satz wäre gewesen: ›Und du siehst ja, für dich hat sich überhaupt nichts geändert.‹ Doch den konnte ich nicht mehr aussprechen, weil der Kleine einen Schreikrampf bekam und überhaupt nicht mehr zu beruhigen war.«

Für Barbara war das eine schockierende Einsicht. Für sie war evident, daß die Scheidung unausweichlich war. Am Tag der Scheidung hatte sie sogar ein »absolutes Glücksgefühl« überkommen. »Ich war so befangen in der Vorstellung, daß jeder froh sein muß, diesen Mann loszuwerden, daß ich überhaupt nicht mitbekommen habe, daß sich in diesem Haushalt jemand nach ihm sehnt und ihn vermißt.«

Auch der Vater hatte das anscheinend nicht bemerkt. Mit der neuen Freundin und den Ehevorbereitungen beschäftigt, reduzierte er seine Besuchstage immer mehr.

Barbara glaubt, daß die Probleme des Sohnes zumindest teilweise in der Unvollständigkeit der elterlichen Trennung zu suchen sind. »Was eigentlich fehlt, ist ein Resümee. Wir haben in Wirklichkeit nicht Abschied genommen, nicht in der Größenordnung, wie es nach zwölf gemeinsamen Jahren eigentlich hätte sein müssen.«

War es wirklich nur der Wunsch, das Kind zu schonen, der dieses Paar veranlaßte, die Scheidung einfach zu verschweigen? Oder verrät das nicht auch eine gewisse Ambivalenz, ein unvollständiges Abschließen mit der Vergangenheit und miteinander?

In vielen Fällen ist diese Ursache ganz deutlich erkennbar. Vater-Sohn-Probleme können oft unschwer auf die Mann-Frau-Ebene zurückverfolgt werden, das Kind ist nur ein willkommener Anlaß, um miteinander im Clinch zu bleiben:

Ist es für Peter eine Befriedigung, daß seine geschiedene Ehefrau ihn wöchentlich per Ferngespräch im Namen der drei Söhne anflehen muß, sich doch bitte bei seinen Kindern zu melden? Baut es ihn auf, daß sie ihn zwar schnöde verlassen hat, jetzt aber demütig immer wieder Kontakt zu ihm suchen muß, um der Söhne willen?

Und Helmut – sein Nicht-Erscheinen zum ausgemachten Besuchstermin kann vielleicht als Versuch interpretiert werden, im schönen neuen Leben seiner Ex-Ehefrau permanent negativ präsent zu sein. Sie hat vielleicht einen neuen Ehemann, ein neues Baby und ein glückliches neues Leben, aber ihre Wochenenden kann er ihr immerhin noch vermiesen, und er kann verhindern, daß sein Sohn sich glücklich und ausgeglichen in diese neue Familie einfügt.

All diese Strategien setzen voraus, daß der Betreffende sehr gut abstrahieren kann, d. h. die Gefühle des Sohnes total verdrängen und statt dessen nur mehr die eigene Kränkung sehen kann.

»Der Tiefpunkt«, erzählt Traude, »war Simons sechster Geburtstag. Helmut hatte versprochen zu kommen; erwartungsvoll raste Simon bei jedem Läuten zur Tür. Er flehte, mit dem Clownprogramm erst anzufangen, wenn Papi eingetroffen sei. Es war eine absurde Situation, ich führte in der Küche hektische Verhandlungen mit dem Clown, damit der länger blieb und noch wartete. Aber umsonst. Schließlich begannen wir mit der Vorführung, Simon saß lustlos da und schlich sich mittendrin davon. Ich fand ihn in seinem Zimmer, wo er sich im Bett verkrochen hatte. Ich sollte seine Freunde heimschicken, und Geburtstag wollte er nie mehr haben.«

Helmut ist nicht bloß irrational böswillig oder verantwortungslos. Er macht seiner Frau, der er die Scheidung noch nicht verziehen hat, eine Menge Probleme. Und er zwingt sie in die Bittstellerposition. »Ich habe Helmut schon x-mal angerufen, um eine verbindliche Besuchsregelung zu treffen. Mittlerweile komme ich nur bis zur Sekretärin durch. Dort wird mir mitgeteilt, daß Helmut mich zurückrufen wird; das findet aber nie statt. Ich weiß nicht, was ich tue, wenn es eine echte Krise gibt. Wenn Simon etwas passieren sollte, kommt er dann auch nicht?«

Oder der vorhin erwähnte Peter. Die zwei jüngeren Söhne waren bei der Scheidung zu klein, um viel mitzubekommen, aber der älteste Sohn vermißt seinen Vater sehr. Es war für Helga schwer gewesen, die Trennung zu verkraften; jetzt ist sie in der paradoxen Situation, des Sohnes wegen wieder Kontakt suchen zu müssen. Und abzublitzen.

»Ich habe gesagt, Liebling, ich wünsche mir, ich könnte dir helfen, aber ich kann es nicht. Ich habe deinem Vater geschrieben, ich habe ihn angerufen, aber er meldet sich nicht. Daraufhin sagte Patrick: ›Mama, ich muß dir etwas sagen. In der letzten Woche habe ich jeden Tag angerufen und auf sein Band gesprochen. Warum ruft er mich nicht zurück?‹ Was soll ich da machen? Ich habe schon alles versucht: Bittbriefe, Drohbriefe, alles. Er reagiert einfach nicht. Die Kinder leiden, und ich muß das mitansehen.«

Bei Bianca ist es zunächst schwieriger, hinter dem ablehnenden Verhalten ihres »Kindesvaters« eine Motivation zu erkennen. Ihr Sohn ist heute 16. Bei der Scheidung war er vier. Und in den dazwischenliegenden zwölf Jahren hat ihr Mann von seinem uneingeschränkten Besuchsrecht gerade dreimal Gebrauch gemacht, obwohl er nur wenige Kilometer entfernt in derselben Stadt wohnt. Das erste Mal, erinnert sich Bianca, das war kurz nach der Scheidung. Ausgemacht war, daß er das Kind um 18 Uhr zurückbringt, doch er kam zwei Stunden früher. Das zweite Mal war zwei Wochen später. Und danach war eine unerklärte Sendepause von vier Jahren. »Dazwischen kam eine zufällige Begegnung. Wir sind uns auf der Straße begegnet, er hat uns angeschaut und dann weggesehen. Er war mit einer Frau unterwegs, wahrscheinlich seiner neuen Freundin. Er tat so, als ob er uns nicht kennt. Wie sollte ich da reagieren? Ich war echt perplex.«

Mit fünf wollte mein Sohn ihm unbedingt schreiben. Ich mußte es vorschreiben, er hat mir diktiert, und dann hat er es mühsam nachgemalt. Er warf den Brief selber ein, darauf legte er Wert. Danach wartete er auf Antwort, doch die kam nicht.

Als er acht war, rief dann sein Vater an, ganz plötzlich. Er hätte ein Geburtstagsgeschenk für ihn und möchte ihn auch sehen. Davor hatte es nie ein Geburtstagsgeschenk gegeben, auch keinen Anruf und keine Karte. Er schlug vor, das Kind solle zu einer bestimmten Zeit unten am Hauseingang auf ihn warten. Das allein war schon ein umwerfender Vorschlag. Das Kind hatte ihn ja seit vier Jahren nicht mehr gesehen; sollte ich ihm vielleicht ein Foto vom Vater mitgeben, zur Erkennung? Er ging mit dem Kind dann zur Freundin. Die war zwar sehr lieb, offensichtlich, aber Andi sagte dort zu allem nein. Die Situation hat ihn überfordert. Und sein Vater fühlte sich wohl auch überfordert, denn danach war wieder Sense.«

Aus Biancas Erzählungen können wir schließen, daß bei ihrem Mann biographische Gründe für sein Verhalten vorliegen. Seine Eltern ließen sich scheiden, als er klein war; danach zog sein Vater ins Ausland, und er hatte zu ihm keinen weiteren Kontakt. Offensichtlich hat er keine »Vorlage« für väterliches Verhalten; für diese Vermutung spricht, daß er beim ersten Besuchstag die anberaumten Stunden nicht füllen kann. Er weiß nicht, was er mit einem kleinen Kind anfangen soll; das ist unbequem, also läßt er es nach dem zweiten Mal bleiben. Vier Jahre später probiert er mal, ob es nun schon besser geht. Der Sohn, gekränkt durch die lange Abwesenheit des Vaters, reagiert lauwarm, und schon ist sein Vater wieder entmutigt. Doch können wir nicht von einem erwachsenen Mann mehr erwarten, mehr Nachdenken, mehr Geduld, mehr Verantwortungsgefühl?

Die psychischen Kosten der väterlichen Ablehnung und Unzurechenbarkeit sind für Söhne hoch. Abfällige Bemerkungen, sichtliches Desinteresse, gebrochene Versprechungen,

Kinder beziehen das auf die eigene Person, und ihr Selbstwertgefühl nimmt daran Schaden. Wo Interaktionen rar sind, kann eine einzige Episode tonangebend sein. Auch Georgs Vater lehnte es ab, sein Besuchsrecht in Anspruch zu nehmen. Anfangs kam er alle zwei Wochen, dann einmal im Monat, und schließlich blieb er ganz aus. Als sein Sohn zehn Jahre alt war, tauchte er plötzlich wieder auf. »Georg war irrsinnig aufgeregt. Sie gingen miteinander auf den Sportplatz, und beim Heimbringen wollte Georg seinem Vater unbedingt sein Zimmer zeigen. Dort hingen Zeichnungen, die er gemacht hatte; der Vater stand vor diesen Zeichnungen und fragte: ›Was ist das?‹ Darauf Georg: ›Ein Pferd mit einem Reiter.‹ Und sein Vater: ›Ich dachte, es ist eine abgebundene Knackwurst.‹ Vielleicht sollte das ein Scherz sein, aber Georg hat es nicht so aufgefaßt. Er hat kein Wort gesagt, aber am nächsten Tag waren alle Zeichnungen weg, und er hat nie mehr eine aufgehängt.«

Ludwig oder: Die Sehnsucht nach der Liebe des Vaters

Ludwig ist neun Jahre alt. Seine Eltern leben seit eineinhalb Jahren getrennt, in der Absicht, sich scheiden zu lassen.

Ludwigs Mutter arbeitet für eine Fluglinie, in der Buchungsabteilung. Sein Vater ist Bürokaufmann. Gelegentlich muß die Mutter einen Fortbildungskursus besuchen, dann ist sie über das Wochenende weg. Ludwig übersiedelt dann meist in die Wohnung seiner Großmutter. Seinen Vater hat Ludwig seit zwei Monaten nicht mehr gesehen, obwohl eigentlich abgemacht war, daß er das Kind jedes zweite Wochenende zu sich nimmt.

Ludwigs Mutter muß über das Wochenende nach Kopenhagen zu einem ihrer Kurse. Diesmal soll er nicht bei der Großmutter bleiben, sondern endlich wieder einmal bei seinem Vater sein.

Freitag abend bringt Ludwigs Mutter ihn zur Großmutter und fliegt dann ab. Samstag vormittag ruft die Großmutter ihren Schwiegersohn an, um die Abholung zu koordinieren. Er sagt, es sei ihm etwas dazwischengekommen und er würde den Sohn erst am Abend holen.

Es ist ein wunderschöner Sommertag. Damit er nicht bei der Oma in der Wohnung herumsitzen muß, nimmt eine befreundete Familie sich Ludwigs an. Er spricht fast den ganzen Tag nur von seinem Vater. Er erzählt den anderen Kindern von dem tollen neuen Auto, das sein Vater kaufen wird. Er erzählt, daß sein Vater ihn im Urlaub nach Griechenland mitnehmen wird. Er will nicht ins Schwimmbad gehen, weil sein Vater angekündigt hat, sie würden am Sonntag zusammen baden gehen. Wozu zwei Tage hintereinander schwimmen? Am späten Nachmittag wollen die Kinder ins Kino gehen, aber Ludwig besteht darauf, zu Hause zu bleiben: Sein Vater wird ihn ja nun jederzeit abholen, er könnte anrufen, während er gerade im Kino ist, und dann wüßte er nicht Bescheid.

Um 21 Uhr hat sich der Vater noch immer nicht gemeldet, also wird über die Großmutter nach ihm gefahndet. Etwas irritiert meint er per Handy, Ludwig sei doch sicher lieber mit anderen Kindern zusammen und sollte doch noch bei dieser Familie übernachten, er würde ihn am nächsten Morgen holen.

Ludwig ist ein schwieriger Gast, er ist unruhig, kann nicht einschlafen und redet, immer prahlerischer, von seinem Vater. Jedes Thema eignet sich dazu, den Vater ins Gespräch einfließen zu lassen. Man sieht fern? Sein Vater hat ein tolles neues Videogerät bestellt. Man ißt etwas? Morgen wird sein Vater mit ihm in ein fantastisches Restaurant gehen, wo es die beste Pizza der Welt gibt. Die Erwachsenen verstehen das, aber die anderen Kinder erleben es als Angeberei, die Stimmung wird immer schlechter, und es ist schwer, einen Streit zu verhindern.

Am nächsten Tag um 11 Uhr gibt es von Ludwigs Vater

noch keine Spur. Ludwig ist in nervöser Hochspannung, schaut immer wieder aus dem Fenster, ist unruhig. Schließlich setzt sich die Familie mit seinem Vater in Verbindung. Bestimmt hätten sie für den Sonntag doch schon irgendeinen Ausflug geplant, meint dieser, und es wäre netter für Ludwig, bei ihnen zu bleiben. Der Gastvater teilt ihm jedoch sehr direkt mit, das Kind würde schon seit gestern Nachmittag fieberhaft auf ihn warten, und es sei unbedingt ratsam, ihn umgehend abzuholen.

Ludwigs Vater erscheint, läßt sich erschöpft auf das Sofa fallen und erzählt irgend etwas von einer »langen Nacht«. Ludwig tänzelt um ihn herum und will ihn in ein Gespräch verwickeln, vor allem will er erreichen, daß sein Vater bestätigt, was er den anderen Kindern erzählt hat. Nicht wahr, sie werden jetzt doch in das Freibad fahren, in das tolle mit dem Wellenbecken? Doch sein Vater winkt mürrisch ab. Ein Bad? Bloß nicht, das mache schon Kopfweh beim Drandenken, nein, er möchte jetzt in einem schattigen Garten sitzen und ausspannen. Während er spricht, fällt sein Auge auf Ludwig, der eine Schirmmütze trägt.

Der Vater wird zornig und fährt Ludwig an. So etwas trägt man nicht im Haus, nicht in seiner Anwesenheit! Mit einer aggressiven Bewegung, viel zu fest, schlägt er ihm die Mütze vom Kopf. Ludwig wird ganz rot; dieser Zwischenfall ist ihm vor den anderen Kindern, denen er einen lieben, tollen Vater geschildert hat, äußerst peinlich.

Schließlich erhebt Ludwigs Vater sich vom Sofa. Ludwig hat seinen Pyjama eingepackt und eine kurze Hose angezogen. Beim Fußballspielen am Vortag hat Ludwig sich einige lange Kratzer zugezogen; um diese abzudecken, hat er seine Socken fast bis zum Knie hinaufgezogen. Das fällt seinem Vater auf. »Wie du schon wieder ausschaust, wie ein Clown«, meint er abschätzig.

Das Telefon läutet. Es ist Ludwigs Mutter, aus Kopenhagen; sie möchte wissen, ob alles geklappt hat, und bestätigt ihre

Rückkehr für 7 Uhr. Ludwig spricht mit ihr. Dann sagt er: »Wart noch, der Papa will mit dir reden, ich geb ihn dir.«

Der Papa will aber überhaupt nicht mit ihr reden, er winkt energisch ab, doch Ludwig hält ihm insistierend den Hörer entgegen, und schließlich muß er zum Telefon gehen. »Ja ja. Weiß noch nicht. Ja.«

Ludwigs Vater fährt mit Ludwig in einen Biergarten. Nachdem er zwei Cola getrunken und gegessen hat, ist es Ludwig schrecklich langweilig. Sein Vater liest die Zeitung, Ludwig setzt sich auf die Wiese. Später entdeckt er, daß er sich eine Zecke geholt hat. Der Vater liefert ihn früher als ausgemacht und mitsamt der Zecke zu Hause ab.

Tag der offenen Tür im Gymnasium. Georg und seine Klasse spielen Fußball, die Eltern sehen zu. Georg gibt als Torwart sein Äußerstes, aber seine Mannschaft spielt heute einfach nicht gut, die andere Mannschaft ist schneller, aggressiver und zum Teil einfach auch körperlich größer und stärker.

Georg liebt Fußball. Er gilt in der Schule als guter Spieler und ist darauf stolz. Er hat sich enorm auf den heutigen Tag gefreut, an dem sein Vater ihm beim Spiel zusieht. Georgs Vater beobachtet den Verlauf des Spiels mit Irritierung und mit vielen abfälligen Kommentaren über das »lahmarschige« Auftreten von Georgs Klasse. Zur Halbzeit will er bereits weggehen mit der Bemerkung, die seien nun schon »abzuschreiben«; nur das gute Zureden seiner Frau kann ihn davor zurückhalten. Im Anschluß an das Spiel gibt es weitere Darbietungen, doch Georgs Vater meint laut, nach diesem 3:0 könne man wohl nur noch heimgehen. Seine Frau redet auf ihn ein, er solle doch den Sohn nicht kränken und ihn auch nicht vor seinen Freunden blamieren; der Vater ist ungehalten und ungeduldig.

Untersuchungen werfen auch Fragen auf, die unbeantwortet bleiben. Warum gehen Männer mit ihren Söhnen oft so grob und gefühllos um? Diese Frage blieb für uns offen. Wir können nur Vermutungen anstellen, glauben aber, daß die Ursachen sehr tiefliegend sind und eine ausführlichere Beschäftigung verdienen würden.

Ein vielzitiertes Schlagwort besagt, daß Kinder zu ihrer Entwicklung beides brauchen: einen Menschen, der sie bedingungslos liebt, und einen Menschen, dessen Liebe sie sich erst verdienen müssen. Meist wird die Mutter in der ersten, der Vater in der zweiten Rolle gesehen. Doch diese Ansicht überzeugt uns nicht. Erstens ist die Welt voll von Leuten, die einen nicht lieben und denen man sich, um von ihnen akzeptiert zu werden, erst beweisen muß. Je gefestigter man in sich selber ist, desto besser gelingt einem das bzw. desto besser bewältigt man die Erfahrung, trotz aller Bemühung auch einmal abgelehnt zu werden. Und diese Festigung erfährt man, indem man als Kind geliebt, gefördert, für gut befunden und stabilisiert wurde – am besten durch beide Eltern. Wenn einen nur die Mutter gut findet, während der Vater seine tiefe Unzufriedenheit zum Ausdruck bringt, muß das doch zutiefst verunsichernd sein, etwa so: Meine Mutter liebt mich, aber was soll's, deren Liebe ist ja blind, doch meinem Vater, der mich kritisch studiert und beurteilt, gefalle ich nicht. Das muß eine Bruchlinie ergeben.

Für uns ist und bleibt das Verhalten vieler Väter schwer zu deuten.

Warum weckt jegliche Unvollkommenheit des Sohnes so schnell eine aggressive Reaktion, wo dieser Sohn doch bestimmt von seinem Vater geliebt wird? Ist es eine Art von Selbsthaß, der sich gegen das kleinere Selbst, die kleinere Verkörperung der eigenen Schwächen richtet? Ist es eine Wiederholung der Grobheit, die der Mann selber als Junge erlebt hat? Zeigt er ein Verhalten wie im Kindergarten, der große Mann, der, wenn er im »Puppeneck« der Elternschaft keine Rolle für sich sieht, in die Rolle des Spielverderbers und Demolierers schlüpft?

Wie kann die Mutter – ob verheiratet oder geschieden – sich in solchen Fällen verhalten, um eine »Schadensbegrenzung« zu erwirken? Die Vorgehensweise, die logisch und naheliegend erscheint, ist in erster Linie der Appell an den Vater. Ein klärendes Gespräch, ein Brief, ein Telefonat. Genau das versuchen Frauen meist und scheitern damit. Die Frauen sind darüber oft enttäuscht, manchmal fassungslos – doch das sollten sie nicht sein. Ihre Erfahrung bestätigt meist nur, was sie in den vorangegangenen Ehejahren erlebt und beklagt haben, daß ihr Mann nicht partnerschaftlich empfindet und handelt, daß er als Vater unzuverlässig ist, daß man mit ihm nicht sprechen kann.

Jede Situation ist natürlich ein bißchen anders. Nach manchen Scheidungen klappt es mit dem Besuchsrecht gut; wenn nicht, kann auch die Frau daran schuld sein. Manche Väter, die vorher nur wenig Zeit für ihre Kinder hatten, erleben nach der Trennung einen heilsamen Wandel und bauen zu ihren Kindern eine richtig gute Beziehung auf. Manche Paare konnten einfach nicht miteinander leben; voneinander befreit, entspannen sie sich und haben zu den Kindern – und manchmal sogar wieder zueinander – ein viel besseres Verhältnis. Manche Frauen sind unangenehm und unfair, ihre Männer können es ihnen weder vor noch nach der Scheidung recht machen.

Doch leider kommt es auch oft vor, daß Männer ihre Vaterschaft nach der Scheidung in einer Art und Weise gestalten, die für ihre Kinder schmerzhaft und verletzend ist. Ideal wäre, daran besteht wenig Zweifel, wenn das Kind nach der Trennung zu beiden Eltern einen guten und beständigen Kontakt hält und das berechtigte Gefühl hat, daß beide Eltern sich für seine Entwicklung, seine Probleme und seine Person interessieren. Wenn das nicht der Fall ist, sollte man versuchen, eventuell mit Unterstützung einer Familienberatung, doch noch zu einer für das Kind erträglichen Übereinkunft zu kommen.

Doch was ist zu tun, wenn diese beiden Hoffnungen sich zerschlagen haben?

Wir haben die häufigsten Problemsituationen sehr genau analysiert und dabei überraschende Beobachtungen gemacht. Was können Mütter also anders machen, um Probleme zu verhindern oder zu mildern?

1. Suggerieren Sie dem Kind kein Defizit, das es selbst noch gar nicht empfindet.
Geschiedene Frauen litten darunter, daß ihre Kinder über die Vernachlässigung durch den Vater unglücklich waren, daß der Vater die Kinder enttäuschte. Doch bei genauerer Betrachtung stellte sich manchmal heraus, daß die »Enttäuschung der Kinder« keine objektive Größe war. Sie stand nicht einfach im Raum, sondern sie wurde – manchmal – erst in den Raum gestellt.

Anders gesagt, es lief nicht unbedingt so ab: Kind richtet Erwartungen an Vater, Vater erfüllt sie nicht, Kind ist traurig, Mutter leidet mit dem Kind; sondern auch: Mutter (oder: LehrerInnen, Verwandte, anteilnehmende Nachbarn) erwarten einen regelmäßigen, zuverlässigen Kontakt zwischen Vater und Kind, Vater hält das nicht ein, Umwelt ist stellvertretend für das Kind enttäuscht, Kind bekommt mit, daß es betrogen wird, Kind ist traurig.

Das Defizit an väterlicher Liebe war also oft etwas, das dem Kind erst suggeriert wurde: von der Umgebung, von Bezugspersonen, von der Mutter. Oder die Enttäuschung des Kindes beruhte auf falschen Versprechungen, die dem Kind im Zuge des Scheidungsverlaufs gemacht wurden: »Es wird sich nichts ändern, du wirst den Papa ganz oft sehen.« Enttäuscht ist man, wenn nicht eintrifft, das man sich erhofft und erwartet hat. Doch woher kommt die ursprüngliche Erwartung? Nicht immer vom Kind selbst.

Frauen unternehmen sehr viel, um ihr eigenes Idealbild der

Vater-Kind-Beziehung wahr zu machen. Wir hatten Fälle, in denen Frauen auf größere, ihnen rechtlich zustehende Geldbeträge oder Hausanteile verzichteten, um das »Klima zu verbessern« und »die Vater-Kind-Beziehung nicht zu vergiften«. Frauen sparten ihr Geld zusammen, um dem Vater als Anreiz für die Wahrnehmung seines »Besuchsrechts« ein Flugticket schicken zu können. Eine weitere Frau war vom Vater ihres Kindes gegen Ende der Schwangerschaft sitzengelassen worden. Es gab keine weiteren Kontakte, aber sie wußte mittlerweile von ihm, daß er gutverdienender, verheirateter, aber kinderloser Anwalt war. Sie selber lebte mit ihrem Kind an der Armutsgrenze, doch sie stellte keine Unterhaltsforderungen an ihn; dem Jugendamt gegenüber behauptete sie, seinen Aufenthaltsort nicht zu kennen. Warum diese Loyalität? Weil sie hoffte, daß er sich »irgendwann« doch noch für sein Kind interessieren würde und diese mögliche zukünftige Vater-Kind-Kontaktnahme nicht durch finanzielle Forderungen »vergiften« wollte? Der Vater, den das Kind noch nie und die Mutter sei zehn Jahren nicht mehr gesehen hat, ist in dieser Familie ständig als Sehnsucht präsent. Die Mutter erzählt von ihm und spricht oft in Anwesenheit ihres Sohnes davon, wie sehr das Kind »einen Vater« vermißt und wie schwierig ihre Liebesbeziehungen sind, weil der Sohn in jedem längerfristigen Partner »einen Vater sieht«.

2. Erlauben Sie es dem Kind, sich ein eigenes Urteil zu bilden.
In der Vater-Kind-Beziehung spielen viele Mütter die Rolle der Animierdame – paradoxerweise auch noch nach der Scheidung. »Dem Kind muß der Vater erhalten bleiben« – nach diesem Glaubenssatz richten sie ihr Verhalten aus, auch wenn es ihnen mitunter noch so widerstrebt. Wenn der Vater nicht von allein kommt, muntern sie ihre Kinder auf, ihm einen Brief zu schreiben, ihm ein Bild zu malen. Sie rufen an, um dem Vater mitzuteilen, daß das Kind ihn vermißt und ganz bedrückt ist.

Gar nicht selten widersetzen sich die Kinder diesem Ansinnen. Erikas Ex-Mann meldete sich zwei Jahre lang fast gar nicht. Doch dann verließ ihn seine neue Freundin, der Scheidungsgrund, er zog wieder zu seinen Eltern, und Erika erfuhr von der Schwiegermutter, daß er ein »gebrochener Mann« sei und »ständig über seine Kinder spräche«. Daraufhin redete Erika auf die beiden Söhne ein, sich doch beim Vater zu melden. Sie hielt ihnen vor Augen, daß es ihm schlecht ginge, daß er traurig und allein sei. Die beiden Söhne, 11 und 13 Jahre alt, erwiderten ganz richtig, daß er sich zwei Jahre lang auch nicht dafür interessiert hätte, ob sie nach seinem Auszug traurig und allein waren und ob es ihnen schlecht ging. Und wenn er sich jetzt anders besonnen habe, warum rufe er dann nicht einfach selber an?

»Sie sind halt Kinder«, entschuldigte sich die Mutter im Interview. »Irgendwie erwarten sie, daß der Erwachsene den ersten Schritt tun soll.«

Erika bedauert diese Einstellung, doch haben die Kinder damit nicht recht, bzw. haben sie nicht ein Recht auf diesen Standpunkt?

Frauen machen die Kinder oft zu ihren Stellvertretern, ihren Nachfolgern in einer Beziehungsdynamik, die letztendlich ja keinen Erfolg zeigte, sondern bloß zur Scheidung führte. Das Kind spielt jetzt den Part, den vorher die Frau spielte: den Part desjenigen, der Zuwendung sucht, der Zeit und Aufmerksamkeit haben will und sie von einem unwilligen Gegenüber erweint, ertrotzt und mit moralischem Druck erzwingt.

In die Vater-Kind-Beziehung intervenieren sollte eine Mutter nur dann, wenn dem Kind Unrecht getan wird. Keinem Kind ist zuzumuten, mehr als einmal ohne sehr guten Grund auf seinem Köfferchen sitzen zu bleiben, weil der Vater einfach nicht zum Abholtermin erscheint.

Wenn die Enttäuschungen sich häufen, stehen Mütter vor der Frage, wie das Kind am besten zu trösten sei. Zwei Möglichkeiten bieten sich offenbar vorrangig an: Entweder die Mutter entschuldigt den Vater, findet vor dem Kind irgendeine beschönigende Erklärung für sein Ausbleiben und entwirft gemeinsam mit dem Kind Strategien, wie der Vater besser »eingefangen« werden könnte. Oder die Mutter verteufelt den Vater, um dem Kind seine Illusionen und Hoffnungen und damit auch seine Enttäuschbarkeit zu nehmen. Diese zwei Wege sind zwar verständlich, aber nicht wirklich zielführend. Ein Kind, das vom Vater immer wieder sitzengelassen wird – ob im wortwörtlichen oder auch nur im emotionalen Sinn –, muß aus dieser Situation befreit werden. Das ist nicht optimal, aber besser als die Alternative. Säumnisse seitens des Vater sollten von der Mutter weder entschuldigt noch in den Kontext ihrer eigenen, langjährigen Konflikterfahrung mit diesem Mann gestellt werden. Am besten ist es, wenn die Fakten für sich allein stehen. Wenn sie es für erforderlich hält, kann die Frau dem Kind auch ihre persönliche Meinung dazu sagen. Dem Kind sollte jedoch klargemacht werden, daß es keine Schuld daran hat.

Je normaler die Situation dem Kind erscheint, desto leichter wird es sich damit abfinden. Je mehr Mitleid und bedauerndes Kopfschütteln es miterlebt, desto stärker wird es seinen Verlust empfinden.

Mütter erleben Kinder als Stellvertreter ihrer selbst, als fortgesetztes Opfer von Ungerechtigkeit und Vernachlässigung durch den Mann, aber auch als Stellvertreter des Vaters. Beide Sichtweisen sind schädlich. Im ersten Fall stellen sie durch das Kind weiterhin ihre Bindungswünsche an den Mann mit allen begleitenden Psychodramen. Im zweiten Fall setzen sie, wieder stellvertretend durch das Kind, ihre Abgrenzungsversuchen und Konflikte fort. Der Satz »Du bist genau wie dein Vater« sollte auch im Zorn nicht fallen. Wenn er doch fällt, dann sollte man sich umgehend dafür entschuldigen und dem Sohn erklären, daß es ein Ausspruch im Affekt war. Den Sohn negativ an einen Vater zu ketten ist genauso destruktiv, wie den

Sohn in einer gemeinsamen Opferhaltung »positiv« an sich selbst zu binden. Das gilt um so mehr, als die meisten Eigenschaften, die Frauen ihren Söhnen im Zorn vorwerfen, alles andere als erblich sind. Daß der Sohn beim Essen Zeitung liest, statt sich mit seinem Gegenüber zu unterhalten, daß er ungern Hausarbeit verrichtet, daß er zu vereinbarten Treffen zu spät kommt, das alles sind Dinge, die neben diesem speziellen Vater auch unzählige andere Menschen tun, die nicht mit dessen Erbgut belastet sind. Von vielen Müttern wird der Satz gezielt als Disziplinierung eingesetzt, was noch fataler ist. Hertas zwei Söhne wurden von ihrem Vater geschlagen und mißhandelt. Infolge finanzieller Not blieb die Frau trotzdem sehr lange bei diesem Mann, um erst im Alter von 45 die Scheidung zu wagen. Wenn sie heute Probleme hat mit ihren Söhnen »und einem von ihnen etwas Bösen sagen will, dann muß ich nur sagen, du erinnerst mich an deinen Vater. Das mache ich aber nur sehr selten. Denn da werden sie richtig zornig.«

3. Übersteigern Sie nicht die Bedeutung männlicher Leistungen.
Den Frauen ist es ein sehr großes Anliegen, Männer in die väterliche Rolle hineinzuziehen. Das ist nicht nur innerhalb der Familie so, sondern auch in anderen Bereichen. Im Kindergarten wird ein Vater, der sich zur Verfügung stellt, wie ein Held gefeiert, während die Mitwirkung einer Mutter, die doppelt soviel beiträgt wie er, für selbstverständlich gehalten wird. In der Volksschule sind männliche Lehrer der Hahn im Korb. Alleinerziehende Väter können mit der Anteilnahme und Mithilfe ihrer gesamten weiblichen Umgebung rechnen, während eine alleinerziehende Mutter sich kaputtrackern kann und dankbar sein muß, wenn sie nicht schief angesehen wird.

Männliche Leistungen gegenüber Kindern werden umjubelt und als etwas ganz Besonderes gefeiert. Damit wollen Frauen die Männer ermutigen, sich in dieser Richtung weiterzuentwickeln.

Diese Reaktion hat allerdings auch eine gewisse herablassende Note. Die Frauen, die in Ekstase geraten, weil ein Mann ausnahmsweise mal ein winziges Bruchstückchen von dem tut, was Millionen Frauen ständig tun, erinnern an die Mutter, die Hingerissenheit mimt, weil ihr Zweijähriger endlich in den Topf statt in die Windel gemacht hat. Eigentlich handelt es sich um eine kulturelle Minimalleistung, doch in Anbetracht der geringen Fähigkeiten des Betroffenen und um ihn zu ermutigen, spielt man die Begeisterte.

Er hat sich zwei Stunden freigenommen für den Buchstabentag? Toll! In der Volksschule wird die neue Lehrerin, die freiwillig am Nachmittag einen Englischkurs anbietet und ihren Unterricht auffallend mitreißend gestaltet, die in ihren Sommerferien ausländische Projekte besichtigt, um neue Ideen mitzubringen, mit keinem Wort erwähnt. Der neue Kollege, der außer seiner Geschlechtszugehörigkeit nichts Besonderes anzubieten hat, wird umhätschelt, seine Teilnahme am Elternabend als ganz besondere Errungenschaft für die Schule gepriesen. Ein männliches Rollenbild für die Kinder! Fantastisch! Und die erwachsenen Männer, die in den Genuß dieser wohlmeinenden Pädagogik kommen, gebärden sich wie Kleinkinder. Sie sonnen sich im Lob, fühlen sich ganz groß und reagieren mit Trotz, wenn irgend jemand es wagt, die Grandiosität ihrer Leistung anzuzweifeln.

Die dahinterstehende Absicht ist gut. Auf jeden Fall wäre es besser, wenn die Lehrerschaft in der Volksschule geschlechtsmäßig ausgewogener wäre – das gleiche wäre übrigens auch auf der Hochschule zu begrüßen, wo die vereinzelten weiblichen Professoren jedoch nicht mit Begeisterung, Jubel und besonderer Förderung von ihren männlichen Kollegen aufgenommen werden.

Auf jeden Fall gehört der männliche Elternteil in den Kindergarten, in die Ausflugsgruppe usw. Aber die erzieherische Taktik, den Männern auf dem Weg in diese Einrichtungen Blumen zu streuen, schlägt fehl. Natürlich soll man sie willkommen heißen und ihnen auf dem vielleicht noch unvertrauten Terrain weiterhelfen. Doch die Grundbotschaft ist falsch, sofern sie auf diesem Terrain als etwas Besonderes behandelt werden. Wie überall sonst in der Gesellschaft werden Männer dann zum Überfluß auch noch hier zu etwas ausgenommen Wichtigem, ausgenommen Wertvollen. Das entspricht aber nicht den Tatsachen, denn Männer sollten in diesen Bereichen natürliche Pflichten und Aufgaben haben, und ihre Anwesenheit und Mitwirkung sollte eigentlich selbstverständlich sein. Durch die Sonderbehandlung gerät die väterliche Teilnahme zu einem seltenen und um so kostbareren Gastauftritt, was die Männer in ihrer eigenen (Fehl-)Einschätzung noch bestärkt.

Die übertriebene Anerkennung für selbstverständliche Väterleistungen bewirkt bei vielen Frauen nach einer Trennung eine große Unsicherheit. Sie haben das Gefühl, daß ihr Kind etwas sehr Essentielles, nämlich die männliche Bezugsperson, verloren hat. Oft stellt sich im Gespräch heraus, daß diese Sichtweise überhaupt nicht stimmt. Der Vater war für das Kind nie verfügbar, während es aber einen männlichen Lieblingslehrer oder Basketball-Coach, einen Onkel und zwei hingebungsvolle Großväter gibt, die sowohl männlich als auch Bezugspersonen sind.

Die Demontage der Mütter

Der Vater – auf ihn kann nicht verzichtet werden;
auch ein schlechtes Vorbild ist besser als keins.
Die Mutter – sie macht alles falsch, liebt zuviel oder zuwenig,
ist zu stark oder zu schwach.
Wem nützt ihre Demontage?

»Ihre Gesichter sind müde. Ihre Stimmen sind angespannt.«
So beginnt ein Artikel in der renommierten amerikanischen Tageszeitung »Washington Post«. Und von welchen bedauernswerten Geschöpfen ist da die Rede? Bestimmt geht es um Obdachlose, um Flüchtlinge, um Drogensüchtige? Aber nein, die Rede ist von Frauen, von einer ganz besonders bedauernswerten Frauengruppe: von »Müttern, die ihre Söhne allein erziehen«.

Himmlische Väter

Geschrieben im dezidierten Ton der wissenschaftlich gesicherten Erkenntnis, zeichnet der Artikel das überaus düstere Bild einer Erziehungskatastrophe. Bei näherer Betrachtung stellt sich heraus, daß hier keine neuen Forschungsergebnisse präsentiert werden, sondern daß lediglich ein einsamer Reporter mit 19 willkürlich ausgewählten Müttern gesprochen hat und überdies mit Müttern, die aus extrem verschiedenen Lebenszusammenhängen kommen. Die Zwischenüberschriften schlagen hingegen den Ton gesicherter Wahrheit an:

»Mütter sind nicht genug.«
»Zeit und Mühe sind kein Ersatz für männliche Vorbilder.«
»Mütter versuchen verzweifelt, ihre Söhne allein zu erziehen.«

»Alleinstehende Frauen fragen sich, wie aus ihren Söhnen jemals Männer werden sollen.«

Wer sind diese Frauen? Etwas gewagt, sie in einen Topf zu werfen. Da gibt es die Ghetto-Frau und die Vorort-Mutter, die Sozialarbeiterin, die Wohlfahrtsempfängerin und die Architektin. Manche sind geschieden, manche ledige Mütter, einige sind Witwen. Doch der Verfasser des Artikels erkennt in ihnen eine große Gemeinsamkeit: ihre Unzulänglichkeit gegenüber der Aufgabe, ohne Mann im Haus ein männliches Kind zu erziehen.

Ein Mann im Haus – verweilen wir kurz bei diesem Gedanken. Was genau soll er beitragen, was bringt eine Frau allein einfach nicht zuwege? Worin liegt der einmalige, der unverwechselbare Beitrag des Vaters zur Entwicklung der Söhne, wie macht der Große aus dem Kleinen einen Mann? Der Artikel bemüht sich um Antworten, die wir Ihnen nicht vorenthalten wollen.

Eine gewisse Sheila befürchtet, daß ihre Söhne sie als hilflos erleben und sich von ihr nicht beschützt fühlen – weil sie den Kühlschrank nicht allein rücken kann und nicht weiß, wie man ein Basketballnetz befestigt. Marita kennt die Namen der Fußballspieler nicht. Eine dritte Frau versteht nicht, warum ihr Sohn »die Teller spült, aber die Gläser schmutzig herumstehen läßt«, und fragt sich: »Ist hier vielleicht männliches Denken im Spiel?« Ach! Hätte sie bloß einen Mann im Haus, dann könnte sie diese essentielle Frage beantworten!

Selbst wenn wir dem Reporter glauben, daß tatsächlich 19 dermaßen dumme Frauen im Umkreis von Washington leben, selbst wenn wir seine Sätze für bare Münze nehmen, stehen wir vor einem Rätsel. Sollen unsere Söhne lernen, daß Männlichkeit eine Art existentielles Möbelrückertum ist? Der Mann – Bezwinger des Kühlschranks. Und was soll der unvollständig abspülende Sohn vom Vater genau lernen? Besser abzuspülen? Oder die Gläser weiterhin stehenzulassen, aber daraus einen Identitätsgewinn zu erzielen?

Sheilas siebenjähriger Sohn, erzählt sie sorgenvoll, stand kürzlich mitten in der Nacht vor ihrem Bett, weil er Angst hatte und nicht schlafen konnte. Welches Ehepaar hat noch nie spät in der Nacht Besuch von einem ängstlichen Kleinkind erhalten?

Eine andere Mutter hat eine noch grundlegendere Sorge: Wer, fragt sie händeringend den Reporter, soll ihrem Sohn beibringen, »wie ein Mann zu gehen«?

Aha, spannende Frage. Was ist die spezifische männliche Gangart, wie geht ein Mann? Wie John Wayne vielleicht, O-beinig vom vielen Reiten? Wenn es eine spezifische männliche Gangart gibt, ist sie dann nicht ein angeborenes Talent, über das der Sohn sowieso verfügt? Der Reporter weiß sofort, was gemeint ist. Ein Mann muß eine »aufrechte, selbstsichere und maskuline« Körperhaltung an den Tag legen, da er andernfalls angreifbar wirkt. Und von einer Mutter lernt er doch nur ein demütig gekrümmtes Kriechen oder bestenfalls ein graziles Dahintrippeln.

Kauft sich Stöckelschuhe.

Wird Transvestit.

Die Hälfte der Interviewten sind schwarze Frauen, die mit ihren Kindern in den Ghettobezirken im Herzen von Washington leben müssen, in jenen Stadtvierteln, die die höchste Kriminalitätsrate in den USA aufweisen. Dort hilft, ganz nebenbei erwähnt, auch keine resolute Körperhaltung, kein »männlicher« Gang. Im Gegenteil: Selbstbewußtes Einherstolzieren ist geradezu das Markenzeichen der jugendlichen Banden, die sich dort mörderische Straßenschlachten liefern. Überhöhte Männlichkeit kann in amerikanischen Slums buchstäblich »tödlich« sein. Und ein Vater könnte einen dort höchstens dann effektiv beschützen, wenn er der örtliche Drogen-Oberboß wäre.

Der Reporter berichtet des weiteren von einer Mutter, die der Herausforderung nicht gewachsen war und das Handtuch warf. Eileen – ihr 14jähriger wurde frech und frecher, bis ihr Streit schließlich einen schrecklichen Höhepunkt erreichte. Eileen packte den störrischen Sohn am Hemdkragen, Jeff packte sie am Arm, sie fielen gemeinsam auf das Sofa, und es entstand ein entwürdigendes Gerangel, wodurch Eileen erkannte, daß dieses Kind mehr Autorität brauchte, als sie auszustrahlen imstande war. Also schickte sie ihn weg, nein, nicht zum Vater. Der lehnte es ab, den Sohn aufzunehmen, wie er es auch seit Jahren schon abgelehnt hatte, finanziell oder sonst irgendwie für ihn dazusein. Eileen schickte den Sohn – zur Großmutter. Und erlebte ihre Mutterschaft als gescheitert, weil sie der körperlichen Auseinandersetzung mit dem Sohn nicht gewachsen war. »Alleinstehenden Müttern«, schreibt der Autor, »fehlt eine wichtige Waffe. Sie können nicht sagen: ›Warte nur, bis dein Vater heimkommt.‹«

Bei den schwarzen Frauen, die befragt wurden, haben die Sorgen sehr konkrete Ursachen, die aber mit Erziehung wenig zu tun haben. Sie müssen in Umgebungen leben, in denen die körperliche Sicherheit ihrer Kinder minütlich massiv gefährdet ist: auf den Straßen, in den Schulen und sogar in der eigenen Wohnung, die vor Einbrüchen und wilden, ziellosen Schießereien nur wenig Schutz bietet.

Den weißen Vorort-Müttern gelingt die Erziehungsaufgabe laut Artikel jedoch kaum besser als ihren schwarzen Leidensgenossinnen im Ghetto. Marita »kämpft« darum, sich in ihre Söhne hineindenken zu können. »Ich sehe mir die Baseball-Sammelkarten meines Sohnes an, aber ich kann mir einfach nicht merken, wer diese Leute alle sind. Dafür braucht mein Sohn einen Mann«, überlegt sie weiter. »Denn so entstehen männliche Bindungen.«

Unserer Beobachtung zufolge sind es primär die Gleichaltrigen, die sich wirklich und authentisch für Sportsammelkarten und dergleichen begeistern können und durch Tauschen und bewunderndes, gegenseitiges Betrachten dieser Karten Bindungen bilden.

Auf welcher Ebene ist dieser Artikel zu diskutieren? Inhaltlich wohl kaum. Es wird kaum Männer geben, die einen Kühlschrank – wohlgemerkt einen amerikanischen, also einen überdimensionierten Riesenkübel – ohne den Einsatz von Möbelpackern einfach lässig durch die Gegend schwingen können. Das Befestigen eines Basketballnetzes dagegen ist, wenn schon geschlechtsgebunden, dann eine prädestiniert weibliche Aufgabe, da es sich dabei um das Durchfädeln von Schlingen in Ösen und damit um Handarbeit handelt, die eine ausgesprochene Fingerfertigkeit verlangt. Sheila, Architektin und somit vermutlich mit zumindest minimaler Feinmotorik ausgestattet, könnte das auch. Und Eileen, wenn sie der körperlichen Auseinandersetzung mit ihrem Heranwachsenden nicht gewachsen ist, wie wird dann die kleine alte Oma mit ihm fertig? Offensichtlich verfügt sie über eine andere Form von Autorität und pädagogischer Taktik, die sich auch ohne Prügeln realisieren läßt.

Einige Monate, nachdem dieser Artikel erschienen ist, lesen wir in einer anderen Zeitschrift* die Geschichte einer schwarzen Mutter, die im Kriegsgebiet des Ghettos alle drei Söhne verloren hat. Frances Davis lebt in Brooklyn, in einem Viertel, in dem Gewehrfeuer zu den ganz normalen Straßengeräuschen gehört. Ihr ältester Sohn wurde auf der Straße überfallen und ausgeraubt; als er Widerstand leistete, wurde er erschossen. Der zweite Sohn wurde danach zunächst verstört und aggressiv, schien sich aber wieder zu fangen. Er ging wieder zur Uni und verlobte sich, doch dann geriet er in einem Lokal in einen Streit, und der andere Mann schoß ihn nieder.

---

* Aus »Ladies Home Journal«, Juli 1994

Der dritte Sohn wurde getötet, als er vor seiner eigenen Haustür stand und mit einem Nachbarn plauderte. Mitglieder einer Bande verließen gerade das Nebengebäude, eine feindliche Bande lag schon auf der Lauer, und zufällig wurde der Sohn von einer Kugel getroffen, die für einen anderen bestimmt war. Danach, sagt Frau Davis, wollte sie »nach Hause gehen, eine Schachtel Tabletten schlucken und nie mehr aufwachen«. Doch dann sagte sie sich, daß sie nun die letzte Vertreterin ihrer drei Söhne war, die letzte Stimme von drei jungen Männern, die auf den Straßen niedergeschossen worden waren.

Seither hat sich Frau Davis mit vielen anderen Müttern zusammengetan. Sie hat Programme ausgearbeitet, um den Hinterbliebenen von Mordopfern zu helfen. Und sie hat eine Gruppe namens »Mothers of all Children« gegründet, die das Ziel hat, »unseren Kindern gewaltfreie Techniken der Konfliktlösung beizubringen«.

Darin, und nicht im »männlichen Gang« eines Asphaltcowboys, liegt ein Entwicklungsweg für unsere Welt.

Teuflische Mütter

Kaum eine gesellschaftliche Rolle ist in den letzten Jahrzehnten so stark unter Beschuß genommen worden wie die Rolle der Mutter. Das begann mit Freud und seinen nachfolgenden Interpreten und setzt sich heute fort mit immer neuen Akzentsetzungen. *Cherchez la mère,* das ist bis heute der Leitsatz von Psychologen, Pädagogen und Gesellschaftskritikern. Die Mütter sind schuld, in jedem Fall. Sie haben das Kind überbehütet oder unterversorgt, waren zu egoistisch oder zu aufopfernd, zu traditionell oder zu progressiv, zu sehr Hausmütterchen oder zu emanzipiert... Die Diskussion über die Alleinerziehenden sagt eigentlich alles: Sogar noch die Mutter, die verantwortlich ihre Kinder erzieht, mit viel Mühe und vielen persönlichen Einbußen, wird ins Fadenkreuz genommen. Die Diskussion über den abwesenden Vater hat nicht eigentlich ihn als Thema, stellt sich nicht die Frage, warum er abwesend ist, sich nicht kümmert, sondern der Frau wird noch als zusätzliches Vergehen vorgeworfen, daß sie ihren Kindern keinen Mann bietet.

Die konsistenten Angriffe auf Mütter und Mutterschaft spiegeln eine grundsätzliche gesellschaftliche Wende wider. Sie stellen einen kurzsichtigen Versuch dar, althergebrachte soziale Machtrelationen zu verteidigen, und nehmen dafür das Risiko auf sich, eine der wenigen noch funktionierenden sozialen Bindungen in unserer Kultur zu gefährden. Der Schwachpunkt in jeder autoritären sozialen Ordnung ist die Zuneigung und Verbundenheit, die ihre Mitglieder füreinander empfinden. Vernichtungsbefehle und blinder Gehorsam sind nur dort möglich, wo diese Verbundenheit geschwächt oder aufgelöst werden kann, sonst schießt der deutsche Wehrmachtsoldat nicht auf das jüdische Kind, sonst schickt eine Mutter ihren geliebten Sohn nicht an die Front. Die Beziehung der Mutter zu ihren Kindern ist eine der stärksten Bindungen überhaupt. Solange die soziale Ordnung diese Bindung benutzen kann, um Frauen in ihrer Freiheit einzugrenzen, sie abhängig zu machen und von ihnen Dienstleistungen einzukassieren, gibt es keine Probleme. Wenn aber Mütter drohen, dieser Kontrolle zu entgleiten und statt dessen die subversive Kraft ihrer Gefühle für die Kinder und ihres Einflusses auf diese Kinder mit Überlegung einzusetzen, stellen sie ein Risiko dar. Sie müssen dann bekämpft werden, mit allen Mitteln.

»Gib mir ein Kind für die ersten fünf Jahre seines Lebens, und es gehört mir für immer«, schrieb Augustinus im 4. Jahrhundert n. Chr.

Was Augustinus sich wünschte, haben Generationen von Frauen ganz selbstverständlich besessen: vollen Zugang zu Kindern während der prägenden ersten Jahre ihres Lebens.

Alle gebührende Anerkennung den sonstigen Umwelteinflüssen, den angeborenen Neigungen, den späteren Wendepunkten, doch es steht außer Zweifel, daß die ersten Lebensjahre eine ganz wesentliche Rolle bei der Prägung des Menschen spielen. Religiöse Sekten, kommunistische Bewegungen, sie alle versuchen, auf Menschen in möglichst jungem Alter Einfluß zu nehmen.

Frauen fällt das buchstäblich in den Schoß, doch was machen sie daraus? Nicht sehr viel, wenn wir den bisherigen Erfolg ihrer Erziehungsarbeit betrachten. Noch der ärgste Frauenfeind ist aus den Armen einer Frau, seiner Mutter, emporgestiegen.

Doch es ist nicht schwer, dafür eine Erklärung zu finden. Frauen verkörperten in der bisherigen Geschichte keine selbständige Instanz, sondern waren Befehlsausführer. Eigentlich waren sie nicht viel mehr als brave Dienstmädchen für das Patriarchat; sie erzogen ihre Söhne vatergefällig, staatstragend, und ihre Töchter wurden so brav und so bescheiden wie sie selbst. Wenn es einen Krieg gab, verabschiedeten sie die Söhne tränenreich, aber protestlos. Sie waren schon zufrieden, durch die Geburt eines Sohnes als Frau und Mutter aufgewertet worden zu sein, durch das männliche Kind ein wenig an der erhabenen gesellschaftlichen Stellung von Männern teilhaben zu dürfen.

Heute ist das anders, oder es beginnt jedenfalls, sich zu ändern. Die heutigen Frauen sind gebildet und selbständig, und es steht ihnen ein Fundus an Wissen und Information zur Verfügung. Sie wären allmählich in der Lage, ihre Hilfsfunktion als Vollstrecker in der von männlichen Experten und vom männlichen Familienoberhaupt vorgegebenen Erziehungsdevise abzulegen. Sie überlegen, hinterfragen und bringen eigene Inhalte ein. Es ist nicht mehr ungefährlich, ihnen für die »ersten fünf Jahre des Lebens« die Köpfe und Seelen der nächsten Generation anzuvertrauen. Denn es ist nicht mehr so sicher, ob sie diesen Zugang nicht auch wirklich nutzen. Werden diese Frauen sich abwenden, wenn ihr Sohn geschlagen, geprügelt wird, in der traurigen Einsicht, daß er eben ein Mann und daher abgehärtet und unempfindlich werden muß? Oder werden sie sich endlich solidarisch zeigen mit dem Menschen, mit dem zerbrechlichen Individuum, das dieser Sohn, dieses Kind darstellt?

Wenn früher Angst, Abhängigkeit und mangelndes Wissen die Mittel waren, mit denen Mütter verunsichert, ihr sozialer Einfluß eingedämmt wurde, so wird heute gegen die selbstbewußteren Mütter mit härteren Waffen vorgegangen: In der Entwertung von Mutterschaft drückt sich die Erkenntnis aus, daß man sich auf diese Frauen nicht mehr verlassen, daß man diese Frauen nicht mehr kontrollieren kann und sie daher aus ihrer Mutter-Position entfernen muß.

Die Kritik an der Mutter, wie sie uns heute mittlerweile ganz normal und selbstverständlich erscheint, ist in Wahrheit kulturgeschichtlich auffallend und ein absolut neues Phänomen. Sie ist außerdem spezifisch für die modernen westlichen Entwicklungsländer. Sehr bezeichnend dafür war eine große Werbekampagne der Telefonmultis »AT&T«, die sich an unterschiedliche Zielgruppen wandte. Die Anzeigen für schwarze und weiße amerikanische Mittelschichtfamilien zeigten eine überglückliche Mutter, die sich mit feuchten Augen und hingerissenem Blick über einen Anruf ihres erwachsenen Sohnes freut. Die Botschaft (für den Sohn) war klar: Beiß die Zähne zusammen, und ruf die Alte halt mal an, sie freut sich dann. Für das japanische Zielpublikum war die Reklame ganz anders: Man sieht einen gerührten erwachsenen Sohn, der sich mit einer würdevollen älteren Dame unterhält, Text dazu: »Du hast ein Leben lang von ihrem Rat profitiert, ruf an!« Der ideologische Prozeß, der aus einer Mutter eine lästige, neurotische Person macht, die man möglichst rasch abschütteln muß, hat in Japan ganz offensichtlich noch nicht eingesetzt.

Selbst in Kulturen, in denen Frauen sonst nichts zu sagen haben und als minderwertig gelten, ist ihre Position als Mütter unantastbar. Einer Mutter gebührt Achtung, Dankbarkeit und Liebe. Nicht so bei uns, nicht mehr. Bei uns ist die Mutterschaft, seit Freud, systematisch in Mißkredit gebracht worden. Mütter sind bei uns assoziiert mit Neurosen, Faschismus und Kitsch; sie machen krank, man muß sich ihrem Einfluß entziehen, und ihre Zuneigung zu ihren Kindern ist suspekt, vor allem die zu den Söhnen.

Diese radikale Abwertung einer über Jahrhunderte gewürdigten und gepriesenen Frauenrolle ist verdächtig und läßt sich nur verstehen als die neueste Variante im jahrhundertealten Bestreben, Kontrolle über die Mütter, die Erzieherinnen zu behalten.

Eine ungebildete, gefügige Frau konnte man gefahrlos loben und ihr die Kinder anvertrauen. Früher war es unbedenklich, den Frauen die Hauptarbeit der Kinderaufzucht zuzuweisen; sie hatten gar keine Möglichkeit, verändernd auf diese Kinder einzuwirken. Heute kann das gefährlich sein, denn heute kann man sich nicht mehr darauf verlassen, daß Frauen gehorsame Bürger und patriarchale Männer erziehen. Heute muß man dieses Erziehungsziel anders verfolgen. Man muß die potentiell aufmüpfigen Mütter bei der Stange halten, indem man sie pädagogisch verunsichert; man muß ihre soziale Position unterminieren, indem man ihre Erziehungsbefugnis gesetzlich schwächt; außerdem muß man ihnen den Vater, und zwar einen konventionellen, angepaßten Vater, der sich im Ernstfall für die bestehende Ordnung entscheidet und nicht für das individuelle Glück seiner individuellen Familienmitglieder, erneut als männliches Kontrollorgan vorsetzen.

In den kritischen Grundsatzattacken auf Mütter und Mutterschaft und in den aggressiven Versuchen, väterliche Autorität wiederherzustellen, manifestiert sich deutlich dieses Bemühen, eine traditionelle männliche Erziehungsherrschaft wiederherzustellen.

Frauen werden dabei an ihren schwächsten Stellen angegriffen: Ihre Liebe zu den Kindern und ihre oft mangelhafte Selbstsicherheit werden dazu benützt, sie zu verunsichern. Ihre geringere soziale Macht wird dazu eingesetzt, sie institutionell auszuschalten, indem zum Beispiel die Gerichte das mütterliche Sorgerecht ganz prinzipiell in Frage stellen. Gleichzeitig wird der Vater ideologisch auf- und überbewertet. Was früher für die Berufswelt galt – gab es zwei Kandidaten, einen männlichen und einen weiblichen, dann kam auf jeden Fall der Mann zum Zug, auch wenn die Frau weitaus qualifizierter und besser war –, geschieht jetzt tendenziell in den Familiengerichten. Nicht mehr das Wohl des Kindes und das Prinzip der bestmöglichen Ausübung von Elternschaft, sondern die Wahrung männlicher Vorrechte wird verstärkt beachtet.

Es ist verständlich, daß Verfechter traditioneller Werte die Position der Mütter heute untergraben wollen; für ihre Wertvorstellungen ist es essentiell, daß sie den Erziehungsprozeß beherrschen und sein Ziel bestimmen, und das setzt eine unmündige, schwache Frau voraus, die sich aus Angst oder Unwissenheit als Komplizin einsetzen läßt. Doch diese Strategie ist in hohem Maße gefährlich. Sozial gesehen, verfolgt die traditionelle Ordnung damit eine Politik der verbrannten Erde. Nachdem Ehe und Familie als Institutionen ohnehin schon in Auflösung begriffen sind, ist es höchst bedenklich, die wenigen noch einigermaßen intakten sozialen Bereiche mutwillig zu zerstören. Denn die Mutter-Kind-Bindung ist so ziemlich die letzte Form von Zwischenmenschlichkeit, die in unserer Gesellschaft überhaupt noch funktioniert. Mit der Auflösung der Mutter-Kind-Beziehung wird das letzte Fundament des gesellschaftlichen Zusammenlebens untergraben.

Die Disziplinierung der Frauen erfolgt über die Psyche; sie werden verunsichert, an ihr Gewissen und an ihre Liebe zu den Kindern wird appelliert. Sie sollen in der ständigen Furcht leben, der Entwicklung ihrer Söhne zu schaden. Diese Taktik funktioniert glänzend und hält Frauen davon ab, ihrem Instinkt und ihrem eigenen Rechtsgefühl zu folgen. So stehen Frauen sehr oft vor dem Dilemma, gegen ihren Impuls zu handeln und dem Sohn Hilfe oder Nähe zu verweigern – zu seinem »eigenen Besten«. Er darf nicht »verhätschelt« werden.

In der öffentlichen Erziehungsdiskussion geht es oft in erster Linie um die Erziehung durch Mütter; mittels einer wenig subtilen schwarzen Pädagogik sollen sie ihren Kindern, insbesondere ihren Söhnen, entfremdet werden. Die modische Diskussion über weiblichen Inzest ist weitgehend als Teil dieses Programms zu sehen, denn alle seriösen Experten sind sich einig, daß Frauen nicht einmal ein Prozent der echten Inzest-Täter ausmachen.

Olga Silverstein, Mitbegründerin der Familientherapie-Bewegung, beschreibt in einem kürzlich erschienenen Buch, wie Frauen dazu gebracht werden zu glauben, daß ihre Liebe den Sohn »verkrüppeln« könnte, und wie schädlich gerade diese Befürchtung und die daraus resultierende mütterliche Zurückhaltung für den Sohn sind. Frauen »mischen sich nicht ein«, wenn ihre kleinen Söhne vom Vater unnötig bestraft oder sonstwie brutal behandelt werden: Einen ruhigen, introspektiven Sohn, der gerne liest und Musik hört und weniger gerne herumtobt und rauft, betrachten auch Mütter mit Besorgnis. Die Mütter, beobachtet Silverstein, »kollaborieren« mit dem Bestreben, ihre kleinen Söhne »abzuhärten« und den Erwartungen ihrer Umgebung oder ihrer Väter gerecht zu werden. Sie erzählt von einem Fünfjährigen, der mit einem Mädchen gespielt hatte und sich von ihr eine Haarspange ins Haar hatte stecken lassen. Als die Mutter ihn abholte, geriet sie in Panik und war bloß froh, »daß sein Vater das nicht gesehen hat«, weil es dem Sohn sonst »schlecht gehen« würde. In ihren Familientherapien hat Silverstein immer wieder mit

Müttern zu tun, die über den »Verlust« ihrer Söhne traurig sind. Oft sind diese Söhne noch Schulkinder, doch die Frauen haben sich überzeugen lassen, daß sie zum Besten des Sohnes so früh wie möglich beginnen müssen, einen Abstand zu ihm einzuhalten, ihn von sich wegzustoßen, um ihn nicht zu »verweiblichen«. Daß ein Sohn spätestens mit 18 aus dem Haus geht und man danach nie wieder eine innige Beziehung zu ihm haben wird, während die Beziehung zu einer Tochter im Glücksfall zu einer lebenslangen Freundschaft werden kann, gehört mittlerweile zum standardisierten Glaubensgut. Damit wird die Welt für Söhne nicht nur kälter und härter, sondern auch einsamer. Wenn es auch nicht artikuliert wird, so spüren sie den inneren Rückzug ihrer Mütter und ihre eigene Auslieferung an die »andere Seite«. Wie empfindet ein Kind, das noch keinen Einblick in die Komplexitäten unserer kulturellen Sexualpolitik hat, diese Ablehnung?

Auch Silverstein stößt in ihren Therapien immer wieder auf den Begriff des »Rollenmodells«. Bei zwei ihrer Klienten war das Thema gerade virulent.

Es handelt sich um eine gewisse Jean und ihren Mann Alex. Jean ist im siebenten Monat schwanger und weiß infolge der Amniozentese, daß sie einen Sohn bekommen wird. Daher ist die Erziehung dieses Kindes schon ein konkretes Thema in ihrer Ehe. Jean erörtert ihre Bereitschaft, den Sohn zuerst an den Vater und später an die Welt »auszuhändigen«, und macht auch ihre Traurigkeit über diese, wie sie meint, unausweichliche Entfremdung von ihrem (noch nicht geborenen!) Kind deutlich. Ungern zwar wird sie sich aus seiner Erziehung heraushalten, denn das schuldet sie ihrem Mann und auch ihrem Sohn. Warum? Weil »ein Junge einen Mann braucht – als Rollenmodell, für Sport und solche Sachen«.

»Sport – und welche Sachen noch?« fragt Silverstein nach.

»Naja, er soll nicht ein Muttersöhnchen werden, das immer an meinem Rockzipfel hängt. Er muß über Arbeit und Verantwortung Bescheid wissen.«

Aha, sie ist nicht berufstätig? folgert Silverstein. Daraufhin lachen Jean und Alex herzlich, und Alex erwidert, daß Jean sogar außerordentlich in ihren Beruf involviert ist, als Sozialarbeiterin eine eher extreme Verantwortung trägt. Zwischen ihnen ist das sogar ein Streitpunkt, denn Alex sieht die Dinge lässiger.

Abschließend faßt Silverstein zusammen: »Diese Frau war bereit, ihr Kind schon vor der Geburt aufzugeben, weil sie sich hatte einreden lassen, daß ein Sohn von ihr nicht profitieren und von ihr nichts lernen konnte. Um seiner Mannwerdung nicht im Weg zu stehen, wollte sie sich schon jetzt emotional einstimmen auf die Trennung von ihm. Sie ging davon aus, daß ein Sohn sich von der Mutter abwendet... doch in Wirklichkeit war sie es, die sich schon jetzt von ihm abgewendet hatte.

In der Therapie dann sprachen Jean und Alex über ihre Vorstellungen, darüber, was es heißt, in der heutigen Welt ein Mann zu sein. Sie überlegten, was sie jeweils an persönlichen Eigenschaften besaßen, die sie ihrem Sohn gern mitgeben möchten. Wir erforschten auch ihre eigenen Familienhintergründe, um zu entdecken, wie diese extreme Rigidität ihrer Geschlechterbilder zustande gekommen war.«*

Das innere Abwenden der Mutter von ihrem Sohn, ihre Weigerung, ihn so zu beschützen und zu verteidigen, wie sie es eigentlich möchte, dieses Phänomen wird nicht diskutiert, weil es nicht ins aktuelle Bild paßt. Unser aktuelles Schreckgespenst ist die übermäßig zugewandte Mutter, denn das Abwenden ist kulturell erwünscht. Wie werden Mütter dazu gebracht, hier mitzuspielen? Silverstein zählt zwölf Beweggründe auf:

1. Der Wunsch, den Sohn vor Spott und Mißbilligung zu

---

* Olga Silverstein/Beth Rashbaum, The Courage to Raise Good Men. New York 1994

122

schützen. Er soll nicht als Baby, als Muttersöhnchen verspottet werden.

2. Der unreflektierte Glaube, daß Männer und Frauen verschiedene Attribute haben sollten, so daß eine Frau ihren Sohn kontaminiert, wenn sie ihn zu sehr prägt.

3. Der Wunsch, den kommenden Trennungsschmerz für beide Beteiligten zu verringern, indem man schon jetzt eine innere Distanz schafft.

4. Mangelndes Selbstvertrauen, so daß die Frau es sich nicht zutraut, für einen Sohn auch ein Vorbild sein zu können.

5. Übermäßige Opferbereitschaft, so daß die Frau ihren Sohn hingebungsvoll erzieht, ohne sich ihm als echte Person mit eigenen Gefühlen und Problemen zu erkennen zu geben.

6. Zögern davor, über ein männliches Kind Autorität auszuüben, aus einem Gefühl heraus, daß das unschicklich und für den Sohn »entmännlichend« wäre.

7. Die Idee, daß ein Junge den Männern »gehört«, eine Art Geschenk der Frau an ihren Mann (oder an ihren Vater) darstellt.

8. Wertüberhöhung eines männlichen Kindes, die ihn zu einem Hoffnungsträger macht und dem Kind damit sehr viel aufbürdet.

9. Angst vor Homosexualität, gekoppelt mit der Vorstellung, daß eine zu starke Bindung an die Mutter den Sohn schwul macht.

10. Die Vorstellung, daß eine Mutter einen Sohn nicht wirklich verstehen kann, besonders ab der Pubertät.

11. Angst davor, eine sexuell verführerische Mutter zu sein und den Sohn zu neurotisieren.

12. Die Bereitschaft, den Sohn an die Peer-group anderer männlicher Jugendlicher und deren Einflußsphäre abzutreten.

Bei aller Unterschiedlichkeit stellt doch jeder dieser Punkte eine Form von mütterlichem Rückzug, ein Verlassen des Sohnes dar. Er wird dem Vater, der »Männlichkeit«, der Jungengruppe oder sich selbst überlassen. Mitunter wird er diese Haltung nicht verstehen und nicht nachvollziehen können; mitunter wird er dadurch in Situationen geraten, denen er nicht gewachsen ist; er wird sich allein gelassen fühlen. Es ist durchaus möglich, daß die berühmten späteren Bindungsängste und Beziehungsprobleme von Männern auf diesen frühen mütterlichen Rückzug zurückzuführen sind.

Vieles, was am Verhalten erwachsener Männer rätselhaft erscheint, ließe sich so aufschlüsseln: Aufgewachsen mit dem undefinierbaren Gefühl eines innerlichen weiblichen Rückzugs, erwidert der junge Mann reflexhaft die Distanzierung. Er spürt bei seiner Mutter schon die Botschaft des Abschieds, wodurch »Abschiednehmen« für ihn eine Komponente seiner Beziehung zu Frauen wird. Nachdem er eine Kindheit hindurch subtil, unausgesprochen und sozusagen ohne erklärbaren Grund »verlassen« wurde, setzt er dieses Verhalten in seinen späteren Beziehungen fort, läßt sich niemals 100prozentig auf etwas ein.

Kann das sein? Lieben wir unsere Söhne – aus Angst, sie zu sehr zu lieben – in Wirklichkeit zu wenig?

Was heißt hier Liebe?

Mit der Mutterliebe ist etwas Seltsames passiert in den letzten 40 Jahren: Sie ist fast unsichtbar geworden. In einer Zeit der wenigen Tabus ist sie tabu, und begrifflich ist sie auch schwer zu fassen. War dieses Gefühl so schlecht und so verwerflich, daß es diese kulturelle Ausradierung verdient hat? Das heißt – ausradiert ist es ja nicht. Es lebt im Untergrund weiter, in der Verbannung, im Exil der sentimentalen Muttertagskarten und in den heimlichen wohlgefälligen Blicken, mit denen Mütter auf Spielplätzen oder vor den Schulen ihr jeweils eigenes Kind als das kostbarste, das schönste aller Kinder erkennen.

Besser, solche Gefühle für sich zu behalten. Mutterliebe – das ist Kitsch, das ist reaktionär wenn nicht gar tendenziell faschistoid, zu Mutterliebe paßt Mutterkreuz, Heintje, Gartenzwerg und neuerdings auch noch verkappter Inzest. Mütter leben heute mit dem Gefühl, es könnte in jedem Augenblick ein Psychiater »an ihrem Wohnzimmerfenster vorbeifliegen« – wie eine amerikanische Kommentatorin es treffend formulierte. Und dann soll dieser nur eine Frau antreffen, die in sich total gefestigt ist, die von ihren Kindern nichts erwartet, die räsonnierend und in jedem Augenblick schonungslos selbstkritisch den pädagogisch gebotenen Weg geht.

Sogar der Soziologe Gerhard Amendt beklagt die Tatsache, daß der Elternschaft die »intuitive Gewißheit« verlorengegangen ist, daß viele Eltern heute »keinen Schritt mehr tun, ohne in Handbüchern sich über die pädagogische Korrektheit ihrer Absichten vergewissert zu haben«*; ironischerweise schreibt er das in einem Buch, das sich hervorragend dazu eignet und auch darauf angelegt zu sein scheint, die Verunsicherung der Mütter noch kräftig zu steigern.

Die Intensität der Gefühle zwischen Mutter und Kind, kulturell nicht mehr gebilligt, offenbart sich dennoch in den Details. Zum Beispiel in der furchtbaren Angst um das Wohlbefinden der Kinder. Die Feministin Phyllis Chesler schreibt darüber, über ihre eigene Panik, dem Kind könne etwas zustoßen. Alle Mütter kennen das, die schreckliche Angst, manchmal begründet, oft völlig irrational. Der geplante Arbeitsnachmittag, an dem das Au-pair-Mädchen mit den Kindern ins Schwimmbad fährt, während die Journalistin Anke vier Stunden lang ganz konzentriert etwas fertigschreiben möchte. Und dann kann sie sich überhaupt nicht konzentrieren, weil ihr ständig Unglücksvisionen vorschweben. Kann das Au-pair-Mädchen wirklich gut genug Auto fahren? War es

---

* Gerhard Amendt, Wie Mütter ihre Söhne sehen. Fulda 1993

nicht Leichtsinn, ihr die Kinder anzuvertrauen? Hat man ihr wirklich eindringlich genug beschrieben, wie gefährlich die zweite Kreuzung ist? Wird sie auch wirklich aufpassen, oder wird sie vielleicht verträumt eine Modezeitschrift lesen, während das kleine Kind unbemerkt zum tiefen Becken watschelt und hineinfällt... Die Mutterschaft bedeutet die Mitgliedschaft in einer Gemeinschaft der Angst. Du läufst mitten an einem Bürotag nach Hause, weil dort seit einer Stunde niemand das Telefon abhebt, während sie aber zu Hause sein müßten (alle sind wohlauf, der Hörer war nicht richtig aufgelegt); dein Herz bleibt sekundenlang stehen, weil die Schule anruft mit dem Satz »es hat einen kleinen Unfall gegeben« (Tochter hat ihre Brille zerbrochen, keine Verletzung).

Früher wußten alle Menschen, was von dieser Liebe zu halten war: Sie war natürlich, und normal. Mütter waren einfach so: besorgt, mitunter überbesorgt. Heute sollen wir darüber nachdenken, warum wir so hysterisch sind. Kommen in diesen Ängsten nicht heimliche Aggressionen, übermäßige Besitzansprüche zum Ausdruck? Sind wir nicht neurotisch? Ist es normal mitzuleiden, wenn das Kind traurig ist, sich zu freuen, wenn es sich freut, durch seine bloße Existenz mit Freude erfüllt zu sein?

»Niemand hatte sie vorgewarnt«, schreibt Mary Gordon.* »Niemand hatte ihr erzählt, wie das ist, wenn man ein Kind liebt, wie körperlich das Gefühl ist und trotzdem so ganz anders als alle anderen Formen der körperlichen Liebe. Der Drang, ihr Kind zu berühren, war wie der Drang, einen Geliebten zu berühren, und dennoch war er ganz anders: ohne die Spannung, die Gier, die Unsicherheit und die Eitelkeit. ›Du hast meinem Leben die reinste, die tiefste Freude gebracht‹, dachte sie oft. Aber das sagte sie natürlich nicht. Sie sagte statt dessen: ›Wie war die Schule heute? Hattest du deine Mathematikprüfung?‹«

---

*Mary Gordon, Men and Angels. New York 1986

Als Kind hat es mich genervt, wenn meine Großmutter, statt auf den Fernsehschirm, abends manchmal auf mich schaute. Sie saß einfach da, sie sagte nichts und sah mich ganz genau an. Ich sah auf das Fernsehprogramm, und sie sah auf mich. Wenn ich es bemerkte, machte es mich nervös. »Was ist los?« fragte ich dann, und sie sagte: »Nichts, ich schau dich nur an.« Ich vermutete Kritik oder Beaufsichtigung, aber heute weiß ich, was es war. Genauso sehe ich heute meine Kinder an, wenn sie in irgend etwas vertieft und daher betrachtbar sind; ich sehe sie nur an wie ein großes Kunstwerk, vor dem man einfach nur stehen möchte. Wie ein Wunder.

Cheryl

Lieben wir unsere Kinder zu sehr, vor allem unsere Söhne? Daß wir unsere Liebe falsch äußern, dafür spricht einiges. Daß wir sie verwöhnen und damit einen Standard setzen für das Maß weiblicher Liebe, der für ihre späteren Beziehungen verhängnisvoll ist. Daß wir ihren gesunden Instinkt für Gegenseitigkeit – den Instinkt, der sie dazu bewegt, uns immer und bei allem »helfen« zu wollen –, daß wir diesen Instinkt lahmlegen mit der Einseitigkeit unserer Zuwendungen, das mag ja alles wahr sein. Aber lieben wir sie wirklich zu sehr?

Bei dieser Frage wurden wir unweigerlich an unsere vielen Untersuchungen über Ehekonflikte erinnert. Der unmittelbare Anlaß für Gewalt zum Beispiel war meist trivial und betraf sehr oft eine Versorgungsleistung der Frau: Das Essen war nicht fertig, die Suppe zu heiß oder zu kalt, im Badezimmer hing kein frisches Handtuch. Man konnte das als Tyrannei beschreiben: Die Frau, die Dienerin, hatte nicht funktioniert und mußte bestraft werden. Aber die Szenen, die uns immer wieder beschrieben wurden, waren damit noch nicht zufriedenstellend erklärt. Tatsächlich benahmen sich diese Männer nicht wie erhabene Patriarchen, sondern wie randalierende Kleinkinder. Genauso wütend wird ein kleines Kind, wenn es müde ist und sich irgend etwas in den Kopf gesetzt hat und es nicht bekommt. Genauso zornig kann es dann reagieren, mit Gegenständen werfen, losschlagen, in einen Taumel der Wut und Zerstörung geraten. Meine Kinder habe ich so erlebt, mit eineinhalb oder zwei. 60 Sekunden warten, bis die Milch warm ist? Unmöglich. Etwas nicht sofort bekommen? Verzweiflung. Die Duplo-Steine lassen sich nicht aufeinanderstecken? Grund genug, sie auf die nächststehende Person zu schleudern.

Bei einem kleinen Baby kann ein solcher Wutanfall sehr komisch wirken. Winzige Füße stampfen auf, winzige Fäuste ballen sich neben einem zornigen kleinen Gesicht. Im Lauf der ersten Lebensjahre aber weckt das Kind mit diesem Verhalten nicht nur Heiterkeit, sondern auch Ablehnung und findet mit wachsender sprachlicher Begabung andere Möglichkeiten, seinen Willen zu vermitteln und durchzusetzen. Doch bei manchen Kindern wird dieser Reifungsprozeß offensichtlich unterbrochen, und sie können zu gewalttätigen Ehemännern, die nie Selbstbeherrschung gelernt haben, werden. Doch wodurch? Haben ihre Mütter sie zu sehr geliebt?

Ihre Untersuchung bringt die Soziologin Klein* auf die umgekehrte Schlußfolgerung. Problematische Männer haben ihrer Beobachtung zufolge zu wenig mütterliche Fürsorge erhalten, wurden zu früh dem Männlichkeitsstandard ausgesetzt:

»Kleine Jungen werden viel früher als kleine Mädchen einer beängstigenden Welt ausgeliefert. Zeichen der Ängstlichkeit oder Bedürftigkeit werden (in traditionellen Familien) bei einem Sohn als unpassend erlebt. Die Väter entreißen ihre Söhne zu früh der mütterlichen Fürsorge und setzen sie einer groben Welt aus. Die Zeichnungen oder Erzählungen solcher Jungen sind bedrohlich und gewalttätig, es wird darin geschlagen und gestoßen und zerbrochen.«

---

* Carole Klein, Mothers and Sons. Boston 1984

Ein letzter Fall aus Silversteins Therapieerfahrung scheint diese Interpretation jedenfalls zu bekräftigen. Die Familie Grant, Vater, Mutter, Tochter und Sohn, hatte schon einige Jahre zuvor, bedingt durch eine psychosomatische Erkrankung der Tochter, die Beratung aufgesucht. Damals war festgehalten worden, daß der Vater in der Familie stärker auftreten solle, vor allem gegenüber seinem Sohn, der damals 8 Jahre alt war. Nun war er 16, seine Schwester war 14, und die Familie kam in einer akuten Krise zu Silverstein: George war verhaftet worden!

Angefangen hatte das Ganze, als George 12 Jahre alt war. Er wurde von drei älteren Jungen auf dem Schulweg überfallen. Sie nahmen ihm sein Geld weg und schlugen ihn zusammen. Er lief nach Hause, in Tränen und mit zerfetzten Kleidern, seine Mutter tröstete ihn. Doch sein Vater war wütend, als er von der Sache erfuhr, wütend auf seinen Sohn, der sich wie ein »Feigling« benommen hätte, und wütend auf seine Frau, die ihn »verhätschelte«. Er machte mit seinem Sohn Box-Übungen und ließ ihn Gewichte stemmen. Die Mutter hielt sich heraus; das Erlebnis ihres Sohnes hatte auch sie erschreckt, und ihr Mann war sich sicher, die Antwort darauf zu wissen. Zum »Abhärtungsplan« für George gehörte auch, daß sie weg sein sollte, wenn er aus der Schule kam. Er sollte durch ihre Anwesenheit nicht dazu animiert werden, sich »auszuweinen«.

George freundete sich mit einigen Jungen an, die als harte Jungs bekannt waren. Seine Mutter hatte Bedenken – diese Jungen hatten keinen guten Ruf, galten als wild. Ihr Mann aber förderte die neue Freundschaft. Nun war George, gemeinsam mit vier dieser Jungen, verhaftet worden. Sie hatten einen alten Mann zusammengeschlagen und ausgeraubt.

An diesem Punkt in ihrer Erzählung angelangt, schreit der Vater plötzlich den Sohn zusammen. Dieser beginnt zu weinen, was den Vater noch mehr in Rage bringt. »Hör auf zu winseln! Sei ein Mann!«

Die Therapeutin schaltet sich ein. »Warum, meinen Sie, sollte er nicht weinen? Hat er nicht allen Grund dazu?«

Nachdem sich alle beruhigt haben, kommt es zu einem aufschlußreichen Gespräch, bei dem der Vorfall vor 8 Jahren im Mittelpunkt steht.

»›Damals habe ich meine Mutter sehr enttäuscht, weil ich nicht besser gekämpft habe‹, erklärt George. Die Mutter stritt das entschieden ab. ›Das stimmt nicht, ich wußte nicht, daß du das denkst. Ich war nicht enttäuscht, ich hatte bloß Angst um dich, ich wollte nicht, daß du wieder geschlagen wirst. Deswegen habe ich es unterstützt, daß dein Vater dir das Kämpfen beibringt.‹

George hatte sich damals geschämt und hatte dieses Gefühl auf seine Mutter projiziert. Ihren Rückzug hatte er als Beweis für ihre Enttäuschung und Ablehnung verstanden ... sie hatte an ihm das Interesse verloren, sie wollte ihn nicht mehr beschützen. ›Nachdem ich zusammengeschlagen wurde, wollte sie mit mir nichts mehr zu tun haben.‹« Die Botschaft seiner Eltern verstand George so: Aggression gehört zum Männerleben. Andere Gefühle, wie Angst oder Trauer, sind unmännlich, nur Wut ist eine annehmbare Gefühlsäußerung. Als eher kleiner, schmächtiger Junge fand George für sich einen Platz als Mitläufer bei einer Gruppe starker Jungen.

Worauf laufen all diese Gedankengänge hinaus? Relativ deutlich zeichnen sich unseres Erachtens zwei Schlußfolgerungen ab:

- daß jedes Kind, unabhängig von seiner Geschlechtszugehörigkeit, als Kind und als Individuum behandelt werden sollte, daß es als Kind die volle und uneingeschränkte Akzeptanz, Zuwendung und Zuneigung der Mutter braucht und als Individuum nicht einer Verhaltensschablone veralteter Männlichkeitstugenden unterworfen werden darf.
- daß beide Eltern, Mutter und Vater, bzw. alle Erziehungsbeteiligten sich genau überlegen sollen, was sie für dieses spezielle Kind wirklich erreichen und was sie persönlich ihm wirklich vermitteln wollen.

Damit läßt sich die Sozialisationsdiskussion versachlichen, kann adäquater auf die Persönlichkeit und die Bedürfnisse aller Beteiligten, auch der Eltern, auch der Kinder, eingegangen werden. Auch das Schlagwort von den »Rollenbildern« läßt sich damit heilsam relativieren, denn die vielgepriesenen »männlichen Vorbilder« erweisen sich bei ehrlichem Hinsehen als *menschliche* Vorbilder, mit dem Spezifikum, daß es zufällig Männer sind, die im konkreten Fall die jeweils wünschenswerte Eigenschaft vorweisen.

Mein Sohn z. B. äußerte sich kürzlich lobend über Pete Sampras, weil dieser im Gegensatz zu anderen Tennisstars so sympathisch auftritt. Wenn er ein Spiel gewinnt, triumphiert er nicht und ist nicht arrogant, sondern er zeigt ein normales Ausmaß an Freude und klopfte dem Verlierer kollegial auf die Schulter; wenn er verliert, dreht er nicht durch und wirft seinen Tennisschläger auf den Boden.

Nach einem Basketballspiel stellt Alexander das Verhalten seines eigenen Klassenlehrers dem Verhalten des gegnerischen Coachs gegenüber. Wenn die andere Mannschaft einen Korb verpaßt, schreit dieser Coach seine Mannschaft wütend an und beschimpft sie. Sein Lehrer hingegen ruft nur: »Macht nix! Ihr schafft es! Weiter so!« Wie arm seien diese anderen Kinder, mit einem so unangenehmen Coach.

Man kann ohne weiteres sagen, daß diese zwei Männer – der Tennis-Star auf dem Bildschirm und der Lehrer – für meinen Sohn als »männliche Rollenmodelle« fungieren. Aber nicht deshalb, weil sie Männer sind, denn auch der jähzornige McEnroe und der gegnerische Teamcoach sind Männer, und auch sie haben Eigenschaften. Es gibt nur zwei pädagogisch berechtigte Verallgemeinerungen, die man hier treffen kann: daß man erstens einem Kind so viele verschiedene Erwachsene wie nur möglich vorführen soll, damit es aus einem möglichst großen Pool an Verhaltensmöglichkeiten auswählen kann, und daß man bei Söhnen darauf bedacht sein soll, daß sie nicht vorwiegend von unsympathischen Männern umgeben sind, damit sie nicht irrtümlich zu der Schlußfolgerung kommen, auch sie müßten unsympathisch sein, um männlich zu wirken.

Dazu schreibt Myriam Miedzim*, die als Kind mit ihrer Familie vor den Nazis flüchtete und später ein Buch über männliche Sozialisation schrieb:

»Mein Vater bot uns ein Rollenbild, das nichts mit Härte, Dominanz, emotionaler Kälte, Gefühllosigkeit gegenüber Frauen oder Risikofreude zu tun hatte. Diese Eigenschaften, die das herkömmliche männliche Profil ausmachen, hatten für ihn einen rein negativen Beigeschmack. Er dachte dabei an Krieg, Vergewaltigung und Konzentrationslager.

Auch sonst habe ich viele Männer kennengelernt, die sanft, fürsorglich und sensibel und trotzdem keine Schwächlinge sind. Ihre Sensibilität war oft kombiniert mit außergewöhnlichem Mut, mit Neugier, Abenteuerlust und innerer Unabhängigkeit.«

Ein Mann kann zum Rollenmodell werden, weil er gute Eigenschaften hat, und nicht, weil er ein Mann ist. Einen Vater zum Rollenmodell zu stilisieren, der lediglich seine Geschlechtszugehörigkeit anzubieten hat, ist ein propagandistischer Trick, mit dem Väter sich aus der Verantwortung stehlen wollen. Sie müssen sich nicht bemühen, sie müssen charakterlich nichts vorweisen, sie müssen nichts tun, sie müssen bloß sein, Männer sein. Ich bin, also bin ich gut. Und die Mutter ist fragwürdig, wie richtig sie auch alles macht, wie sehr sie sich auch bemüht, weil sie eine Frau ist, »nur« eine Frau. Und die Söhne büßen Liebe und Zuwendungen ein, die sie brauchen und die ihnen zustehen, nur weil irgend jemand meint, man müsse sie abhärten. Hier haben wir ein Rezept, das garantiert nicht gelingt.

---

* Myriam Miedzim, Boys Will Be Boys. Breaking the Link Between Masculinity and Violence. New York 1991

Ödipus als Vampir

Patriarchat als Herrschaft der Väter trifft nicht den Kern der Sache. Denn eigentlich herrschen die Söhne, wenn auch ergraut.
Wer fast 20 Jahre die aufopfernde Mutterliebe genoß, mag von ihr nicht mehr lassen, beherrscht die Familie (und die Welt), wie er als Sohn die Mutter beherrschte.
Wer will es ihm verdenken?

Die französische Analytikerin Antoinette Fouqué ist der Meinung, daß die Bezeichnung »Patriarchat« eigentlich falsch, eigentlich irreführend ist. Denn »Patriarchat« bedeutet »Herrschaft der Väter«; korrekter aber wäre es, von einer »Herrschaft der Söhne« zu sprechen. Es gäbe eigentlich gar keine erwachsenen, reifen, die Welt überlegt beherrschenden Männer. Statt dessen eine Tyrannei der unüberlegten, willkürlichen, egoistischen, verantwortungslosen und restlos unerwachsenen männlichen Wesen in erwachsenen, oft sogar alten Körpern mit adoleszenten Psychen.

»Die Sache der Frauen ist sehr mit der Frage des Sohnes verknüpft«, überlegte sie. »Der Mann ist, selbst wenn er Vater ist, eigentlich nicht Vater, sondern er bleibt Sohn. Diese Art von Mann produziert immer Mütter. Und er selbst ist sein Leben lang ein tyrannischer Sohn, ein Vampir. Frauen müssen fordern: Sei ein Mann, trage Verantwortung, lasse dich nicht in Abhängigkeit hineingleiten.«

An diese Sätze mußten wir wieder denken, als wir uns in dieses Projekt vertieften. An den Beziehungen vor allem zwischen alleinerziehenden Müttern und ihren Söhnen gab es viele auffallend positive Dinge zu bemerken. Oft konnten solche Beziehungen partnerschaftlich und emanzipatorisch sein. Angesichts der heftigen Kontroversen zu dieser Frage suchten wir sorgfältig nach besonders neurotischen oder – diesen Vorwurf konnte man in den letzten Jahren oft hören – emotional inzestuösen Aspekten, fanden aber selten entsprechende Hinweise. Was wir dagegen manchmal erkannten, war eine andere Gefahr, die Gefahr nämlich, daß das heranwachsende männliche Ego in Ermangelung jeglicher Begrenzung durch ein zweites und noch größeres männliches Ego sich unkontrolliert ausbreiten kann. Wo ein Vater oder ein anderer Mann anwesend ist, bestehen andere, oft gravierende Gefahren für die gesunde Entwicklung des Sohnes, aber wenigstens gibt es diese Eingrenzung: Ein zweites und noch größeres männliches Ego setzt dem Jüngeren gewisse Schranken.

Die im Kapitel »La Mamma« zitierte Sonja verwendete diesbezüglich eine Formulierung, die uns aufschlußreich erschien. Nicht nur ihr Leben, erzählte sie, sondern auch ihre Wohnung habe sich nach der Scheidung total verändert. Heller wäre sie jetzt, weiß ausgemalt und ohne die dunklen Tapeten, die ihr Mann bevorzugte; moderne, leichte Möbel gäbe es jetzt anstelle der wuchtigen Antiquitäten. »Er würde«, faßte sie lachend zusammen, »gar nicht mehr in die Wohnung passen.«

Sie meinte das zunächst vom Wohnungsstil her, aber dann stellte sich heraus, daß diese Beobachtung auch ganz wortwörtlich stimmt. Er würde tatsächlich nicht mehr in die Wohnung »passen«, weil sein Platz von einem anderen, von seinem ältesten Sohn, okkupiert ist. Sein Zimmer, das eheliche Schlafzimmer, ist abgeschafft bzw. umverteilt worden.

Ein quasi-ödipaler Sieg: Im Schlafzimmer des Vaters residiert jetzt der Herr Sohn. Die Mutter gehört jetzt ganz den Söhnen, und nicht nur das, sie ist sozusagen auch entsexualisiert worden. Kein anderer Mann, kein anderer Rivale kann hier Einzug halten, weil die Mutter nicht einmal ein eigenes Bett hat.

Wir wollen nicht überinterpretieren. Die Motivation aller Betroffenen war bestimmt ganz geradlinig und genauso, wie sie sich nach außen präsentiert: Die Brüder gingen sich auf die Nerven, jeder wollte seinen eigenen Raum, die Mutter gab aus Großzügigkeit nach. Doch ist es gut für Heranwachsende, die Mutter als die bedürfnislos Nachgiebige zu erleben, sich selber aber als die einzigen, deren Wünsche stets als wichtiger eingestuft werden? Achtzehn, neunzehn Jahre unter diesen Voraussetzungen – können sie dann plötzlich umdenken und die Bedürfnisse und Rechte einer anderen Frau, ihrer Partnerin, plötzlich als genauso berechtigt anerkennen? Können sie Kompromisse schließen, warten, geben? Können sie ganz plötzlich den Satz vergessen, den sie ein Leben lang jeden Tag gehört oder erlebt, den sie schließlich ganz notgedrungen mit weiblicher Liebe gleichgesetzt haben: Du bist wichtig. Dir soll es gut gehen. Weil ich dich liebe, verzichte ich gern auf Komfort, trete ich dir gern alles ab, tue ich gern alles für dich.

Freuds Irrtum

Für Freud war die Konkurrenz zwischen Vater und Sohn unausweichlich, ein Urgeschehnis, verwurzelt in den psychosexuellen Grundstrukturen der menschlichen Entwicklung. Seit er diesen »Ödipuskomplex« konstatiert und beschrieben hat, tobt die Kontroverse. Die in unseren Augen beste und überzeugendste Position zu dieser Frage hat der Analytiker Erich Fromm verfaßt, und wir wollen ihn hier deshalb ausführlich zitieren. Fromm glaubt, daß Freud einer sehr elementaren und sehr wichtigen Sache auf der Spur war, nämlich der tiefen Bindung des Sohnes an die Mutter, daß er dann aber zwei an sich getrennte Dinge vermischte. Da ist einerseits die Liebe zur Mutter, die für Fromm aber aus der Situation der vollkommenen Abhängigkeit des Kindes von der Fürsorge und Liebe der Mutter entsteht, und zweitens die Machtposition des Mannes in einer patriarchalen Gesellschaft, die sich in einer Dominanz des Vaters über den Sohn ausdrückt und zu Rebellionsbestrebungen beim Sohn führt. Person X wird geliebt, weil sie vom emotional und körperlich hilflosen Kind als allmächtige, rettende, liebende Instanz wahrgenommen wird. Person Y wird gehaßt, weil sie in der Familie als Despot auftritt. Und im

Patriarchat ist die Rolle X mit der Frau und Mutter, die Rolle Y mit dem Mann und Vater besetzt: womit Ödipus fast nichts mehr mit Sex und fast alles mit Politik zu tun hat.

»Freud«, schreibt Fromm, »hat ein ganz besonders wichtiges Phänomen aufgedeckt, nämlich die Bindung des Mannes an seine Mutter und seine Angst davor, sie zu verlieren. Diese Erkenntnis verzerrte er dann, indem er das als sexuelles Phänomen interpretierte. Damit wurde seine eigentliche Entdeckung verdunkelt, nämlich daß die Sehnsucht nach der Mutter zu den tiefsten Emotionen gehört.

Weiters gehört hier noch der andere Teil des Ödipuskomplexes dazu, nämlich die feindselige Rivalität des Sohnes mit dem Vater, die ihren Höhepunkt erreicht in dem Wunsch, den Vater zu töten. Auch das ist eine gültige Beobachtung, die jedoch nicht unbedingt in Zusammenhang steht mit der Bindung an die Mutter. Freud schreibt einem Phänomen allgemeine Gültigkeit zu, das jedoch ausschließlich auf die patriarchalische Gesellschaft zutrifft. Im Patriarchat ist der Sohn dem Willen des Vaters untergeordnet... Um der Nachfolger des Vaters werden zu können – oder, anders gesagt, um in der Welt Erfolg zu haben –, muß er seinem Vater nicht nur gefallen, sondern er muß sich ihm auch unterwerfen, ihm gehorchen und den Willen des Vaters anstelle des eigenen Willens setzen. Wie immer, so ruft Unterdrückung auch in diesem Fall unweigerlich Haß hervor, ruft den Wunsch hervor, sich zu befreien, und letztendlich auch, den Unterdrücker zu eliminieren... Freud erkannte diesen Konflikt zwar, konnte ihn aber nicht richtig einordnen, nämlich als Merkmal patriarchalischer Gesellschaft. Statt dessen sah er darin eine sexuelle Rivalität zwischen Vater und Sohn.«*

---

* Erich Fromm, Greatness and Limitations of Freud's Thought. New York 1980. Deutsch: Sigmund Freuds Psychoanalyse. Größe und Grenzen. Stuttgart 1979

In der Theorie des Ödipuskomplexes wird dem Kind außerdem in verzerrender Weise der aktive Part zugeschrieben. Der Sohn erlebt den Vater als Konkurrenten um die Gunst der Mutter. Der Sohn hegt den mehr oder weniger heimlichen Wunsch, seinen Vater zu töten, um die Mutter ganz für sich allein zu haben. In der Regel ist es jedoch so, daß die Rivalität zwischen Vater und Sohn ein Teil der Familiendynamik ist. Der Sohn wird in eine Beziehung hineingeboren, die oft schon in verhängnisvoller Weise nicht mehr stimmt. Nicht selten kann man den Eliminierungswunsch eher bei dem Vater oder bei der väterlichen Erwachsenenfigur orten als bei dem Kind. In der Kriminalstatistik kommt es leider nicht so selten vor, daß ein Kind – auffallend oft ein männliches Kind – von dem neuen Freund der Mutter im Affekt schwer mißhandelt oder sogar getötet wird. Ebenso verhält es sich mit dem Phänomen der Eifersucht. Familientherapeuten wissen, daß Väter das neue Baby oft als Konkurrenten um die Zeit und Fürsorge der Frau sehen.

Der Ödipuskomplex setzt voraus, daß Vater und Sohn sich als Rivalen, als Konkurrenten verstehen. Das wiederum ist nur möglich, wenn sie sich beide auf dieselbe Stufe stellen. Freud erkannte dieses Phänomen, sah es aber verkehrt herum. Die Konkurrenz entsteht eben nicht deshalb, weil das Kind sich als erwachsenen Mann, als Werbenden um die Liebe der Frau sieht, sondern weil der Erwachsene, sein Vater, sich als Sohn fühlt, als Konkurrent um die Liebe der Mutter.

Dieses – tatsächlich neurotische – Muster ist so sehr in unserer Kultur verankert, daß auch die Frauen sich daran gewöhnt haben, entsprechend zu denken. Es ist sehr auffallend, wie oft Frauen ihre Liebe zu einem Sexualpartner in mütterliche Kategorien fassen und am erwachsenen Mann das lieben, was nach mütterlicher Zuwendung ruft.

Der 17jährige junge Mann, den wir in einer norddeutschen Teestube treffen, ist kein wirklich typischer junger Mann, sondern stellt einen Extremfall dar. Das bemerken wir nicht im Interview, das wird uns erst später klar, als das Transkript vor uns liegt und wir es bearbeiten. In einem Interview spielen die Optik und die persönliche Ausstrahlung immer eine sehr große Rolle, und von dieser Warte aus gesehen, wirkt der junge Mann – nennen wir ihn David – nicht auffällig, sondern absolut normal. Er ist groß, freundlich, anfangs vielleicht ein wenig verlegen. Er trägt ein Michael-Jordan-Sweatshirt und Markentennisschuhe. Er antwortet offen und weicht nie aus. Erst später, beim Lesen, fällt uns der überdurchschnittliche Emotionsgehalt seiner Aussagen auf. In dieser Familie ist Goliath – der als Tyrann erlebte Vater – besiegt worden, doch man befürchtet, daß der Preis für David hoch sein wird. Bevor wir überlegen, was an diesem Fall das Spezifische ist, wollen wir David zu Wort kommen lassen:

»Meine Erinnerung an die Zeit, als mein Vater noch da war? Es war schrecklich. Zwischen mir und ihm war es einfach furchtbar. Ich habe ihn sehr erdrückend erlebt, ich habe immer das Gefühl gehabt, daß er mich nicht leiden kann. Im Moment, so spontan, fällt mir jetzt kein Beispiel ein. Er hat mir einfach das Gefühl gegeben, daß ich in seinen Augen ein Nichts bin, um es sanft auszudrücken. Doch, jetzt fällt mir auch eine Episode dazu ein. In der Wohnung hatten wir Teppiche, so Perserteppiche, und die haben Fransen. Ich bin drübergangen, ganz normal, aber er hat gesagt, ich bin geschlendert. Er rief sofort: Steig nicht auf die Fransen! Irgendwie... es hat alles ihm gehört, und alles mußte perfekt sein. In seinen Augen konnte ich nicht einmal richtig gehen.

Die Scheidung war für mich nicht schlimm, überhaupt nicht. Ich wollte die Scheidung. Ich sagte, ›Anja, es ist Zeit, daß wir weggehen‹. Wissen Sie, meine Mutter ist irgendwie sehr naiv. Ich habe das Gefühl, daß sie den Thomas nicht so gut einschätzen kann wie ich. Sie hat sogar heute noch die Illusion, daß er sich ändern kann.

Wann ich den Thomas zuletzt sah? Naja, das war bei der Gerichtsverhandlung. Es ging um meine Unterhaltszahlungen für die letzten fünf Jahre. Damals vor sechs Jahren haben meine Eltern sich getrennt, und mein Vater hat nie etwas bezahlt. Irgendwie war das schon hart, da verklage ich den eigenen Vater... Anja wollte das auch nicht machen, sie war da sehr zögernd, aber letztendlich hört sie ja doch immer auf mich.

Sonst habe ich den Thomas seit der Scheidung, also ein Jahr lang, nicht gesehen. Er hat mich zweimal zum Essen eingeladen, aber ich habe das abgelehnt. Er drohte auch mal telefonisch, daß er sich umbringen würde, aber ich konnte das nicht ernst nehmen. Ich als Mann würde mich nicht so benehmen. Anja will, daß ich ihn manchmal sehe, aber ich tue es nicht.

Als die Scheidung anstand, hat er noch mal so einen Versuch gemacht. Er kam zu uns, stand da und sagte, es könnte alles wieder in Ordnung kommen. Ich sollte – als Köder – eine eigene Wohnung bekommen, und er würde mit Anja zusammen wohnen. Ich sagte: ›Geht es dir noch gut, du hast eine Geliebte und willst, daß die Anja zu dir zurückkommt?‹ Und er: ›David, wie kannst du nur so hart zu mir sein.‹ Dann hat er sich bei mir entschuldigt für alles, und dabei hat er geweint. Er hat sich vollkommen gehenlassen, und das war vor seinem Sohn – als Vater –, also das war richtig unangenehm. Ich würde mich nicht so gehenlassen.

Früher, also so bis zehn oder zwölf, war das Verhältnis zwischen mir und Anja extrem eng. Ich habe meine Mutter sehr geliebt, wir haben viel geschmust, bis zu dem Alter halt, wo man mit solchen Sachen aufhört. Wir haben zusammengehalten gegen den Vater. Nach der Trennung ist es schlechter geworden, unser Verhältnis ist schlechter geworden; ich wollte dann viel allein sein. Jetzt möchte ich gerne weg. Manchmal wird es einfach zu eng, und wir sind nicht mehr immer derselben Meinung. Wir verstehen uns schon noch gut, und eigentlich sehen wir uns sowieso nicht so viel, aber trotzdem... Es geht ja sowieso nicht, ich kann mir noch lange keine eigene

Wohnung leisten. Ich habe nicht das Gefühl, daß Anja mich gerne weggehen lassen würde. Sie glaubt, daß aus erzieherischen Gesichtspunkten noch einiges bei mir zu machen ist. Ich bin noch nicht der gemachte Mann in ihren Augen, der sich da draußen in der Welt behaupten kann, denkt sie jedenfalls.

Anja? Nein, leider hat sie keinen Freund. Sie hatte einen ernsten, einen sehr ernsten Freund, das war eine sehr ernste Sache, er hieß sogar Ernst. Aber den konnte ich nicht ausstehen. Er konnte mir nicht näherkommen auf einer persönlichen Ebene. Ich konnte nicht verstehen, warum Anja mit ihm zusammen war. Aber ich glaube nicht, daß sie sich durch meine Meinung hat beeinträchtigen lassen.

Ich sehe in Anja eine gute Freundin, mit der es auch manchmal Zank gibt. Sie sagt zu mir: ›Du mußt dich ändern, sonst wirst du keine Frau finden.‹ Oft stört sie, daß vieles an mir von Thomas ist. Gerade wenn mich etwas an ihr ärgert, sage ich es unbewußt so, wie er es früher sagte. Die Gestik, die Mimik, alles ist angeblich sehr ähnlich, ist wie bei Thomas. So, wie der Thomas die Anja nervte, so nerve ich sie. Im Ton zum Beispiel. Sagt sie jedenfalls.

Ich hatte einen totalen Leistungsabfall vor einem Jahr, bin auch in der Schule durchgefallen. Das war gerade zum Zeitpunkt der Scheidung. Thomas hat Anja damals gedroht, daß er alles tun würde, damit sie ihren Job verliert. Das hat uns beide sehr nervös gemacht, denn wir haben ja das Geld gebraucht. Das wäre für uns die Apokalypse gewesen. Komischerweise wurde sie dann tatsächlich gefeuert, aber Thomas hat ihr glaubwürdig versichert, daß er damit nichts zu tun hatte. Na, und sie hat dann schnell etwas anderes gefunden. Aber wir hatten sehr viel Existenzangst, und Thomas war daran schuld, weil er so viele Kredite aufgenommen hat und Anja nach der Scheidung nichts als Schulden blieben. Das war für mich der Grund, so tief zu sinken und gegen meinen Vater zu klagen.

Ob ich auch viele Ähnlichkeiten zwischen mir und meinem Vater sehe? Ja schon, aber nur negative. Anja sagt, ich bin nicht selbstsicher genug, was ich auch vom Vater geerbt habe. Sie sagt, seitdem wir weg sind von ihm, hat sich das tausendmal gebessert. Sie sagt oft auch, daß ich ein Egoist bin, ein grenzenloser Egoist. Für mich ist das schon schlimm, doch. Ich möchte selbstsicher sein.«

David ist Grenzgänger zwischen Kindheit, Adoleszenz und ersten Ansprüchen auf Erwachsensein. Er ist auch Grenzgänger zwischen seinen Eltern: Seine Parteinahme für die Mutter wirkt zunächst sehr ausgeprägt, doch auf der anderen Seite fällt auf, daß der Vater in ihm stark nachwirkt. Hinter einer gelassenen, lässigen Fassade ist David ein höchst aufgewühlter junger Mann. Vom Vater fühlte er sich abgelehnt, für unzulänglich befunden – heute lehnt *er* den Vater ab und findet ihn unzulänglich, wobei auffällt, daß er auf höchst stereotype Männlichkeitskriterien zurückgreift. David präsentiert sich in seinen Ausführungen als der »bessere Mann«; *er* würde nicht vor seinem Sohn weinen, *er* kann besser mit Frauen umgehen, auf *ihn* hört die Mutter.

Aus Davids Darstellung geht hervor, daß er in zwei Kriege hineingezogen wurde. Zum einen geriet er in das Minenfeld der Auseinandersetzungen zwischen seinen Eltern und zweitens in eine übersteigerte Rivalität gegen seinen Vater. Wenn die Familie, wie viele Theoretiker behaupten, ein »System« ist, dann können wir am Beispiel von David erkennen, wie ein krankes System aussieht. Die drei Beteiligten bilden ein System des gegenseitigen Quälens.

Aufschlußreich ist in diesem Zusammenhang Davids Beobachtung, daß das »extrem enge« Verhältnis zwischen Mutter und Sohn sich nach der Scheidung verschlechtert, weil der gemeinsame Feind, der sie zusammengeschmiedet hat, nun fehlt. Und eigentlich ist David ein Fall von Mißbrauch – von beiden Eltern wird er mißbraucht, weil alle beide ihm gegenüber die Elternrolle verweigern. Viele Kinder nennen ihre Eltern beim Vornamen, doch bei David hat diese Praxis einen ominösen

Beiklang. David vermeidet die elterliche Ansprache nicht als Ausdruck seiner kameradschaftlichen Gefühle ihnen gegenüber. Für ihn sind seine Eltern nicht wirklich Eltern, sondern Personen, die ihn in eine destruktive Dreiecksgeschichte einbauten und ihn dadurch restlos überforderten.

Um Davids Aussagen in Relation setzen zu können, sprachen wir auch mit seiner Mutter. Ihre Version war weitgehend mit seiner vergleichbar, doch gab es interessante Unterschiede. Anja erzählte uns, daß der Sohn die Scheidung unbedingt verhindern wollte, daß er in dieser Zeit sehr verzweifelt war und ständig Versöhnungsversuche unternahm. Er stellt es anders dar, beschreibt sich als die treibende Kraft hinter der Scheidung. Dagegen bestätigte Anja etwas, das wir für eine Fantasieerzählung gehalten hatten. Sie bestätigte, daß Thomas tatsächlich den damals 15jährigen (!) Sohn aus der Familie ausgliedern und in eine eigene, wenn auch neben der Elternwohnung liegende kleine Einzimmerwohnung aussiedeln wollte.

Anja wußte auch Beispiele für die Rivalität zwischen Vater und Sohn.

»David ging ab der zweiten Klasse schon allein in die Schule, er war immer schon sehr selbständig. Ich habe ihn in der Früh verabschiedet, das war fast wie ein kleines Zeremoniell. Ich ging mit ihm in die Vorhalle, gab ihm zwei Bussis, eins links, eins rechts, und sagte, ›ich wünsch dir viel Glück für heute‹. Einmal stand mein Mann im Vorzimmer mit starrem Blick, total aggressiv, und sagte, ›wenn ich weggehe, wünscht mir niemand Glück‹«.

Daß in dieser Ehe viel schiefgelaufen war, dürfen wir vermuten; das ist die eine Sache. Eine ganz andere Sache ist es, wenn Erwachsene das Kind in ihr Drama hineinziehen. Thomas fühlte sich von Anja ungenügend geliebt und machte David als den Verursacher seiner emotionalen Defizite verantwortlich. Und auch Anja spielte ein seltsames Spiel:

»Thomas demütigte den Kleinen vorzugsweise vor versam-

144

melter Gesellschaft. Wenn wir Einladungen hatten, rief er den Kleinen zu sich und machte ihn zur Schnecke, so daß auch alle Gäste sich dabei unwohl fühlten. Ich dachte mir in solchen Situationen immer, ich misch' mich besser nicht ein. Die zwei sollen das unter sich ausmachen. Ich stellte mich nicht zwischen sie, beziehungsmäßig, denn das ist ganz schlecht. Ich wollte die Beziehung zwischen Vater und Sohn wachsen lassen. Ich spendete dem David immer Trost, natürlich. Aber ich wollte mich nicht offen gegen den Mann stellen. Ich versuchte dann, hinterher den Schaden irgendwie zu begrenzen und ein bißchen zu reparieren.«

Und Anja erinnert sich an einen »Wendepunkt«, an ein ganz besonders dramatisches Erlebnis:

»David war sechs und wir waren gemeinsam in Italien. David verlor seine Geldbörse, da waren vielleicht 100 Lire drin. Aber das war ihm schon mehrmals passiert, er verlor oft Sachen, und sein Vater hat eine richtige Staatsaffäre daraus gemacht. Er schrie David zusammen und gab ihm sogar Fußtritte. Ich war völlig paralysiert. Und plötzlich schrie mein Mann mich an: ›Und du, du verteidigst nicht einmal deinen Sohn!‹ Ja, und von da an waren die Fronten geklärt. Von da an waren David und ich immer zusammen, wir waren eine Einheit. Und trotzdem wollte mein Sohn die Familie immer zusammen haben. Er war sehr darauf aus, daß wir uns nicht trennen.«

Betrachten wir diesen Vorfall. Thomas reagiert übermäßig und gewalttätig in einer geringfügigen Angelegenheit; dann wendet er seinen Zorn gegen seine Frau, weil sie den Sohn nicht vor ihm beschützt. Wie ist das zu verstehen? Zwei Erklärungen bieten sich an. Vielleicht hat Thomas einfach die Selbstbeherrschung verloren. Er erwartete von Anja, daß sie – als Mutter, und zwar nicht bloß als Davids Mutter, sondern sozusagen im übertragenen Sinn auch als seine eigene Mutter, als Gesamtmutter der Familie – ihn bremste, ein Gegengewicht bot. Die zweite Möglichkeit ist, daß Thomas damit gerade die Entwicklung provozieren wollte, die schließlich auch eintrat: Anja sollte sich zwischen ihm und seinem »Gegner« entscheiden, indem sie für den einen oder anderen Partei ergriff. Sie sollte nicht paralysiert danebenstehen, sondern wählen. Wenn das stimmt – und einiges spricht für diese Interpretation –, dann dürfen wir uns auch noch fragen, warum Thomas eine dermaßen ungleich gegen ihn gewichtete Entscheidung provozierte. Denn es wäre zu erwarten, daß eine Frau ihr zu Unrecht geschlagenes sechsjähriges Kind gegen einen außer Kontrolle geratenen erwachsenen Mann verteidigt, ebenso wie es zu erwarten war, daß sie einige Jahre später bei ihrem 15jährigen Sohn bleibt, statt ihn in eine eigene Wohnung zu entlassen und zum Mann zurückzugehen. Warum stellt Thomas sie vor Entscheidungen, die eigentlich nur zu seinen Ungunsten ausfallen können? Vielleicht ist er einfach noch zu sehr im patriarchalen Denken verfangen, um die Situation richtig einschätzen und das Verhalten seiner Frau richtig vorhersagen zu können. Früher – und so lange ist es auch wieder nicht her – konnte der Vater durchaus auch widersinnige Dinge verlangen. Seine Macht in der Familie war so groß, die Abhängigkeit seiner Angehörigen war so vollkommen, daß er getrost auch unfair, brutal, unlogisch sein konnte. Diese vergangene Zeit klingt noch durch, wenn Anja ihre anfängliche Haltung beschreibt. Anfangs wollte sie sich nicht zwischen Vater und Sohn stellen. Sie ließ den Vater machen und tröstete anschließend den Sohn – das klassische Vorgehen in der patriarchalen Familie.

Auch Anja spielt im Drama dieser Familie eine verhängnisvolle Rolle und trägt ihren Teil zu Davids Schwierigkeiten bei, aber das zentrale Drama ist das zwischen Vater und Sohn. Wenn wir es im Licht von Erich Fromms Ausführungen betrachten, bestätigt sich einiges an seiner Darstellung.

Im Konflikt zwischen David und Thomas geht es deutlich um die Frage der Macht, der Dominanz – und das liegt an

Thomas. Er verteidigt seinen Besitz oder, primitiver gesagt, eigentlich sein Territorium gegen den jungen Rivalen. Bezeichnend ist das Beispiel mit den Teppichfransen, um die es ja vermutlich nicht wirklich gehen kann. Die Teppichfransen, die Thomas nicht durch lässiges Herumschlurfen in der Wohnung in Unordnung bringen soll, stehen für mehr – sie besagen, daß die Wohnung dem Vater gehört, daß er in dieser Wohnung die Regeln vorgibt und daß der Sohn sich hier nicht allzu wohl, nicht ganz und vollkommen zu Hause fühlen soll.

Damit hat er den Sohn quasi »erhöht«, ihn wie einen erwachsenen Rivalen behandelt, der aus der Ehe entfernt werden muß, und zugleich den Ton bestimmt für die Art, in der sein Sohn heute über ihn spricht. Auch David spricht so, als ob er dem Vater ebenbürtig, als ob er ein erwachsenes Gegenüber des Vaters wäre.

»Ich sagte, Anja, es ist Zeit daß wir weggehen.« »Letztendlich hört (Anja) doch immer auf mich.« »Ich sagte, geht es dir noch gut, du hast eine Geliebte und willst, daß die Anja zu dir zurückkommt?« All diese Sätze klingen nicht nach einem Machtkampf zwischen einem Vater und einem Sohn, sondern nach einem Kampf zwischen zwei Männern.

David stellt es so dar, als ob die Klage für den ausständigen Unterhalt seine Idee gewesen wäre und er diesen Gerichtsprozeß gegen den Willen der Mutter angestrebt hätte. Aber im Lauf des Interviews bedauert er zweimal ausdrücklich diese Situation, obwohl er sonst so unversöhnlich über seinen Vater spricht. Übrigens sind das die einzigen zwei Male im Gespräch, daß er Thomas als einen »Vater« tituliert. Es sei schon »hart« und ein komisches Gefühl, den eigenen Vater zu verklagen, meint David, und er sei damit »tief gesunken«. Diese Aussagen bringen seine Empfindung zum Ausdruck, daß es so nicht in Ordnung ist, wie es in seiner Familie läuft – und auch seine Erkenntnis, daß diese schreckliche Situation nicht von ihm ausgegangen ist, sondern von den anderen.

Hinter manchen Familienkonflikten verbirgt sich – vielleicht entgegen dem, was wir in diesen letzten Jahren des 20. Jahrhunderts erwarten würden – das Streben der Väter, eine Machtposition einzunehmen. Daß der »Herausforderer«, der ihre Dominanz akzeptieren soll, mitunter noch in Windeln steckt, scheint sie nicht zu irritieren. Und sehr oft geht es dabei, wie bei Thomas und David, um Archaisches: um Territorium, um Rang.

Kathi ist Sekretärin, ihr Mann ist Lehrer; Sohn Markus ist gerade zweieinhalb Jahre alt geworden. Kathi betrachtet ihre Ehe als intakt, aber es gibt Konflikte: über die Arbeitsteilung und über die Erziehung. Das große Problem in dieser Familie ist laut Kathi das, was sie als die »ausgeprägte Ordnungsliebe« ihres Mannes bezeichnet. In dieser Sache gibt es ständig Streit, denn Hermann findet erstens, daß die Wohnung nicht sauber und ordentlich genug ist, und zweitens, daß es eigentlich Kathis angeborene Aufgabe wäre, den Haushalt zu erledigen. Zufällig haben wir vereinbart, Kathi in ihrer Wohnung zum Interview zu treffen; um so erstaunlicher sind ihre diesbezüglichen Ausführungen, denn die Wohnung wirkt fast schon ein bißchen steril, in jedem Fall aber überdurchschnittlich aufgeräumt und geputzt.

Auch Markus ist in diesen Konflikt involviert, denn die angesprochenen »Konflikte über einen unterschiedlichen Erziehungsstil« stellen sich in weiterer Folge als ein Streit über die Unordentlichkeit des kleinen Markus heraus. Der Vater ist der Auffassung, daß der Sohn zur Ordnung erzogen werden muß. Er erwartet von Markus, daß dieser seine Spielsachen stets selbständig wegräumt und sein Zimmer, also seine Kleider und seine Spielsachen, in Ordnung hält. Darin sieht er eine grundsätzliche Erziehungsfrage, die sich bei genauerem Hinhören als Machtfrage herausstellt. Markus dürfe einem »nicht über den Kopf wachsen«, glaubt der Vater, gerade jetzt im »Trotzalter« müsse man die »Kämpfe mit ihm durchstehen«. Kathi dazu:

»Das mit dem Aufräumen und der Ordentlichkeit ist meinem Mann wesentlich wichtiger als mir. Da ist er fast schon extrem, der sieht Dinge, die sehe ich nicht, und deswegen geraten wir immer wieder aneinander. Er erwartet von seinem Sohn das gleiche wie von mir, und er ist schon sehr streng diesbezüglich. Wenn da zum Beispiel vom Wohnzimmertisch ein Auto auf den Parkettboden hinunterfällt, dann ist eine Delle unten, und ich bin dann eher der Typ, der denkt, eine Delle mehr oder weniger macht nicht viel aus, aber mein Mann kreischt laut auf und fängt zum Schimpfen an. Es muß bei ihm schon sehr ordentlich sein, er will eine Wohnung haben, die unbewohnt ausschaut, und das geht eben mit Kindern nicht. Hoffentlich wird der Markus eines Tages nicht auch so wie er, die arme Frau!«

Interessant, daß Kathi in ihrer Konfliktvermeidung auf die nächste Generation ausschweift – sie bedauert nicht sich selber, die solch einen pedantischen Mann hat, sondern ihre künftige Schwiegertochter, die vielleicht auch einen solchen Mann kriegen könnte. Doch noch interessanter ist die Frage nach Hermanns Motiven. Einen Parkettboden vor Dellen bewahren zu wollen, ist ein ziemlich irrationales Ziel und erinnert stark an Thomas und seine Teppichfransen. Geht es nicht auch hier um Eigentum und Macht? Der Eindruck verstärkt sich, wenn Kathi eine typische Familienszene beschreibt:

»Ich habe gerade mit meiner Mutter telefoniert, wir wollten fortgehen, es war zehn Uhr vormittags, und ich war eigentlich schon fast fertig, und so nebenbei höre ich, wie mein Mann sagt, der Markus soll seine Spielsachen aus unserem Schlafzimmer herausräumen, weil er am Samstag immer gern dort spielt und uns das Bett mit Autos anhäuft. Der Markus fängt an zu weinen und zu schreien, weil es ihm zuwider ist, aufzuräumen. Er möchte das nicht, und er schreit. ›Das soll die

Mama machen!‹ Mein Mann sagt darauf, ›Nein, das machst du!‹ Daraufhin läuft der Markus fort, mein Mann hinterher, schleift ihn ins Zimmer und erklärt ihm, daß er das jetzt sofort machen muß. Ich bin dagestanden und hab' nur gedacht, oh Gott, jetzt ist der Tag gelaufen. Es war zehn, und wir sind dann erst um halb zwölf gegangen. Aber das muß man dann durchstehen, weil man ja nicht sagen kann, okay, ich mach das schnell, und gehen wir doch lieber. Wie steht dann mein Mann da, der ihm das gesagt hat. Ich kann nicht hergehen und sagen, ›Brauchst es eh nicht machen, Schatzl‹.«

Markus, wir wollen es in Erinnerung rufen, ist zweieinhalb. In diesem Alter kann man schon etwas Kooperation erwarten, aber in begrenztem Ausmaß. Von der Symbolik, daß hier wieder einmal ein elterliches Bett im Konflikt involviert ist, wollen wir absehen; unübersehbar ist aber, und Kathi erkennt es ganz folgerichtig in ihren abschließenden Sätzen, daß es hier nicht wirklich um Ordnung geht, sondern um Autorität und um Macht. Zwar erwartet Hermann, daß Kathi für ihn arbeitet, also seine Sachen wegräumt und seinen Anteil an der Hausarbeit macht, doch Markus soll nicht denselben Anspruch stellen; das klingt verdächtig nach einem väterlichen justament-Besitzanspruch an der Ehefrau. Daß Kathi seine Autorität nicht unterwandern darf, sondern den trostlosen samstäglichen Machtkampf zwischen Vater und Markus eineinhalb verheulte Stunden lang »mit durchstehen« muß, verkleidet sich als didaktischer Leitsatz (konsequent sein!), ist aber in Wirklichkeit bloß ein patriarchalisches Grundgebot.

Beklemmend wird dieses Interview dort, wo Kathi die Waffen ihres Mannes und die Reaktion des Sohnes beschreibt, und doppelt beklemmend, wenn wir bedenken, daß es sich um einen Lehrer und um eine junge Mittelschichtfamilie handelt:

So langsam, erklärt Kathi, käme ihr Mann in einen Erziehungsnotstand, weil ihm die Mittel ausgingen. »Er kann dem Markus ja nicht pausenlos eine draufklatschen, weil es ihm manchmal sowieso schon egal ist. Früher war er beleidigt, jetzt hat das einfach seine Wirkung verloren. Er ist so weit, daß es nichts gibt, was man ihm antun kann, das ihn irgendwie stört. Das ist etwas, was wir gerade besprechen, was wir jetzt noch machen können. Markus geht wahnsinnig gern zum Spielplatz, vielleicht muß man dann sagen, wenn das oder jenes passiert, dann darfst du dort ganz einfach nicht hin.«

Kathi stellt das als gemeinsames pädagogisches Gespräch dar. Gleichzeitig wird sichtbar, daß sie die Vorstellungen ihres Mannes hier genausowenig teilt wie bei der Ordnungsliebe:

»Ich bemühe mich, eher nach Hause zu kommen als mein Mann. Ich sag dann erst gar nicht, ›Räum jetzt auf‹, sondern ich sage, ›Komm hilf mir‹ oder ›Wir machen es gemeinsam‹. Ich halte diese stundenlange Schreierei einfach nicht aus, daher gehe ich diesem Konflikt eher aus dem Weg.«

Gegenüber Hermann, in seiner Eigenschaft als Lehrer, hat Kathi wenig Selbstvertrauen. Ihr eigenes Vorgehen sieht sie nicht als alternative Erziehungsmethode, sondern als Schwäche an – sie geht dem Konflikt aus dem Weg – und stellt nicht die ketzerische Frage, warum man auch umgekehrt vorgehen und den Konflikt »suchen« soll, um ihn danach »durchzustehen«. Das Ziel, den Sohn zur Mithilfe im Haushalt zu erziehen, erreicht Kathi mit ihrer Methode viel eher; doch Hermann hat ein anderes Ziel, nämlich dem Sohn seinen Willen aufzuzwingen.

In der Praxis kann das Elemente von emotionalem Inzest aufweisen. Bei Maike haben sich die Partnerschaft- und Elternschaftbeziehungen dadurch mittlerweile total verwirrt. Maike ist 35. Sie »stolpert« in unsere Untersuchung hinein in Form eines zufälligen Gesprächs auf einem Sportplatz. Sie hat ihre Jugendliebe geheiratet, die gemeinsamen Kinder sind jetzt sieben und dreizehn, sie hat einen interessanten Halbtagsjob, ihr Mann hat eine gute Anstellung, eigentlich ist alles in Ordnung, aber ihre Familie ist, wie sie meint, »kaputt«, und sie weiß nicht, wie sie noch zu reparieren wäre.

»Helmut hat unter der Woche wenig Zeit, aber die Wochenenden verbringt er eisern mit der Familie, das ist seine Formulierung: ›eisern‹. Er will dann aber, daß drei Leute sich nach seinen Bedürfnissen richten. Er will vom Tennismatch zum Stadtspaziergang, dann zu seinen Freunden aus der Firma, die Kinder wollen nicht mit, müssen aber. Abends sollen sie um halb neun ins Bett, weil er mit mir weggehen will.

Aber das stört mich nicht; was mir Sorgen macht, ist sein Verhältnis zu den Kindern. Er verwöhnt die Leni, sie darf alles, sie kriegt alles, sie ist sein Täubchen. Er nennt sie ›Papas einziger Schatz‹, was ich also ehrlich gesagt nicht sehr taktvoll finde. Das finde ich unfair unserem Sohn gegenüber, schließlich ist er mit dreizehn auch noch ein Kind und liebebedürftig. Von mir selber sage ich mal nichts. Ich versuche das auszugleichen, und ich glaube, es gelingt mir. Ich habe mit meinem Sohn ein sehr gutes Verhältnis, sehr vertrauensvoll. Doch das macht die Gesamtlage nur noch schlimmer. Gestern zum Beispiel hatte ich einen Streit mit Helmut. Er hat Leni 150 Mark in die Hand gedrückt, weil sie neue Turnschuhe brauchte, mit der Anmerkung ›behalt den Rest‹. Bitte, das Kind ist sieben Jahre alt, hat keinen Begriff von Geld, verliert alles, und die Turnschuhe kosten 25 Mark! Auf meinen Protest hin erwiderte er, ›wenn du deinen Liebling (er deutete auf Horst) kurzhalten willst, ist das deine Sache‹. Ich war so böse, er bringt eine künstliche Trennung in die Familie. Er marschierte hinaus, ich saß auf der Terrasse und spürte, wie sich meine Nackenmuskeln verspannten. Horst setzte sich dazu, wir haben nicht gesprochen. Helmut hatte etwas vergessen und stand plötzlich mit den Worten ›störe ich?‹ neben uns. Er bringt so einen anrüchigen Ton hinein, ich versteh' das nicht, aber es ist mir so unangenehm. Er selbst läßt sich von Leni in der Badewanne den Rücken schrubben, mit lauten Aaaahs und Oooohs, ich sage nichts dazu, obwohl ich es irgendwie ein bißchen komisch finde. Leni ist im Moment ziemlich zurückhaltend, was ihren Körper angeht, sie badet nurmehr allein. Bis vor kurzem ließ sie sich überreden, Sonntag früh mit ihrem Vater in die Wanne zu steigen, aber jetzt, wenn er nach ihr ruft, geht sie nur hin und bürstet seinen Rücken, hat aber selber einen Bademantel an. Irgendwie kommt es mir schräg vor. Er aber versucht, mir den schwarzen Peter zuzuschieben, indem er immer so tut, als hätte ich ein abwegig enges Verhältnis mit unserem Sohn. Dazu kann ich nur sagen, ich habe sein Schamgefühl und sein Bedürfnis nach Privatleben immer respektiert.

Vor einem Monat, es war ein schöner Frühlingstag, wollte ich mit Horst Eis essen gehen. Helmut kam gerade bei der Tür herein. Leni war nicht da, sie war bei einer Freundin. Seine Begrüßung: ›Oh, Madam geht mit ihrem jungen Liebhaber aus. Wie praktisch, daß alle anderen fort sind.‹ Mir war das peinlich, für meinen Sohn, und ich glaube auch nicht, daß es ausschließlich humorvoll gemeint war.

Ich versuche Horst zu erklären, daß sein Vater ein bißchen eifersüchtig ist, wahrscheinlich, weil er wochentags so wenig bei uns ist und sich dadurch wohl ausgeschlossen fühlt. Er will Leni an sich binden, um auch jemanden ›ganz für sich‹ zu haben. Horst geht solchen Erklärungen aus dem Weg, es fällt mir auf, daß er über dieses Thema nicht sprechen will.

Auch mit Leni habe ich ein gutes Verhältnis, aber irgendwann werden wohl Spannungen hineinkommen, wenn es so weitergeht. Allein diese Bemerkung vom letzten Sonntag im Hallenbad. Da sagt er doch glatt, ›Leni, du kriegst einmal eine tolle Figur, das kann ich schon sehen, du bist viel zarter gebaut als deine Mutter, deine Beine sind auch viel besser‹. Was soll das?

Schon jetzt ist es so, daß Leni mich nicht mehr fragt, wenn sie etwas haben will. Sie fragt nur ihren Vater, weil sie weiß, daß er ja sagt. So allmählich kommt ein Keil in unsere Familie, ich befürchte auch, daß Horst sich letztendlich von mir zurückziehen wird, um diesen ewigen dummen Anspielungen zu entgehen. Dann geht für Helmut die Rechnung auf, doch für wen soll es gut sein?«

In diesen Beispielen – und in vielen anderen Fällen, in denen die Mütter sich von ihren Männern trennen und mit dem Sohn allein bleiben – scheint der ödipale Konflikt zugunsten des Sohnes ausgegangen zu sein. Auf den ersten Blick hat er gewonnen; die Mutter hat sich für ihn entschieden, der Vater ist eliminiert, entweder buchstäblich oder emotional. Doch das kann nicht die optimale Lösung für Ödipus sein, sondern nur eine Änderung der sozialen und politischen Umstände, die diesem Konflikt zugrunde liegen. Die wirkliche Lösung müßte so aussehen: Der Vater nimmt in der Familie die Stellung eines liebevollen und versorgenden Elternteils ein (wodurch die Mutter nicht mehr als übersteigertes und alleiniges Fixierobjekt kindlicher Erwartungen fungiert); der Vater tritt in der Familie nicht mehr als Herrscher auf (wodurch es sich erübrigt, ihn zu hassen, gegen ihn zu rebellieren und sich seine Eliminierung zu wünschen).

Statt dessen bahnt sich eine andere Entwicklung an: Die Mutter hat sich aus der patriarchalen Abhängigkeit befreit oder, sagen wir lieber, teilbefreit. Somit steht sie nicht mehr »paralysiert« da angesichts der Übertretungen des Vaters und Ehemannes, sondern sie ergreift Partei für sich selbst und für die Kinder.

Die militante Vaterbewegung hat es sich zum Ziel gemacht, das mütterliche Sorgerecht in Scheidungsfällen prinzipiell anzufechten. Besonders aufschlußreich ist ihre Forderung, daß in erster Linie die Söhne bei den Vätern bleiben sollen. Sie begründet das damit, daß vor allem Söhne eine männliche Bezugsperson brauchen, doch nach eingehender Beschäftigung mit dieser Männergruppe sind wir davon überzeugt, daß hier etwas ganz anderes abläuft. Aus dem Persönlichkeitsbild der typischen Mitglieder dieser Bewegung, aus ihren Beziehungsgeschichten und aus ihrer Argumentationsweise geht deutlich hervor, daß es nicht um die Söhne und deren Wohl geht, sondern um die Fortsetzung des Machtkampfes mit anderen Mitteln. Die ungehorsame, abtrünnige Frau soll bestraft werden, indem man ihr das Kind wegnimmt. Gleichzeitig soll der Sohn sich nicht so einfach aus der Machtsphäre des Vaters entfernen dürfen. Damit wollen wir nicht behaupten, daß viele Väter nach der Trennung nicht eine authentische Sehnsucht nach ihrem Kind haben. Aber eine prinzipielle Befürwortung des väterlichen Sorgerechts für Söhne ist eine Sache, die nichts mit väterlicher Liebe und alles mit Politik und Patriarchat zu tun hat. Sie ist der Versuch, den ödipalen Kampf zugunsten des Vaters zu entscheiden, den Sohn zu besitzen und zu vereinnahmen.

Für patriarchalisch denkende Männer ist es besonders schwierig, den Sohn an die Mutter zu verlieren. Denn erstens hat er sich damit der väterlichen Kontrolle entzogen, und zweitens hat ihr »Rivale« dadurch den Kampf um die Frau gewonnen. Diese Kränkung klingt dort durch, wo geschiedenen Müttern emotionaler Inzest vorgeworfen wird. Sie würden ihre Söhne dem ehemaligen erwachsenen Mann und Partner vorziehen, würden ihn zu einem Ersatzpartner machen und ihn damit emotional überfordern.

Der Vorwurf, daß alleinerziehende Mütter ihre Söhne dem ehemaligen Partner vorziehen, ist nicht von der Hand zu weisen. Das ist jedoch nicht neu, sondern in der klassischen, altmodischen Ehe schon fast die Norm. Vom Mann enttäuscht, vom Leben unterfordert, konzentrierte die traditionelle, brave Ehefrau und Mutter ihre ganze Liebesfähigkeit auf den Sohn. Wenigstens er sollte sie lieben, er sollte ihre Ambitionen erfüllen. Diese Ersatzliebe zwischen seinen beiden Untertanen weckte beim traditionellen Familienoberhaupt keine oder nur weitaus geringere Eifersuchtsgefühle, da seine Position nie in Zweifel stand. Die Frau hatte keine andere Wahl, als sich ihm unterzuordnen; der Sohn hatte keine andere Wahl, als eines

Tages in seine Fußstapfen zu treten. Wenn die Frau inzwischen ihr Söhnchen hätschelte, tat das nichts zur Sache.

Daß das auch heute in traditionellen Beziehungen noch so läuft, zeigt uns das Gespräch mit Irma, einer 51jährigen Floristin. Irma hat eine Tochter, die inzwischen verheiratet ist, und einen Sohn, der mit 25 noch zu Hause lebt. Im Interview sprach sie über die eigene Kindheit, über ihre beiden Kinder und über ihre Ehe. Lesen wir im folgenden die Sätze, die sich auf den Sohn und den Ehemann beziehen:

»Um ehrlich zu sein, habe ich mehr Berührungspunkte mit dem Tobias, das ist mein Sohn, als mit meinem Mann, er ist mir viel ähnlicher. Der Tobias ist ein Lebenskünstler. Er hat eine Art, mich um den Finger zu wickeln, da kann ich ihm gar nicht lange böse sein.

Der Tobias lebt noch immer bei mir. Eigentlich müßte ich ja ›uns‹ sagen, er lebt bei uns, aber in Wirklichkeit haben mein Mann und er kaum Kontakt. Wenn sie mehr als zehn Worte miteinander wechseln, dann ist das viel. Sie haben einfach keine Basis miteinander.

Ich frühstücke zweimal, einmal mit meinem Mann, einmal mit meinem Sohn. Das ist es, was ich an einem Tag am meisten schätze. Der Tobias und ich sitzen einfach oft schweigend nebeneinander und hängen unseren Gedanken nach, oder wir erzählen uns, wie es am Vortag gelaufen ist. Mit meinem Mann rede ich oft nur über die Nachrichten, die im Radio so nebenher laufen, oder er sagt mir, was er an diesem Tag erledigen muß.

Ich habe mich oft gefragt, ob mein Mann auf den Tobias eifersüchtig ist, ob er sich zurückgesetzt fühlt, weil sich unsere Beziehung durch die Geburt der Kinder so verändert hat. Man sagt ja immer, daß ein Kind zwei Menschen einander näher bringt, uns hat es eigentlich voneinander entfernt.

Ein typischer Tagesablauf sieht nun so aus, daß ich um halb sieben aufstehe, als erstes die Kaffeemaschine anstelle und für meinen Mann das Frühstück mache. Ich ziehe mich da gar

156

nicht erst an, weil ich mich ohnehin gleich, wenn er weggeht, wieder ins Bett lege. Ich esse auch nichts, weil es mir eigentlich dafür noch viel zu früh ist, aber ich sitze gern neben ihm und versuche mich auf das zu konzentrieren, was er gesagt hat, und innerlich irgendwie präsent zu sein.

Ich war immer stolz auf meinen Sohn, ich habe ihn gerne überall herumgezeigt, ein bißchen schwingt da noch immer mit, daß Söhne wertvoller als Töchter sind. Irgendwie habe ich den Tobias immer als kleinen Mann betrachtet. Dagegen hat mein Mann die Tochter bevorzugt. Das würde er zwar nie zugeben, aber ich habe ja gesehen, wie er mit ihr umgegangen ist. Er war ganz in sie verliebt.

Der Tobias hat den Vorteil, daß er mir fast alles sagen kann, ohne daß ich ihm böse bin. Er hat eine Art, der ich einfach nicht widerstehen kann. Momentan ist es so, daß ich für ihn koche und auch die Wäsche wasche, aber eigentlich weiß ich, daß ich ihn die Wäsche selber machen lassen müßte. Er hat wirklich kein einziges Mal in seinem Leben eine Waschmaschine benützt, vom Bügeleisen ganz zu schweigen. In diesem Punkt war ich einfach zu inkonsequent. Ich weiß gar nicht, woher das kommt, daß er sich so gerne bedienen läßt. Mein Mann wäscht sehr wohl auch ab, geht einkaufen, putzt die Schuhe... er ist keiner, der von der Arbeit nach Hause kommt und alles stehen und liegen läßt.

Ich hab Angst vor dem Tag, an dem der Tobias auszieht. Ich denke, er weiß das auch, aber ich kann ihn nicht mit meinem eigenen Kram belasten. Ich denke, er nimmt einfach einen Raum ein, der dann leer steht, von dem ich auch nicht weiß, wie ich ihn füllen soll.«

Was Irma hier sehr ehrlich beschreibt, ist ein äußerst klassisches Muster. Viele Familien ihrer Generation sehen ganz genauso aus. Vom Mann und von ihrer Ehe enttäuscht, trotzdem aber ausgestattet mit stereotypen Erwartungen an Männer, konzentrierten diese Frauen sich auf den Sohn und bauten zu ihm eine innige Beziehung auf – oft zum Leidwesen ihrer späteren Schwiegertöchter. Denn es ist ja vollkommen einsichtig, daß eine derart intensive, 20 Jahre oder länger andauernde Bindung nicht plötzlich aufzuheben ist. Irma lebt in einem Zustand, den wir fast als Bigamie beschreiben könnten. Die zwei Frühstücke, bei denen sie jeden Tag versucht, den Anforderungen beider Männer gerecht zu werden, sind dafür ein ideales Beispiel. Und es ist auch klar, welchen Mann sie bevorzugt. Ihre Beziehung zum Sohn – das einträchtige gemeinsame Schweigen, die Harmonie, ihr Zustand anhaltender Verliebtheit und die damit einhergehende Anfälligkeit für seinen Charme –, das alles klingt nach einer Ehe, nach einer guten, langjährigen Ehe. Ihre eigentliche Ehe hingegen ist offensichtlich schon sehr lange tot; die Leere, die das unweigerliche Weggehen ihres Sohnes hinterlassen wird, wird ihr Mann nicht füllen können.

Doch auch bei jungen, modernen Frauen ist dieses Muster durchaus noch festzustellen. Wenn die Beziehung zwischen den erwachsenen Partnern nicht funktioniert, verlagern mitunter beide ihre Gefühle auf andere Familienmitglieder. Und das gilt nicht nur für positive Gefühle wie Liebe und Zuneigung, sondern auch für Haß, Enttäuschung und Verachtung.

Wenn Frauen es vorziehen, nach der Trennung mit dem Sohn zusammenzuleben, dann erzählen sie oft, um wieviel angenehmer ihr Leben seither geworden sei. Doch das hat andere Gründe. Der Hauptgrund: das Wegfallen der Macht. Erich Fromm hat zielsicher, aber noch nicht ausführlich genug, den zentralen Störfaktor des Zusammenlebens identifiziert, als er die aggressive Komponente des Ödipuskomplexes auf das Machtstreben der Väter zurückführte. Dieses Streben nach der Vormachtsrolle ist es, das heute so viele Ehen und so viele Vater-Kind-Beziehungen kaputtmacht. Und das »angenehme Klima«, die plötzliche Entspannung, die laut Aussage so vieler alleinerziehender Mütter trotz aller Probleme und Strapazen als positive Scheidungsfolge hervorgehoben werden, die gehen auf das Wegfallen des Machtstrebens zurück. Plötzlich ist keiner mehr da, der Angst in die Wohnung bringt. Plötzlich kann man lässig schlendern, ohne daß jemand auf die Teppichfransen schaut, plötzlich ist Spielen erlaubt, auch wenn es im Fußboden klitzekleine Dellen gibt. Der Sohn ist der nettere, der bessere männliche Mitbewohner, weil der Sohn keine Macht hat und keine Macht beansprucht. In ihrer Begeisterung darüber tun viele Frauen das Falsche: bedienen, kochen, putzen, lassen sich umfassend »um den Finger wickeln«, weil es eine so schöne Abwechslung ist, von einem männlichen Menschen mit Humor und Charme eingekocht zu werden statt mit Drohungen und Dominanz.

Platzverweis und Prügelstrafe

*Frauen und Kinder – ihre Situation in der patriarchalen Welt
hat viel gemeinsam. Auf dunklen Straßen ist es gefährlich,
sie kommen selten zu Wort, sie werden nicht ernstgenommen
und haben häufig unter Gewalt zu leiden.
Autorität und Gehorsam, sind das heute noch brauchbare
Werte?*

Die primäre Eigenschaft von nicht-erwachsenen Söhnen ist nicht, daß sie in Zukunft Männer sein werden, sondern daß sie gegenwärtig Kinder sind. Ihre gesellschaftliche Situation leitet sich von ihrer Zugehörigkeit zur Gruppe der Kinder und Jugendlichen ab – eine Gruppe, die politisch und kulturell gesehen erstens diskriminiert ist und zweitens eine Menge gemeinsam hat mit der ebenfalls diskriminierten Gruppe der Frauen.

Frauen, Kinder und die Beherrscher der Welt

Die Ähnlichkeiten gehen bis ins Detail der sprachlichen Zurücksetzung. Schon das kindliche Wesen ist eine Abfälligkeit wert: Wie ein Kind zu sein, »kindisch«, ist negativ, bedeutet unreif, ängstlich, lästig, trivial. Den Begriff »weibisch« benutzt man heute kaum mehr, aber noch in den 40er Jahren wurde er verwendet, und er hatte dieselbe Bedeutung. Sei nicht so kindisch. Sei doch nicht so ein Baby.

Die Gemeinsamkeiten in der Situation von Frauen und Kindern sind enorm. Für beide ist die Welt wesentlich gefährlicher als für Männer: Auf dunkeln Straßen, in abendlichen Parkanlagen müssen beide sich vorsehen. Kinder und Frauen sind die bevorzugte Zielscheibe von männlicher Gewalt, auch die bevorzugten Opfer von Psychopathen. Gemeinsam bilden sie die große Mehrheit der Gesellschaft, aber Frauen sind in den politischen Institutionen nur spärlich vertreten, Kinder und Jugendliche gar nicht. Die patriarchale Welt nimmt beide nicht ernst. Sogar das, was sie als ihre positiven Eigenschaften gelten läßt, verdient Herablassung: Frauen und Kinder gelten als lieb, emotional, weich, gefühlvoll, naiv, impulsiv. Als nicht ganz ernst zu nehmen.

Es setzt sich fort mit der Gestaltung der täglichen Umgebung. Die Städte sind weder für Frauen noch für Kinder gebaut. Vieles ist zu schmal, zu hoch, zu schwer. Wenn wir die Alten und die Behinderten noch dazuzählen, dann ist offenkundig, daß die Städte für die überwältigende Mehrheit ihrer Bewohner falsch dimensioniert sind. Der hypothetische Auftraggeber, der Stadtplaner, soviel ist offensichtlich, ist groß, jung, männlich und Autofahrer. Für ihn kann der Randstein ruhig hoch sein, der Park braucht keine Beleuchtung und die U-Bahn-Haltestelle keinen Aufzug.

Als soziale Statuszuweisung ist Kindheit eine Situation der Unterordnung. Schon in kleinen, symbolischen Handlungen kommt das zum Ausdruck. Die Praxis zum Beispiel, daß Kinder zu Erwachsenen »Sie« sagen, von den Erwachsenen aber geduzt werden, ist genaugenommen recht archaisch. Sie bringt deutlich zum Ausdruck, daß es sich um die Beziehung zwischen Unter- und Übergeordneten handelt. In manchen Kulturen müssen noch heute Frauen ihre Männer siezen, während ihre Männer sie wie selbstverständlich duzen.

Zwischen dem Status von Frauen und dem von Kindern gibt es viele Parallelen. Früher wurden Frauen in aller Direktheit als eine Art großgewachsenes Kind behandelt. Rechtlich hatten sie die Stellung von Kindern, die unzurechnungsfähig und unüberlegt sind und daher in ihrem eigenen Interesse einen Vormund brauchen. Früher durfte eine Ehefrau eigenständig kein Dokument unterzeichnen; sie galt als zu naiv, als Person, die viel zu leicht beeinflußt und betrogen werden konnte und die den Wert von Geld nicht kannte. Sie war ihrem Mann zugeordnet und sollte seinen Haushalt nicht ohne seine Einwilligung verlassen, weil sie zu unbeholfen war, um die Risiken ihres eigenen Handelns richtig einzuschätzen. Mitunter bedeutet das auch, daß sie für ein begangenes Verbrechen nicht oder viel milder bestraft wurde, weil ihre Eigenverantwortung nur beschränkt vorhanden war. In manchen Ländern treffen diese Umstände noch heute zu. In Saudiarabien zum Beispiel kann eine Frau, die ihrem Mann »wegläuft«, von der Polizei zurückgebracht werden wie ein davongelaufenes Kind.

Das Verhalten von Frauen erschien unter den damaligen Verhältnissen tatsächlich »kindlich«, weil sie, wie Kinder heute noch, einen Weg suchen mußten, um sich in dieser Situation trotzdem durchzusetzen. Sie mußten den für sie zuständigen Mann beeinflussen, und das taten sie, indem sie schmeichelten, weinten, trotzten – Verhaltensweisen, die bis vor kurzem als weiblich und heute als kindlich gelten, die aber aus der Schwäche entstehen.

Was die Frauenbewegung plakativ über den Zustand der Weiblichkeit gesagt hat, trifft weitgehend auch auf Kinder zu. Kinder sind abhängig. Sie haben wenig Souveränität über sich selbst, über ihre Zeit, ihren Körper, ihren Raum. Sie haben kein Privatleben. In ihrem Alltag unterstehen Kinder der Autorität von Personen, die nur eine einzige Eigenschaft brauchen, um schon Chef zu sein: Sie müssen bloß erwachsen sein. Es ist üblich, daß Kinder von wildfremden Erwachsenen zurechtgewiesen werden; das läuft unter der Überschrift »Pädagogik«, unterliegt aber der Willkür.

Die Frauenbewegung verfolgt kein Anliegen, das nicht auch für Kinder relevant wäre, das nicht jedes Kind aus seiner persönlichen Lebenssituation heraus nachvollziehen könnte. In ihrer Eigenschaft als Kinder können Söhne jedes Thema der Frauenbewegung verstehen und jede ihrer Forderungen unterschreiben. Auch sie unterstehen der Verfügung von zufällig

Größeren. Auch sie kommen nicht zu Wort und wenn, dann werden sie belächelt. Das Gefühl, nicht ernstgenommen zu werden, durch körperliche Übermacht zu etwas gezwungen zu werden, überstimmt zu werden, obwohl man objektiv recht hat, kennt jedes Kind, und es läge an uns, daraus eine prinzipielle Einsicht für später zu konservieren, statt uns in unserer Eigenschaft als Erwachsene an der Unterdrückung zu beteiligen.

Die deprimierendste Analogie in der Situation von Frauen und Kindern aber ist die Gewalt. Im Alter von eins bis fünf sterben laut Statistik jedes Jahr mehr Kinder an den Folgen häuslicher Mißhandlung als an allen Krankheiten zusammen.*

Erst seit dem 18. Jahrhundert gibt es überhaupt Gesetze, die dieser Gewalt Grenzen setzen, und der Schutz ist bis heute mangelhaft.

In amerikanischen Schulen ist es mittlerweile üblich, Kinder über die Gefahren von Entführung und sexuellem Mißbrauch aufzuklären. Kindern wird erklärt, wie sie sich verhalten sollen, wenn sie zum Beispiel auf einem Parkplatz plötzlich geschnappt und in ein fremdes Auto gezerrt werden sollen. Es genügt in diesem Fall nicht, erklärt der freundliche Polizeibeamte, lautstark um Hilfe zu schreien und sich nach Kräften zu wehren. Gleichzeitig müssen die Kinder ganz laut und energisch rufen, »Dieser Mann/diese Frau ist nicht mein Vater/meine Mutter!«. Denn sonst werden die Passanten und Umstehenden sich bestimmt nicht einmischen.

Es ist gut, daß Kinder lernen, mit der möglichen Gewalt durch Fremde umzugehen. Doch die stillschweigende Botschaft ist bedrückend: daß es bei Gewalt, die von Eltern ausgeht, keine Hilfe gibt.

In bezug auf Gewalt gegen Frauen und Kinder gibt es unterschiedliche Einstellungen. Bei der sexuellen Gewalt stoßen

---

* Ronald Rohner, They Love Me, They Love Me Not. New York 1993

Kinder auf mehr, wenn auch nicht auf die volle Sympathie; bei erwachsenen Frauen erkennt die öffentliche Meinung ein Selbstverschulden oder eine Provokation. Bei Gewalt in der Familie ist es umgekehrt, da gesteht die öffentliche Meinung der Gewalt gegen Kinder, nicht aber der Gewalt gegen Frauen noch eine erzieherische Komponente zu. In allen Fällen aber ist die Ablehnung der Gewalt halbherzig, ist die Bereitschaft, der Frau oder dem Kind zu glauben, nur partiell gegeben.

In 30 der 50 amerikanischen Bundesstaaten ist es unglaublicherweise gesetzlich ausdrücklich erlaubt, daß Schulkinder körperlich gezüchtigt werden. Und es handelt sich dabei nicht bloß um einen obskuren Paragraphen, den man einfach vergessen hat zu löschen. Laut einer Untersuchung der »Los Angeles Times« wird diese Form der Disziplinierung in den betreffenden Staaten jedes Jahr bei bis zu 17% aller Volksschüler tatsächlich angewandt. Interventionen und Bürgerrechtsgruppen haben das bislang nicht ändern können, weil die öffentliche Meinung weitgehend noch dahintersteht.

Dr. Dobson, Bill Cosby und andere Väter

Die öffentliche Meinung – es wäre grundfalsch, sich über sie zu viele Illusionen zu machen. Auch die Herrschaft der Erwachsenen über die Kinder ist Bestandteil des Patriarchats und noch fest im Denken verankert. Wie das genau aussieht, darüber geben einige amerikanische Bestseller Auskunft.

Eine Million Exemplare hat Dr. James Dobson verkauft von seinem Buch »The Strong-Willed Child«.* Der Autor ist Professor für Kinderheilkunde an der Universität von Kalifornien; der Klappentext führt seine zahlreichen akademischen und psychologischen Zusatzqualifikationen an. Außer-

---

* James Dobson, The Strong-Willed Child. New York 1992.

dem ist er Präsident einer großen konservativen Familienvereinigung. Bei Elternvereinen und Seminaren ist er ein begehrter Vortragender, und er hat sogar seine eigene Radiosendung. Das Buch über willensstarke Kinder erklomm schnell die Bestsellerlisten.

Es beginnt einleitend mit einer Anekdote über den Familienhund, einen ebenfalls »willensstarken« Dackel. Dieser ist, wie Dr. Dobson erklärt, zwar süß, aber unfolgsam. Alle Erziehungsmaßnahmen versagen, bis Herr Dr. Dobson ihn eines Abends einfach mit dem Ledergürtel prügelt; danach tut der Hund, was man möchte. »Jeder Hund«, philosophiert Dobson infolgedessen, »wird hin und wieder die Autorität seines Besitzers in Frage stellen. Und ein kleines Kind tut dasselbe.«

Der angesehene Kinderarzt spricht sich für das Schlagen von Kindern aus, er vergleicht Kinder mit Hunden, und eine Million Menschen kaufen sein Buch. Wir müssen annehmen, daß viele dieser Leser sein Weltbild teilen, ein Weltbild, das ganz schlicht und klassisch die Werte des Patriarchats vertritt.

In dieser Sichtweise soll eine Familie ein Oberhaupt haben, nämlich den Mann, und sollen die Erwachsenen Autorität haben über die Kinder. Diese Autorität ist gut und richtig, daher muß man sie unbedingt durchsetzen, wenn nötig mit Gewalt.

»Kinder wollen wissen, daß ihre Eltern stark sind«, schreibt Dobson. »Und sie stellen ihre Eltern daher auf die Probe. Wenn die Eltern diesem Kampf ausweichen, verliert das Kind seinen Respekt vor ihnen.« Besonders gefährlich sind Kinder, die außerdem noch durch ihre Persönlichkeitsstruktur dazu prädisponiert sind, »willensstark« zu sein. Wenn sie nicht schon sehr früh gefügig gemacht werden, wird es mit ihnen später nichts als Probleme geben. »Ein solches Kind wird später in der Schule seine Lehrer herausfordern und die Werte, die ihm beigebracht werden, hinterfragen.«

Deswegen darf man keine falsche Zimperlichkeit an den Tag legen. Rebellion, auch wenn sie von einer sehr kleinen Person (oder einem Dackel) kommt, muß sofort und gnadenlos unterdrückt werden. Das ungehorsame Kind stellt die natürliche Ordnung in Frage und ist daher ein Feind:»Wie ein General berechnet ein solches Kind die Risiken und plant dann seinen Angriff. In solchen Konfrontationen zwischen den Generationen ist es essentiell, daß der Erwachsene deutlich siegt.«

Das Kind – ein General? Ungehorsam – ein sorgfältig vom Kind vorbereiteter Angriff auf die Stellung der Erwachsenen? Angesichts der realen Situation eines Kindes – klein, allein, abhängig von der Hilfe, der Zuneigung, sogar den Gedanken der Erwachsenen – scheint diese Sichtweise absurd. Und doch hat sie auch eine gewisse Logik. Aus anderer Perspektive könnte »Willensstärke« als positive Eigenschaft geschätzt werden, könnte sie sogar ein Erziehungsziel darstellen. Nicht so für den Verfechter der konservativen Ordnung, denn die steht und fällt mit der Tugend des blinden Gehorsams. Dobson hat nicht ganz unrecht, wenn er in kleinen Kindern potentielle Feinde seiner Welt sieht. »Warum?« fragt ein Kind. Und diese Frage kann eine autoritäre Ordnung nicht beantworten.

Im Krieg gegen kleine Sozialrebellen kennt Dobson deshalb keine Gnade.

»Das Kind«, schreibt er, »beginnt im Alter von 8 bis 14 Monaten, die Autorität der Eltern zu testen.«

Körperliche Bestrafungen können daher »zwischen 8 und 14 Monaten« beginnen, natürlich dosiert entsprechend der Größe des Kindes, nicht extrem, aber doch »so, daß es wehtut, denn sonst hat es ja keinen Zweck«.

Untersuchungen zeigen, daß Dobson leider kein einsamer Irrer ist. Hans Czermak, ebenfalls Kinderarzt, aber im Gegensatz zu Dobson ein engagierter Kämpfer gegen die Gewalt an Kindern, mußte immer wieder feststellen, daß die Mehrzahl der Kinder schon vor dem ersten Geburtstag körperliche Gewalt durch die Eltern erfahren hat.*

---

* Czermak Hans/Pernhaupt Günter, Die gesunde Ohrfeige macht krank. Über die alltägliche Gewalt im Umgang mit Kindern. Wien 3. Aufl. 1991

Dobson wäre zufrieden. »Man muß früh damit beginnen, wenn die Anlässe noch klein sind, und immer mit kühlem Kopf und mit Bedacht.«

Man soll das Kind nicht im Zorn schlagen, weil man die Selbstbeherrschung verloren hat, sondern später, in Ruhe, aus pädagogischer Absicht. Man soll, rät Dobson, das Kind mit einem Gegenstand schlagen, nicht mit der Hand, denn sonst zuckt es jedesmal zusammen, wenn der Vater nach ihm greift, und das könnte peinlich sein.

Nach der Strafe muß man das Kind trösten und umarmen, fährt Dobson fort; Anleitung zur sadomasochistischen Persönlichkeitsstruktur. Und mit der Zeit, verspricht Dobson, ist Schlagen dann nicht mehr notwendig. Es genügt dann die Drohung. Geht das Kind zum Beispiel nicht augenblicklich ins Bett, wenn die Eltern es zum Schlafen schicken, müssen sie nur mehr leise sagen, »Geh jetzt, ich will dir nicht wehtun müssen«.

Bill Cosby schwamm auf der Welle der modernen Vaterschaft zum internationalen Erfolg: Als weiser, gutmütiger, kluger Familienvater ist er in Wohnzimmern weltweit ein gern gesehener Gast (Die Cosby Show) und wurde durch den Erfolg seiner TV-Serie einer der reichsten, erfolgreichsten Männer der USA. Auch im »wirklichen Leben« ist er Vater von fünf Kindern. In dieser Eigenschaft hat er einen Erfahrungsbericht und Erziehungsratgeber veröffentlicht; der Originaltitel ist schlicht »Fatherhood«. Das Buch stand monatelang an der Spitze der Bestsellerlisten und verkaufte sich in 2 Millionen Exemplaren.* Auf dem Klappentext heißt es:

»Millionen Fernsehzuschauer kennen und lieben ihn – Bill Cosby, Vater von fünf Kindern und als Fernseh-Daddy Dr. Heathcliff Huxtable weltweit bekannt.« Das Buch preist sich als »unverzichtbarer Begleiter durch alle Höhen und Tiefen des Vaterseins, für alle Väter...«

---

* Deutsch: Bill Cosby: Die Kunst, ein perfekter Vater zu sein. München 1993

In unserer Erregung über dieses Buch gestatte man uns hier das Wortspiel, Bill Cosbys Erläuterungen als schwarze Pädagogik zu bezeichnen. Denn nach einer Reihe von süßlichen Kapiteln über die vielen komischen Augenblicke im Leben mit Kindern wendet Cosby sich einem ernsteren Thema zu, der Frage der Erziehung und der Disziplin. Es ist interessant, daß ihm bei diesem Thema dasselbe Gleichnis einfällt wie Dobson. »In jedem Park«, schreibt er, »kann man Männer sehen, die auf einer Bank sitzen und mit einem Gesichtsausdruck ins Leere starren wie Generäle, die eine Schlacht verloren haben. Das sind die Väter, die vergeblich alle Möglichkeiten erschöpft haben, ihren Kindern den rechten Weg zu weisen.«

In dieser »Schlacht« unterlag General Cosby nicht; er errang einen Sieg, dem er ein Kapitel seines Buches widmet. Sein Sohn war damals zwölf und hatte »ein neues Hobby entdeckt, das Lügen«. Ferner gab es Probleme in der Schule und mit dem Lernen. Cosby rief also diesen Sohn zu sich und sagte ihm:

»Wir werden dich ab jetzt nicht mehr darum bitten, etwas zu tun, sondern dir sagen, was du zu tun hast, und du wirst dich danach richten. In unserem Haus gilt das Gesetz: Du tust, was dir gesagt wird. Thomas Jefferson wird mir verzeihen, aber du bist der einzige Amerikaner, der noch nicht reif ist für die Freiheit.«

Danach begab sich Cosby auf eine Geschäftsreise. Doch telefonisch mußte er von seiner Frau erfahren, daß der Sohn sich erneut irgendeines nicht näher erläuterten Vergehens schuldig gemacht hatte. Was weiter geschah, wollen wir im Original zitieren:

»›Warum hast du nicht getan, was man dir gesagt hat?‹ fragte ich ihn am Telefon. ›Muß ich dich noch einmal daran erinnern, daß du gefälligst zu gehorchen hast? Deine Mutter ist jedenfalls ganz schön sauer. Und aus der Schule hören wir zu allem Überdruß auch noch, daß du deine Hausaufgaben nicht rechtzeitig ablieferst.‹

›Ich habe einfach keine Lust‹, erwiderte er.

›Nun gut. Dann will ich dir einmal etwas sagen. Wenn ich am Donnerstag nach Hause komme, versohle ich dir den Hintern, darauf kannst du Gift nehmen.‹

Ich weiß zwar, daß viele angesehene Psychologen so etwas als Rückfall in die Steinzeit ansehen. Dafür haben damals die Kinder ihren Eltern wahrscheinlich besser gehorcht. Wenn ein Vater sagte: ›Diese Woche werden keine Schrumpfköpfe hergestellt‹, dann hat der Sohn vielleicht auf ihn gehört.

Als ich am Donnerstag nach Hause kam, konnte ich den Jungen nicht finden. Er kam auch nicht zum Abendbrot, und als ich am nächsten Morgen aufwachte, war er immer noch nicht da. Ich versammelte also meine Familie um mich und fragte feierlich: ›Meine Damen, wo ist mein Sohn?‹

›Er wird irgendwo hier in der Nähe sein‹, antwortete eine meiner Töchter. Sie spielten offenbar französischen Untergrund und versteckten einen ihrer Helden vor den Nazis.

Endlich, kurz vor dem Abendessen, tauchte er wieder auf. Sein Ausflug hatte ihn sichtlich mitgenommen.

›Junger Mann‹, begann ich, ›ich habe dir gesagt, daß ich dir den Hintern versohlen werde, sobald ich nach Hause komme.‹

›Ja, Dad‹, antwortete er.

›Und du weißt auch, warum – oder etwa nicht?‹

›Ja, Dad.‹

›Dann laß uns in den Stall gehen.‹

In der Schule mochte er zwar etwas schwer von Begriff sein, aber jetzt war es ihm sofort klar, daß ich nicht vorhatte, ihm eine Lektion über Tierhaltung zu erteilen. Im Stall angekommen, sagte ich: ›So mein Junge, jetzt werden wir uns einmal ein bißchen darüber unterhalten, was es heißt, gegen das Gesetz zu verstoßen und zu lügen.‹

Als er sah, wie ich die Ärmel aufrollte, verwandelte sich sein sonst üblicher Ausdruck kühler Gleichmut in Furcht. Ich fragte mich, ob ich jetzt im Begriff war, einen Fehler zu begehen. Wenn ja, dann war es der neuntausendsiebenhundertunddreiundsechzigste Fehler.

›Dad, ich weiß, daß ich im Unrecht bin‹, bettelte er, ›und was ich getan habe, tut mir wirklich leid. Ich werde es nie wieder tun.‹

›Es freut mich, daß du das sagst‹, erklärte ich… ›aber ich habe dir am Telefon mein Wort gegeben, und du würdest die Achtung vor mir verlieren, wenn ich es nicht hielte.‹

›Oh Dad, ich achte dich – ich achte dich wie verrückt!‹

[…]

Plötzlich erwies er sich als außerordentlich geschickter Anwalt, aber das half ihm nichts, denn ich hatte schon lange das Bedürfnis gehabt, endlich einmal einen Rechtsanwalt zu schlagen.

›So, und jetzt dreh dich um‹, befahl ich. ›Zuvor will ich dir allerdings noch sagen, daß ich eigentlich nichts von dieser Art Strafe halte.‹

›Ich möchte nicht, daß du gegen deine Grundsätze verstößt, Dad.‹

›Hier kann ich eine Ausnahme machen. Und erwarte nicht, daß es mich mehr schmerzen wird als dich. Das wäre nur der Fall, wenn ich mich umdrehte und du mich schlagen würdest. Es ist eine barbarische Form der Bestrafung, aber es entspricht deinem barbarischen Verhalten.‹

Und dann schlug ich ihn. Er stellte sich auf die Fußspitzen, und die Tränen begannen zu fließen.

›Hast du jetzt begriffen, daß du nie wieder lügen sollst?‹ fragte ich.

›Oh ja, Dad!‹ antwortete er. ›Ich habe noch nie etwas so gut verstanden.‹

›Fein. Dann kannst du jetzt gehen.‹

Er wandte sich zur Tür, und ich versetzte ihm noch einen Schlag. Als er sich umdrehte und mich mit einem vorwurfsvollen Blick ansah, meinte ich: ›Es tut mir leid; ich habe dich gerade belogen. Willst du, daß ich dich jemals wieder belüge?‹

›Nein, Dad‹, sagte er.

Und bis zum heutigen Tag hat er mich oder meine Frau nicht mehr belogen. Nach einiger Zeit bekamen wir sogar einen Brief von der Schule, in dem uns bestätigt wurde, wie günstig unsere erzieherischen Maßnahmen auf unseren Sohn gewirkt hatten. Es freute mich, daß ich die Arbeit der Schule mit meinem Privatunterricht im Stall habe unterstützen können.«

Dieser Text ist abstoßend in jeder Hinsicht: der Inhalt, der zynische Ton, die Selbstgefälligkeit. Es stört uns daran so viel, daß wir gar nicht wissen, wo wir ansetzen sollen. Da ist zunächst die Gleichsetzung von ›heiler Familie‹ mit der altmodischen, patriarchalen Familie. Papa ist das Familienoberhaupt, Mama ist die schadenfrohe Aufsichtsperson, die mit den Kindern allein nicht fertig wird, sondern sie beim abendlichen Telefonanruf verpetzt.

Nicht nur das Schlagen, auch die Art, in der er den Vorfall und die Reaktionen seines zwölfjährigen Sohnes beschreibt, sind demütigend und gemein. Der Sohn wird lächerlich gemacht wegen seiner Angst, wegen seiner Versuche zu räsonnieren. Der ganze Vorfall hat Cosby sichtlich Freude bereitet; regelrecht sadistisch ist sein Auskosten der Angst des Sohnes in dem der Strafe vorausgehenden Wortwechsel und vor allem der unerwartete letzte Schlag, den er ihm beim Weggehen noch versetzt.

Worum geht es in diesem Konflikt genau? Es ist interessant, daß sich zwei Anlässe vermischen. Cosby meint einleitend, es ginge um das Lügen, doch aus den weiteren Ausführungen ist ersichtlich, daß es in Wirklichkeit um den Gehorsam geht. Der Sohn hat nicht gelogen, sondern er hat nicht gehorcht. Die Wahrheit sagen ist eine moderne Tugend, Gehorchen eine altmodische, weshalb Cosby wahrscheinlich das Lügen in den Vordergrund rückt. Der Sohn hat gelernt zu gehorchen – doch ist es das, was Erziehung bedeuten soll? Auch andere prominente Väter haben, wie wir aus den Biografien ihrer Kinder wissen, diese Kinder geschlagen. Die Jackson-Kinder zum Beispiel wurden von ihrem Vater geschlagen, weil sie gehorchen sollten. Gehorchen ist, außer man ist Sklave oder lebt in einer Diktatur, einfach kein Erziehungsziel, doch ist es das einzige, was Schläge »lehren« können. Man lernt nicht, was eigentlich richtig oder falsch ist, sondern man lernt, fraglos das zu tun, was der Stärkere verlangt. Dieser Logik zufolge kann der Schwächere niemals recht behalten.

Dagegen haben Mütter und Eltern, die Gewalt in der Erziehung ablehnen, sehr gute Erfahrungen mit Sprechen und Erklären gemacht. Kinder akzeptieren Regeln, wenn sie ihnen einsichtig sind, wenn sie für alle gelten oder es für die Ausnahme einen guten Grund gibt; wenn sie das Gefühl haben, angehört und ernstgenommen zu werden. Es ist bezeichnend, daß Cosby sich auf die Argumente und Diskussionsversuche seines Sohnes gar nicht einläßt, sich darüber sogar lustig macht. Intelligenz nützt dem Sohn nichts; kein Argument ist stärker als die Gewalt. Der Stärkere kann auch willkürlich sein, siehe den letzten bösartigen Schlag.

Erziehung heißt Werte verinnerlichen. Cosbys Sohn kann aus dieser Lektion nur verinnerlichen, daß der Stärkere immer recht hat. Der Stärkere darf Fehler machen – ruhig auch neuntausendsiebenhundertdreiundsechzig Fehler, ohne daß es für ihn Konsequenzen hat.

Zu Recht verwendet Cosby den Ausdruck »barbarisch« für seine Strafe, nimmt sie im Stall vor und fühlt sich an die Steinzeit erinnert. Die barbarische Strafe entspreche dem barbarischen Verhalten des Sohnes, rechtfertigt er sich. Doch was hat der Sohn getan, das man als »barbarisch« bezeichnen könnte? Er hatte keine Lust auf die Hausaufgaben, er war nicht folgsam. Nur für den General in einer patriarchalischen Armee ist Ungehorsam ein Vergehen, das eine dermaßen drakonische Strafe verdient.

Gehorsam und Autorität sind Werte des Patriarchats. Gehorchen ohne nachzudenken, forderte der alttestamentarische Gott; Väter sollen ihm sogar ihre Söhne als Blutopfer schlachten, ohne zu zögern. Männerinstitutionen wie das Militär funktionieren auf der Grundlage von Befehl und Gehorsam, auf Leben und Tod.

Doch im Rahmen der Familie haben auch Frauen die Möglichkeit, an dieser patriarchalen Macht teilzuhaben. Es ist auffallend, daß Cosby im zitierten Text immer als »wir« auftritt; er straft im Namen beider Eltern, im Namen der elterlichen Autorität. Er straft, weil seine Frau ihm einen Vorfall gemeldet hat. Nach der Strafe haben weder seine Frau noch er weitere Probleme mit dem Sohn.

Der Versuchung, an dieser Herrschaft über die Kinder teilzuhaben, als Mitregentin des Starken aufzutreten, können Frauen mitunter nicht widerstehen. Wir stehen im Supermarkt vor der Kasse. Die Kassiererin unterhält sich mit ihrer Kollegin, die ein Regal mit Nudelpackungen auffüllt. »Gestern«, so berichtet sie, hat »der Freddi wieder eine Szene geliefert«, aber dem hat sein Vater »schnell gezeigt, daß er das mit uns gar nicht erst versuchen muß«. Freddi ist, wie sich weiter herausstellt, ihr fünfjähriger Sohn. Zur Szene kam es, weil die Eltern abends weggehen wollten und er Angst hatte, allein in der Wohnung zu bleiben. Aber für die Mutter stellt sich die Situation anders dar. In ihren Augen hat Freddi einen Machtkampf versucht, weil er schlimm ist und Probleme machen will. Der Vater hat ihn, der heulte und schrie, in der Wohnung eingesperrt und den Hauptschalter ausgedreht, damit es in der Wohnung ganz dunkel war. Das nächste Mal, vermutet sie, wird er es sich »gut überlegen«, ehe er versucht, sie zu ärgern. Die Kollegin gibt ihr recht. So etwas darf man »sich nicht anfangen«, das darf man »nicht einreißen lassen«.

Das Versprechen der partiellen Teilhabe an der Macht spaltet Frauen und Kinder, obwohl sie eigentlich dazu prädestiniert wären, eine Interessengemeinschaft zu bilden. Wenn die Frauen zu den Kindern, die Söhne zu den Frauen hielten, wäre vieles möglich. Statt dessen lassen sich Söhne von der Männerwelt einkassieren, schrittweise. Sie verdrängen ihre Erinnerung an erlebtes Unrecht, ihre potentielle Sympathie mit den Opfern von exzessiver Autorität, von Unterdrückung und Gewalt und fügen sich ein in die Gruppe der Stärkeren.

Und Frauen lassen das geschehen, befürworten es sogar noch und fordern lediglich eine oberflächliche Art von individualistischer Loyalität ein: Sei mir dankbar. Gedenke der Opfer, die ich für dich erbracht habe. Schenk mir Blumen zum Muttertag. Mach mit anderen Frauen, was du willst, aber vergiß deine alte Mutti nicht.

Mädchen sind doof – Wege zur männlichen Identität

In Südafrika ist die Apartheid abgeschafft,
nicht aber in unseren Kinderzimmern.
Mädchen sind langweilig und spielen mit Puppen –
aber bloß nicht mit Jungen.
Jungen sind abenteuerlustig und spielen mit Autos –
aber bloß nicht mit Mädchen.
Ein Naturgesetz?

Wollt ihr wissen, wollt ihr wissen
wie's die kleinen Mädchen machen
Püppchen wiegen, Püppchen wiegen
alles dreht sich herum.

Wollt ihr wissen, wollt ihr wissen
wie's die kleinen Jungen machen
Fußball spielen, Fußball spielen
alles dreht sich herum. *

Eine Überraschung in der Beobachtung von 5- bis 10jährigen war für uns das hohe Maß an Apartheid, das den Umgang der Geschlechter miteinander bestimmt. Immer noch.

Wer in der Pausenzeit in eine durchschnittliche erste Volksschulklasse kommt, betritt eine Zeitkapsel. Brave Mädchen zeichnen, erzählen sich leise irgend etwas, und der maximale Ausbund an weiblicher Lärmerzeugung sind Klatschreime, die mit viel Finger- und Sprachfertigkeit absolviert werden. Schlimme Buben rollen auf dem Fußboden herum, schießen Projektile durch die Luft und sind laut. Sie können keine fünf Schritte gehen, ohne sich gegenseitig anzurempeln. Manchmal ist ein burschikoses Mädchen in der Bubengruppe anzutreffen. So gut wie nie spielt ein Junge mit den Mädchen.

Wilde Jungen – liebe Mädchen

Diese Beobachtung ist von unzähligen sozialwissenschaftlichen Untersuchungen bestätigt worden. Sie alle kamen zu demselben Ergebnis: stereotypes, geschlechtsspezifisches Verhalten und eine starre Trennung zwischen den Geschlechtern sind im Kindergarten- und Volksschulalter die Norm. Die Forscher machen meist keinen Hehl aus ihrer Enttäuschung angesichts dieser Ergebnisse. Schließlich haben sich die Erwachse-

---

* Das große Ravensburger Buch der Kinderbeschäftigung. Ravensburg 1991

nen doch so bemüht. Kinderbücher sind heutzutage weniger traditionell, es gibt darin auch mutige Mädchen und liebevolle Väter, weibliche Ärzte und geschirrspülende Männer. In vielen Elternhäusern sind die Mütter berufstätig, mitunter in anspruchsvollen, nicht-traditionellen Sparten. Die Erwachsenen haben sich verändert, doch die Kinder verharren in der Steinzeit, eine Art fürchterliche Parodie auf die fünfziger Jahre, fast als ob sie uns verulken wollten: Mädchen im Puppeneck, Jungen bei der Eisenbahn, die Mädchen spielen Braut und Ballerina, und die Buben erschießen sich gegenseitig.

Wenn sie diese Phänomene erklären sollen, tippen die meisten Experten auf eine offenbar vorgegebene Entwicklungsdynamik. Die Kinder, vermuten sie, müssen da einfach durch. Als Teil ihrer Identitätsfindung und ihrer Einfügung in die Gesellschaft müssen sie zunächst ihre Mitgliedschaft zur jeweiligen Geschlechtsgruppe ausleben. Dazu gehört Überzeichnung, um die Unterschiede deutlicher hervortreten zu lassen. Dazu gehört auch eine gewisse Aggressivität gegenüber der anderen Gruppe, von der man sich abgrenzen muß und der man sich überlegen fühlen will. Außerdem, merken Experten noch an, haben Kinder im Alter von vier bis sieben ein großes Bedürfnis nach Klarheit, sie sehen die Welt gerne in klaren Umrissen. Alles soll möglichst schwarz-weiß und deutlich sein, und zu Nuancierungen sind sie erst später bereit. Daher lieben sie auch klar umrissene, absolut separate männliche und weibliche Aufgabengebiete. Mit einem Wort: Wenn die emanzipatorische Sozialisation kleiner Kinder uns nicht besser gelingt, dann liegt das an den Kindern selbst und an der Dynamik kindlicher Entwicklungsprozesse.

Mag sein, daß diese Erklärungen stimmen; doch wir bezweifeln, daß die Geschichte damit vollständig erzählt wurde. Beobachtungen in Kindergärten und Schulen zeigen im Gegenteil sehr deutlich die Halbherzigkeit, mit der integrative, nicht-traditionelle Ziele verfolgt werden. Keine Kindergärtnerin wird heute mehr sagen, daß sie traditionelle Geschlechtsrollen fördern will; keine wird sagen, daß sie das getrennte Spielen von Mädchen und Jungen begünstigt. Doch zwischen der offiziellen Linie und der tatsächlichen Praxis klafft ein Abgrund. Weil dieser Abgrund oft nur in zufälligen Nebenbemerkungen von Betreuungspersonen sichtbar wird, weil Unterlassungen mehr bewirken als eine wirkliche Handlung, weil kleine Details mehr erreichen als erkennbare Signale, übersehen wir leicht die starke Lenkung, die unsere Kinder trotz gegenteiliger Rhetorik in altvertraute Bahnen schiebt. Beobachtungen in Volksschulen und Kindergärten ergaben unzählige diesbezügliche Episoden.

Eine dritte Volksschulklasse. Tina, ein süßes Mädchen mit großen blauen Augen und einem langen Zopf, spielt am liebsten mit Nick, Thomas und Andreas. Sie ist sehr sportlich, und in den Pausen überbieten sie sich auf dem Schulhof mit akrobatischen Leistungen. Sie hängen vom Klettergerüst und wetteifern im Weitspringen. Thomas äußert sich, wie seine beiden Freunde, anerkennend über Tinas Leistungen und meint dazu: »Tina spielt nicht gern mit den Mädchen. Ich glaube, sie möchte lieber ein Junge sein. Die anderen Jungen sagen, das geht nicht, aber Andreas, Nick und ich finden es in Ordnung.«

Tina hat also eine Bresche geschlagen in die starre Frontenbildung und hat drei männliche Verbündete gefunden. Doch wie geht die Lehrerin mit dieser Pionierin um? Weit davon entfernt, diese positive Entwicklung zu fördern, ermahnt sie Tina. Thomas erzählt: »Es gab eine Filmvorführung im großen Auditorium. Wir sollten uns aufstellen, die Mädchen rechts, die Jungen links. Tina wollte bei uns stehen, sie stellte sich in die Jungenreihe. Doch die Lehrerin hat das nicht erlaubt, sie mußte zu den Mädchen.« Warum geht man in geschlechtsgetrennten Reihen zu einer gemeinsamen Filmvorführung? Warum wird eine Freundschaft zwischen Jungen und Mädchen erschwert, wird Tina zwangsweise den Mädchen zugeordnet?

Anton geht in die erste Klasse Volksschule. Seine Eltern führen gemeinsam ein Restaurant und sind nachmittags sehr im Streß, so daß beschlossen wird, ihn nach der Schule in den Hort zu schicken. Anton ist damit einverstanden. Nach einer Probewoche trifft seine Mutter die Erzieherin. Die meint, daß Anton sich gut eingelebt habe. »Nur schade, daß die anderen Jungen alle so früh abgeholt werden, die letzte Stunde bleibt Anton nur mehr mit ein paar Mädchen zurück.« Erst auf dem Nachhauseweg fragt sich Antons Mutter, was so schlecht daran sein soll, wenn ihr Sohn einen Teil des Nachmittags mit Mädchen spielt. Er hat sich noch nicht darüber beschwert, hat im Gegenteil positiv von einer gewissen Barbara gesprochen, die ihm erklärt hat, wie man Monopoly spielt.

Die traditionellen Werthaltungen von erziehenden Erwachsenen sind schlimm genug. Vielleicht noch bedauerlicher sind jedoch die Unterlassungen. Wenn wir die resignativen Studien über traditionelles Verhalten bei Kleinkindern genauer lesen, finden sich unzählige versäumte Ansatzpunkte für konstruktive Steuerung. Besonders aufschlußreich in diesem Zusammenhang ist eine Studie, die sich das Spiel- und Sozialverhalten von Kindern zwischen zwei und sieben Jahren anschaute.*

Im Alter von zwei und drei ist das Spielverhalten der Kinder noch sehr undefiniert. Sie sind gerade dabei, die Regeln zu lernen und wichtige Begriffe – zum Beispiel den Begriff der Freundschaft – auszuprobieren: »Willst du meine Freundin sein?« »Das ist mein Freund!« sind Sätze, die in diesem Alter häufig fallen, da der Begriff probeweise getestet wird.

Geschlechtsspezifisch ist das Spielverhalten noch unausgeformt, wenn auch in Konturen schon vorhanden. Das Verhalten der Jungen mit zwei und drei unterscheidet sich noch nicht merklich vom Verhalten der Mädchen. Sie tapsen liebevoll und neugierig zu anderen Kindern, vorzugsweise zu noch

---

* Evelyn Pitcher/Lynn Schultz, Boys and Girls at Play, a. a. O.

kleineren, und streicheln sie. Sie heben den Schnuller eines anderen Kindes auf, wenn er hinuntergefallen ist, und unternehmen den Versuch, ihn in den Mund des anderen Kindes zurückzustecken. Sie machen sich gegenseitig Geschenke. Sie drücken Besorgnis aus, wenn ein Baby weint. Die Geschlechtszugehörigkeit anderer Kinder scheint ihnen egal zu sein, und bei der Zuweisung machen sie oft Fehler, sprechen ein Mädchen als »er« oder einen Jungen als »sie« an. Das liegt zum Teil an ihrer unvollständigen Beherrschung der Sprache und zum Teil an der altersbedingten Physiognomie. Mit zwei

Max ist zweieinhalb Jahre alt. Freunde der Familie sind zu Besuch und haben ihr Baby mitgebracht. Es sitzt in einer Babywippe auf dem Fußboden; anfangs blickt es interessiert herum, doch nach einer Weile wird es weinerlich. Die Erwachsenen, in ein Gespräch vertieft, schenken ihm keine Aufmerksamkeit, doch Max weiß, was zu tun ist. Er schaukelt vorsichtig die Wippe. Er hebt den Schnuller auf, den das Baby verloren hat, und steckt ihn ihm nicht ohne Schwierigkeiten wieder in den Mund. Er singt ein Lied. Er holt aus dem Nebenraum ein Stofftier und legt es dem Baby hin. Bei all diesen Zuwendungen trägt sein Gesicht einen besorgt-wohlwollenden Ausdruck. Natürlich ist das Baby für ihn nichts anderes als eine lebende Puppe, aber trotzdem: Konfrontiert mit der Situation »ein Baby weint« kann Max mit noch nicht einmal drei Jahren ein ausführliches Repertoire an möglichen Handlungen abrufen. Wenn er nächstes Jahr in den Kindergarten geht, wird er sein diesbezügliches Interesse nicht vertiefen, im Gegenteil; er wird dort lernen, daß es unmännlich ist, sich für Babys und deren Bedürfnisse zu interessieren.

Cheryl

185

oder drei sind die meisten Kinder noch sehr androgyn, es ist ihnen nicht unbedingt anzusehen, ob sie ein Junge oder ein Mädchen sind. Oft ist eine Haarspange das einzige »Geschlechtsmerkmal«.

Mit drei und vier Jahren spielen Mädchen und Jungen noch gemeinsam, aber schon unter verhängnisvollen Aspekten. Wenn Jungen und Mädchen gemeinsam spielen, dann am ehesten in der Puppenecke, die aber bereits zum Terrain der Mädchen geworden ist. Sie spielen »Familie«. Die Mädchen sind bei diesem Spiel in der Mehrzahl und in »leitender Funktion«.

Manche Jungen würden gern mitspielen, entweder weil das Szenario sie interessiert oder weil sie eines der dort spielenden weiblichen Kinder mögen. Immer wieder verschlägt es sie in das Puppeneck, aber es gibt für sie dort nur zwei Rollen: Sie können das »Baby« spielen oder den »Vater«. Als »Baby« sind sie eine lebende Puppe. Sie werden gestreichelt, ermahnt, gefüttert. Es ist eine passive Rolle, die von den meisten Jungen verständlicherweise sehr schnell als langweilig und unbefriedigend erlebt wird. Die Rolle der »Mutter« ist begehrt, die Mädchen wetteifern darum, diese Rolle spielen zu können. Mit der Rolle des »Vaters« aber wissen die Kinder wenig anzufangen. Der Junge, der diesen Part übernimmt, fühlt sich wie ein Schauspieler ohne Text und Drehbuch.

»Die Rolle der Mutter«, merken die Autorinnen Pitcher und Schultz an, »ist außerordentlich reich an Details. Mütter tragen Ohrringe. Sie telefonieren. Sie kochen. Sie gehen einkaufen, essen in Restaurants, besuchen Freundinnen, haben Hausgäste. Die ›Mutter‹ tritt mit Autorität und Macht auf. Sie schickt die ›Kinder‹ ins Bett oder in die Schule. Sie darf im ›Haus‹ frei walten und die Spielsachen verteilen.«

Auch die Rolle der »großen Schwester« ist bei den Kindern beliebt. Doch mit der Rolle des Vaters können die Kinder durchwegs nichts anfangen. Weder die Mädchen noch die Jungen haben eine Vorstellung davon, wie sich dieser »Darsteller« verhalten soll. Also sitzt er am Tisch. Es wird ihm Kaffee gebracht.

»Meist geht er sehr schnell wieder weg, in eine nicht näher definierte ›Arbeit‹. Wenn er zu Hause ist, verbringt er seine Zeit im ›Bett‹, oder er sitzt am Tisch und konsumiert eine Mahlzeit.«*

Die Beobachtungen, die in dieser Studie geschildert sind, können wir aus eigener Erfahrung nur bestätigen; ähnliche Szenen spielten sich in jedem Kindergarten ab, den wir besuchten. Die »Väter« lagen vor einem imaginären Fernseher und gaben durch laute Motorengeräusche zu verstehen, daß sie ein Autorennen verfolgten. Mitunter riefen sie nach einem Getränk, das ihnen diensteifrig von einem Mädchen gebracht wurde. Die Mädchen traten geschäftig, mitunter herrisch auf, auch den »Vätern« gegenüber – sie bedienten sie zwar, behandelten sie aber gleichzeitig als potentielle Störenfriede der häuslichen Ordnung. Die Puppenecke war ein Zerrbild, eine Satire auf vergangene Epochen.

Ein anderes beliebtes Spiel verwandelt die Puppenecke in ein Krankenhaus. Dort treten Jungen als »Patienten« auf, die von einer »Krankenschwester« (nicht von Arzt oder Ärztin) verarztet werden, Medikamente und Injektionen und Verbände bekommen. (Diese Abweichung vom tatsächlichen Erleben – Kinder werden im wirklichen Leben routinemäßig von Ärzten, von Kinderärzten und Kinderärztinnen versorgt – ist übrigens interessant und weist auf eine Statusambivalenz der Mädchen hin. Einerseits sind sie in diesem Spiel dominant, daher weisen sie sich selbst die Hauptrolle zu. Gleichzeitig aber machen sie aus dieser Hauptrolle in aller Bescheidenheit eine Krankenschwester.)

---

* Pitcher/Schultz, a. a. O.

Jedenfalls ist die Rolle von Jungen als Mitspieler bei den Mädchen eine passive. Sie sind Patienten, Babies oder untätige Väter. Auf diese unbefriedigende Situation reagieren sie typischerweise entweder mit Rückzug – sie spielen einfach nicht mehr bei den Mädchen mit – oder mit Übermut. In Ermangelung einer interessanten Rolle erfinden sie eine. Sie sind dann der »Räuber«, der in das Haus einbricht, oder der »Feuerwehrmann«, der es vor einem Brand rettet. Oft treten sie einfach nur als Zerstörer auf. Sie richten absichtlich Unordnung an, provozieren die Mädchen, nehmen ihre Spielrequisiten weg. Daraufhin verweisen die Mädchen sie aus ihren Spielzonen. Die Entwicklung der Jungen im Spiel der Mädchen ist in deutliche Phasen eingeteilt. Zuerst sind sie interessierte potentielle Mitspieler, dann Zuschauer, dann Statisten, schließlich nur mehr Störfaktor. Zuerst werden sie bemuttert, gefüttert und verarztet, schließlich nur noch hinausgeworfen. Das sieht dann so aus:

»Die Jungen werden zum Tee eingeladen. Sie nehmen am Tisch Platz. Die Mädchen hantieren mit Tassen. Die Jungen lehnen sich zu fest auf die Tischplatte, der Tisch bricht zusammen. Die Mädchen schimpfen und schicken die Jungen weg.

Ein Junge rennt in die Puppenecke, schnappt sich einen Hut und eine Handtasche und läuft damit weg. ›Hau ab, du Depp‹, schreit das Mädchen.

Der Junge kommt ins Kücheneck und reißt einige Puppen an sich. Die Mädchen schreien, die Kindergärtnerin kommt dazu und sagt dem Jungen, daß er sie nicht stören soll.

Ein Junge kommt ins Puppeneck, hebt eine Puppe auf und beginnt sie auszuziehen. Die Mädchen rufen die Lehrerin, die den Jungen davonträgt.

Ein Junge kommt ins Haushaltseck, hebt den Telefonhörer ab und will telefonieren. Die Mädchen sagen ihm, daß er abhauen soll. Er geht weg.

Ein Junge fängt an, die Puppen auszuziehen. Ein Mädchen

sagt ihm, daß er damit aufhören soll. Er zieht der Puppe die Hose aus und ruft provozierend ›Ich kann ihren Hintern sehen, ich sehe ihren Hintern!‹ Die Lehrerin wird gerufen und entfernt den Jungen.«*

Sozialwissenschaftler, die Kinder beim Spielen beobachten, sammeln unzählige solcher Episoden. »Mit fünf Jahren«, fassen Pitcher und Schultz zusammen, »haben die Jungen erkannt, daß es für sie im häuslichen Spiel keine befriedigende Rolle gibt. Sie ergreifen statt dessen eine oppositionelle Rolle. Sie rechnen bereits damit, hinausgeworfen zu werden, und finden nun Gefallen an der Unruhe, die sie stiften können. Die Lehrerinnen und Betreuerinnen treten auf als die Beschützer der Mädchen.«

Hier wäre eine alternative Entwicklung denkbar. Die vielen Interaktionen, anfangs nur unbefriedigend und später antagonistisch, zeugen immerhin von dem Wunsch der Kinder, miteinander zu spielen. Beide Seiten versuchen es anfänglich. Die Erwachsenen helfen ihnen aber nicht; sie treten erst auf den Plan, nachdem der Mißerfolg bereits zu Aggressionen geführt hat. Die Spaltung hat stattgefunden, die »Identitätsfindung« hat nicht nur die Zuschreibung männlich oder weiblich gebracht, sondern auch schon die dazugehörigen sozialen Attribute erhalten – die Mädchen sind zu den »braven« geworden, die ruhig spielen und keine Probleme machen, die Jungen zu den »schlimmen« und »wilden«.

Statt dessen wäre denkbar, daß die Lehrer schon viel früher einschreiten. Sie könnten zum Beispiel vermehrt Spiele anbieten, die von Jungen und Mädchen gemeinsam gespielt werden können. Sie könnten diejenigen Rollen, die für Jungen in Frage kommen, mit Inhalt füllen. Es wäre sogar sehr wichtig,

---

* Pitcher/Schultz, a. a. O.

daß Jungen in diesem Alter ein Versorgungs- und Familienverhalten erlernen, daß sie spielerisch erarbeiten, was ein Vater seinen Kindern gegenüber und im Haus alles tun könnte. Umgekehrt würde das Spiel der Mädchen, das recht eintönig und erschreckend stereotyp ist, davon profitieren, wenn bei ihnen motorische, körperliche Aktivitäten und der spielerische Umgang mit Aggression und Konflikt eine Förderung erfahren würden.

Es gibt genügend experimentelle Ansätze, die den Erfolg und die Sinnhaftigkeit diesbezüglicher Interventionen beweisen.

So wurde z. B. gezielt eine Erweiterung des traditionellen Spielverhaltens angestrebt. Das Zimmer der Vorschulklasse wurde in Spielzonen eingeteilt: Autos und Eisenbahnen; Haushalt und Spielküche; Malen und Basteln; Musik- und Spielkassetten; Spiele. In jeder Zone gab es eine Pinnwand, auf dieser Pinnwand fanden sich die Namen der Kinder, die an diesem Tag hier spielen sollten. Anfangs kritisierten einige Eltern diese Strukturierung des »freien Spielens«, doch bei den Kindern bewährte es sich enorm. Terrainkämpfe und Peinlichkeiten waren ausgeschaltet, die Mädchen wurden nicht von den Buben vertrieben und die Jungen nicht von anderen Jungen gehänselt, denn sie »mußten« ja die jeweils geschlechtskonträren Spielsachen benützen. Nach einiger Zeit revidierten auch die Eltern ihre Meinung. Sie freuten sich darüber, daß ihre Söhne an Dingen Gefallen gefunden hatten, die sie normalerweise gar nicht kennengelernt hätten. Sie wären sofort zu den Autos gesaust und hätten anderen Spielsachen keine Chance gegeben. Der scheinbare Zwang, nach Vorgabe zu spielen, bewirkte in Wirklichkeit das Gegenteil: Er befreite die Kinder von dem Zwang ihrer Mitschüler und ihrer Gewohnheit und erlaubte es ihnen, ihren Interessenshorizont zu erweitern.

Eine weitere Initiative befaßte sich mit dem Versorgungsverhalten und der Empathie von Kindern. Viertklässler besuch-

Schon als Kind, im Alter von neun oder zehn, wollte ich wissen, woran Jungen dachten, wenn sie mit Autos spielten. Täglich sah ich meinen etwas jüngeren Bruder, wie er, offenkundig in einer Trance von Glück, brummend seine kleinen Matchbox-Autos umherschob. An und für sich mußte es doch schrecklich langweilig sein, diese kleinen Autos immer aufs neue über den Teppich zu schieben. Es mußte also mehr dahinterstecken. Malte er sich dabei irgendwelche tollen Abenteuergeschichten aus? Ich konnte erkennen, daß hier irgend etwas stattfand, aber ich kam nicht drauf, was es war. Ich war davon überzeugt, etwas zu versäumen. Wiederholt fragte ich nach, was er da genau spiele, woran er dabei denke. Mein Bruder sah mich verständnislos an. Was er spiele? Autos – das sehe man ja. Woran er denke? An nichts Bestimmtes.

Jahre später saß dann mein dreijähriger Sohn vor mir und spielte, sichtlich zufrieden, mit Autos. Ich solle mitspielen, lud er mich ein. Er gab mir ein Auto. Ich war guten Willens. Ich versuchte, mich diesem Spiel hinzugeben. Schon nach wenigen Minuten wurde mir klar, daß ich, offenbar zwanghaft, in stereotypes Frauenverhalten abgeglitten war. Ich hatte das kleine Blechauto zum Objekt traditionellen Pflegeverhaltens gemacht. Ich versorgte es. Ich fuhr das Auto an eine imaginäre Tankstelle. Ich gab ihm Benzin, füllte die Räder mit Luft, wusch die Fenster. Nein, nein, rügte mich mein Sohn, der diese Aktivitäten stirnrunzelnd verfolgte. Das sollte ich doch nicht machen, sondern ich sollte *Auto spielen!* Ich sah meine Chance gekommen, das alte Rätsel endlich zu ergründen. »Ich kann das nicht«, sagte ich listig. »Ich weiß nicht, was ich machen soll. Du mußt mir ganz genau erklären, wie das geht.«

Das tat er gerne.

Er schenkte mir einen freundlich pädagogischen Blick.

Man nimmt das Auto in die Hand, sagte er, und schiebt es ganz schnell nach vorne. Dazu macht man vrrrrr, vrrrrr. Manchmal kippt man das Auto um und ruft, bummmmmmmm! Das macht man ohne Unterbrechung eine Stunde lang. Erst dann kann man von sich behaupten, man habe Auto gespielt.

Ich jedenfalls weiß so wenig wie vorher. Vielleicht entsteht eine Art von Hypnose durch die gleichmäßige, langandauernde Kombination von Geräusch und Armbewegung. Vielleicht ist dieses vrrrrrr so etwas wie ein Mantra. Vielleicht wird der Kopf dabei herrlich frei, und die Gedanken verflüchtigen sich, Zen für männliche Kleinkinder.

Vielleicht kann mir das mein Enkelsohn erklären.

Cheryl

ten im Rahmen des Unterrichts einen Kindergarten. Jedem Volksschulkind wurde ein 2- oder 3jähriger zugeordnet, den er beobachten und mit dem er spielen sollte. Nach dem Besuch, der wöchentlich stattfand, mußten die Schüler über »ihr« Kind sprechen. Was tat es gerne, wie war ihre/seine Stimmung an diesem Tag, wie war es von den anderen kleinen Kindern behandelt worden? Wenn es quengelig oder traurig war, was konnte die Ursache sein? Schon nach kurzer Zeit entstand eine ausgeprägte Anteilnahme des Älteren gegenüber dem jüngeren Kind. Außerdem war diese Unterrichtseinheit bei allen Kindern, vor allem bei den Jungen, sehr beliebt. Der Sinn der Übung liegt auf der Hand: Die Kinder lernten, sich mit der Befindlichkeit anderer, von ihnen abhängiger Menschen zu befassen und erlebten sich in der Rolle des Versorgenden. Mädchen üben diese Fertigkeiten routinemäßig ein mit ihren Puppen, Haushalt- und Familienspielen, doch selbst sie profitieren davon, anstelle einer Phantasieversion die Realität zu erleben. Für Jungen hingegen ist diese Übung ein Novum und eine wertvolle Vorbereitung darauf, väterliche Impulse zu empfinden.

Haben es Jungen besser?

Die Beobachtungen in Kindergärten zeigen noch ein anderes interessantes Detail auf. Die zweigleisige Lenkung in »brave Mädchen« und »schlimme Jungen« hat für beide Seiten ausgesprochen negative Auswirkungen.

In Studien über die weibliche Sozialisation wird davon ausgegangen, daß traditionelle Erziehungsvorstellungen die Mädchen beschädigen, für die Buben aber vorteilhaft sind. Mädchen werden in ihrem Bewegungsdrang eingeschränkt. Mädchen sollen sauber bleiben, sollen brav und lieb und höflich sein. Buben dagegen dürfen ihre Motorik ausleben, laut und wild und schmutzig und frech sein, sich kindgerechter und selbstbewußter verhalten. Die Autorinnen der Klassiker auf diesem Gebiet, Ursula Scheu* und Elena Belotti**, beschreiben den »Drill zur Weiblichkeit«, der Mädchen eingeschränkt; mehr oder minder unausgesprochen steht im Raum, daß Jungen in Freiheit und Selbstentfaltung erzogen werden. Das ist sehr zu bezweifeln.

Paradoxerweise zitiert Belotti selbst etliche Anekdoten aus ihren Kindergartenbeobachtungen, die deutlich das Unbehagen der Jungen über ihre Zuweisung zeigen. Sie erzählt z. B. ausführlich von einem gewissen Giorgetto, einem ruhigen Jungen, der gern mit den Mädchen »Verkaufen« spielen möchte und von der Kindergärtnerin durch Spott und Be-

---

* Ursula Scheu, Wir werden nicht als Mädchen geboren, wir werden dazu gemacht. Frankfurt/M. 1977
** Elena Belotti, Was geschieht mit kleinen Mädchen? München 1975

schämung davon abgehalten wird. Sie erzählt von Paolo, dem folgendes widerfährt:

»Eine Kindergärtnerin sagt zur Klasse: ›Die Mädchen sollen nun die Zeichnungen holen, die wir heute früh gemacht haben.‹ Paolo hat offenbar nur den letzten Teil des Satzes verstanden und folgt den Mädchen. Die Bezugsperson bricht in schallendes Gelächter aus und verspottet ihn: ›Bist du vielleicht auch ein Mädchen? Gut, dann binden wir dir eine Schleife ins Haar!‹ Der Kleine errötet und läuft schnell wieder an seinen Platz, wo er lange Zeit schweigend und verstört sitzen bleibt.«

Belotti merkt zu Recht an, daß das Lachen der Mädchen einen bitteren Unterton hat; der Junge wird dafür verspottet, weil er offenbar etwas Minderes, nämlich ein Mädchen sein will. Doch auch für Paolo war das kein aufbauendes Erlebnis.

Jungen werden, ganz genauso wie Mädchen, auf bestimmte Eigenschaften gedrillt, und andere werden ihnen ausgetrieben – diese Zwangszuweisung geschieht mit unangenehmen Sanktionen wie Spott. Auch für die Jungen ist das negativ, eine Einschränkung ihrer Möglichkeiten und ihrer menschlichen Qualitäten, obwohl die Schublade, in die sie geschoben werden, die objektiv »bessere« ist.

Die Mädchen erobern sich innerhalb der sozialisierenden Institutionen und in den Augen ihrer Erzieher/innen eine Position, indem sie sich überanpassen und zu Vertreterinnen der Ordnung werden. Oft werden sie den Jungen gegenüber zu kleinen Kopien der Kindergärtnerin; sie ermahnen die Jungen, schütteln altklug den Kopf über deren Wildheit, warnen vor den Konsequenzen unbedachten Handelns. Es überrascht nicht, daß dies bei den Jungen gewisse Ressentiments weckt. Die Frau als regelvorgebende Wichtigtuerin und Spaßverderberin – das ist ein Image, das im späteren Leben so manchen Partnerschaftskonflikt eskalieren läßt und so mancher harmlosen, berechtigten Sorge der Frau eine negative Assoziation verleiht.

Doch die aggressive Komponente und das Schlimmsein im Spielen der Jungen hat noch einen anderen Zweck.

Beobachtungen in Kindergärten zeigen, daß Mädchenfreundschaften relativ zwanglos entstehen. Es gibt wenig Streit. Wer sich nicht mag, geht sich aus dem Weg. Jungen bilden vergleichsweise später, im Schnitt ein bis zwei Jahre später, ähnliche Freundschaften und Cliquen. Bis dahin sind die Interaktionen der Jungen miteinander (nicht aber gegenüber den Mädchen) durch Konflikte, Raufen, Angeberei, Beleidigungen und Signale der Verachtung gezeichnet.

»Das gleichgeschlechtliche Spielen der Jungen im Alter von vier und fünf folgt auf eine frühere Phase, die durch relativ hohe Anteile an Provokation und Angriff gekennzeichnet ist«, schreiben zusammenfassend Pitcher und Schultz.

Jungen finden über den Weg der Aggression zueinander. Bevor sie miteinander spielen, haben sie schon gelernt, miteinander zu rivalisieren, zu streiten und um Rang und Position zu kämpfen. Das mag für weibliche Ohren zunächst befremdlich klingen, aber die Kehrseite ist auch nicht besser. Mit Aggression überhaupt nicht umgehen zu können, ist genauso schlecht und potentiell ebenso schädlich wie eine aggressionsfreundliche und -fördernde Lebenshaltung. Mädchen schrecken vor jedem Konflikt zurück, wollen gemocht werden und sich vertragen – auch keine gesunde Lebenshaltung. Ein wünschenswertes Sozialverhalten bestünde in einem vollständigen Repertoire, das sowohl Kooperation wie auch Konflikte dort zuläßt, wo sie notwendig sind. Schon allein aus diesem Grund wäre eine integrative Erziehung von Kindern wünschenswert. Die kann aber nicht erreicht werden, wenn im Kindergarten zwei Welten nebeneinander existieren.

Auch hier können wir wieder die subtile, unreflektierte aber verhängnisvolle Einwirkung der Erwachsenen beobachten. Bei dieser Zuweisung der Eigenschaften: brav = Mädchen, schlimm = Jungen wirken die Erwachsenen tatkräftig mit. Sie tun das aus mehreren Gründen: Erstens ist es für Lehrer und Lehrerinnen angenehm, wenn sie zumindest die Hälfte der ihnen anvertrauten Gruppe zu Wohlverhalten animieren können. Zweitens besteht in der Volksschule ein latentes Konkurrenzverhalten zwischen Mädchen und Jungen; darauf können die Lehrer aufbauen in der Hoffnung, daß unschmeichelhafte Vergleiche die Buben zu größerer Bravheit animieren werden. Und drittens sind sich viele Lehrer ihrer eigenen traditionellen Anteile oftmals nicht bewußt; zumindest unterbewußt sind sie einfach wirklich der Meinung, daß Mädchen braver und Buben wilder sein *sollen*.

Öfter wurde uns von 7- bis 12jährigen Jungen die Beschwerde vorgetragen, ihre Lehrer und Lehrerinnen würden die Mädchen bevorzugen. Zur Illustration schilderten sie uns viele Beispiele für Sippenhaftung: Sind einige Jungen ungezogen, müssen alle Jungen eine Strafarbeit schreiben oder dürfen nicht in den Pausenhof. In einem Fall schickte der Lehrer die Mädchen Pizza essen, während die Jungen eine Zusatzarbeit schreiben mußten. Der Lehrer handelte damit, wie er wahrscheinlich glaubte, gerecht. Im allgemeinen sind die Mädchen brav, in der Regel sind die Jungen schlimm, deshalb fühlte er sich wohl mit seiner Pauschalbestrafung. Doch er erreichte damit das Gegenteil von dem, was er vermutlich anstrebte. Die Jungen wurden zwar bestraft, wurden gleichzeitig aber in ihrem Schlimmsein bestätigt, weil der Lehrer es zu ihrer gemeinsamen Eigenschaft deklarierte. Die Jungengruppe wird zusammengeschmiedet durch die Tatsache, daß auch die Welt sie als Gruppe sieht und behandelt. Sinnvoller und für die soziale Entwicklung produktiver wäre es, die Gruppenzuweisung aufzulockern.

In diesem speziellen Fall, der eine erste Gymnasiumsklasse betrifft, ging die Geschichte noch weiter. Die Mädchen, die den Lehrer ebenfalls ungerecht fanden, brachten den Jungen Pizza mit. Das war eine sehr gute Geste – die Mädchen lehnten sich damit auf gegen die Polarisierung ihrer Klasse und signalisierten den Jungen, daß sie sich nicht zu deren Bestrafung benutzen lassen wollten. Der Lehrer wurde deswegen zornig und rügte die Mädchen. Er interpretierte ihr Verhalten als Unterwanderung seiner Autorität, doch ebenso hätte er darin einen positiven sozialen Akt erkennen können, der dem Zusammenhalt der Klasse, der Entwicklung von Freundschaft und dem Aufweichen starrer Trennungslinien dient.

Lyn Brown und Carol Gilligan* haben in einer bemerkenswert recherchierten Studie die »Verweiblichung« der Mädchen dokumentiert, indem sie eine Gruppe von Schulmädchen über mehrere Jahre hindurch regelmäßig interviewten. Das eindeutigste Indiz für ihre Veränderung lag in ihrer systematischen »Nettwerdung«. Mit acht, neun und zehn Jahren äußerten die Mädchen deutlich ihre Meinung, hatten Standpunkte, waren lustig und manchmal auch böse, bewerteten Situationen. In den darauffolgenden Jahren waren sie hingegen zunehmend bestrebt, »nett« zu wirken, versöhnlich zu sprechen und von allen gemocht zu werden. Sie unterdrückten scheinbar willentlich ihr eigenes Urteilsvermögen im Interesse eines süßlich-harmonisierenden Sprechens und Denkens, redeten sich selber ihre natürlichen Impulse, Gefühle und Einschätzungen aus. »I have to be nice«, »ich muß nett sein«, war das leitende Prinzip der weiblichen Adoleszenz. Mädchen wurden von der Umwelt bombardiert mit Aufforderungen, großzügig und verständnisvoll, geduldig und zuvorkommend zu sein. Nett. Die weibliche Rolle läßt sich am besten zusammenfassen mit dem Wort: nett.

Doch daraus folgt keinesfalls, daß Jungen im Kontrast dazu ihre farbenfrohe, individuelle Persönlichkeit behalten können, daß sie frei sein, sich frei äußern dürfen. Ihre allmähliche Reduktion folgt lediglich anderen Zielvorstellungen. Sie sollen, immer noch, kühl und unberührbar, hart und kontrolliert sein.

---

* Carol Gilligan/Lyn M. Brown, Meeting At The Crossroads. Cambridge 1992

Die typischen Mädchenspielsachen irritieren nicht nur deshalb, weil sie so traditionell sind. Wirklich störend an ihnen ist noch etwas anderes. Sie sind langweilig, und man kann mit ihnen wenig anfangen. Diese Eigenschaft verbergen sie jedoch hinter einer glitzernden, verführerischen Fassade. Die Firma Polly Pocket lockt mit entzückenden Miniaturausgaben; bei manchen Ausführungen gehen winzige Lichter an und beleuchten klitzekleine Vergnügungsparks. Doch mit diesem Spielzeug kann man nichts »tun«. Man kann es ansehen, man kann es den Freundinnen zeigen, maximal kann man versuchen, die dazugehörigen kleinen Puppenfiguren auf winzige Bänke zu setzen, von denen sie aber unweigerlich herunterrutschen, doch weitere Möglichkeiten sind nicht gegeben. Mädchenspielsachen sind eine systematische Eingewöhnung in die Langeweile. Man kann nichts damit machen, außer sich an ihrem bloßen So-Sein zu erfreuen. Das wirklich Furchtbare am Spielen mit Puppen ist nicht, daß Puppen so rollenkonform, sondern daß sie so entsetzlich langweilig sind.

Das Spielverhalten der Jungen ist aggressiver als das der Mädchen. Ihre Spielsachen bieten aber zugleich mehr Handlungsmöglichkeiten. Die Spiele der Jungen haben meist etwas mit Abenteuer und Bewegung zu tun. Piraten erbeuten Goldschätze und werden von Ordnungshütern gefangen und ins Verlies gesperrt. Weltraumstationen entsenden Roboter auf ferne Planeten. Die Handlung hat meist einen deutlichen Vernichtungscharakter. Das friedliche Spielen mit Autos macht bald einer Massenkarambolage Platz. Das Raumschiff kämpft gegen außerirdische Angreifer. Doch diese Entwicklung kommt auch nicht von den Jungen allein, sondern wird eindeutig von den Spielwarenherstellern vorgegeben und von einschlägigen Zeichentrickfilmen ausgestaltet. Das Autoangebot umfaßt vorrangig auch Polizeiautos und Krankenwagen;

Matchbox bringt Autos auf den Markt, bei denen der Blechschaden schon eingebaut ist. Die Spielsachen der Jungen sind vielfältiger, beweglicher, weniger monoton als die der Mädchen, aber sie sind auf Zerstörung ausgerichtet.

Kindern, die sich zwischen Jungen- oder Mädchenspielsachen entscheiden müssen, bleibt die Wahl zwischen Destruktion und Langeweile.

Exkurs: Aufstand in der Volksschulklasse

Bis zum Schulalter ist der Prozeß der Blockbildung schon ziemlich weit vorangeschritten. Gegengeschlechtliche Einladungen zum Geburtstagsfest werden zum Beispiel sehr selten. In den Pausen bilden Mädchen und Jungen fast immer getrennte Gruppen, die getrennte Dinge tun. Man kann mitunter abfällige Äußerungen über die jeweils andere Gruppe hören.

Wir wollten es genauer wissen und überlegten, wie die Gruppe der Volksschüler am besten zu befragen sei. Zuerst dachten wir an einen Aufsatz, doch das Schreiben von Aufsätzen läuft in der Volksschule nach vorgegebenen Regeln ab, und die Texte geraten oft sehr kurz. Lehrerinnen schlugen vor, das Thema in Form eines Gruppengesprächs aufzugreifen, und der Vorschlag war gut. Zwar haben wir nicht erfahren, was die einzelnen Kinder wirklich und ganz ehrlich denken, denn sie wurden sofort mitgerissen von einer dramatischen Frontenbildung. Dafür aber wurden wir Zeuginnen einer Gruppendynamik, die höchst aufschlußreich war.

In insgesamt sieben Schulklassen lief es immer gleich ab:

Vorstellung des geplanten Vorhabens durch die Lehrerin. Ergänzende Sätze von uns. Erste Wortmeldungen, meist durch die Spaßvögel der Klasse. Ermahnung der Lehrerin, diese Aufgabe bitte ernst zu nehmen. Erneutes Formulieren der Fragestellung durch uns. Aufforderung der Lehrerin an die vergleichsweise ernsteren Mädchen, zuerst zu antworten: Wie sind Jungen, und wie unterscheidet sich ihr Verhalten von dem der Mädchen. Differenzierte Darstellung seitens der Mädchen von den ihrer Meinung nach guten und schlechten Eigenschaften der Jungen. Gejohle, Gelächter seitens der Jungen. Nun sind die Jungen an der Reihe. Sie äußern sich ausschließlich negativ über die Mädchen. Mädchen ärgern sich, melden sich erneut zu Wort, ergänzen ihre vorherige ausgewogenere Darstellung mit weiteren negativen Aussagen über Jungen, um sich zu rächen. Auffallend ist die aufgeheizte, eigenartige Stimmung, bei der sich nicht ganz ausmachen läßt, wieviel dieser Feindseligkeit ernst gemeint ist. Die Stimmung war, genaugenommen, nicht aggressiv, eher aufschaukelnd spielerisch.

Auch der Ausdruck der eigenen Überlegenheit ist bei den Jungen gespielt; in privateren Gesprächen äußern sie eher die Meinung, die Mädchen wären selbstbewußter als sie selbst, würden von den Lehrern bevorzugt behandelt werden und seien arrogant.

Doch unabhängig von all diesen Einschränkungen bleibt die Bildung in Blöcke. Mädchen und Jungen stehen sich gegenüber. Die Jungen sind in ihrer Selbstdarstellung unerschütterlich. Sie finden sich rundum gut, in jeder Hinsicht besser als die Mädchen – oder behaupten das zumindest. Die Mädchen sind ausgewogener, nennen zunächst auch Bereiche, in denen die Jungen besser sind. Erst wenn das Kompliment nicht erwidert wird, gehen sie ihrerseits pauschal zum Angriff über.

Jungen? In der ersten Gesprächsrunde fällt den Mädchen dies dazu ein:
– besser beim Völkerball
– wild, raufen immer
– kommen sich gut vor, sind aber in Wirklichkeit blöd
– manchmal hilfsbereit und nett
– tratschen alles aus, sagen Geheimnisse weiter

- langsamer
- manche sind doof, manche sind nett
- ärgern uns oft
- helfen uns manchmal beim Werken

Zu sich selber fällt ihnen ein:
- braver als die Jungen
- manchmal bösartig
- manche sind gescheit, manche auch zu gescheit, diese machen sich dann wichtig
- klüger als Buben
- können besser lesen
- nicht so gut im Turnen.

Dann waren die Jungen dran; sie sahen die Dinge weniger nuancenreich. Mädchen? Die sind
- klein, dumm, ängstlich
- blöd, hirnlos
- immer beleidigt
- wehleidig
- ärgern immer die Jungen
- frech, lästig, häßlich
- Petzen

Sie selber hingegen sind laut Selbstdarstellung
- besser als Mädchen
- braver als Mädchen
- stärker als Mädchen
- kämpfen immer
- sind gut im Raufen, Fahrrad fahren, Verfolgen und Schlimmsein
- schnell, können schnell laufen

Die Stimmung in den Klassenzimmern war während dieser Diskussionen immer sehr aufgeheizt. Es ging turbulent zu, mit Zwischenrufen, Drohungen, Gestöhne. Nicht alle Meldungen waren ernst gemeint; vieles zielte sichtlich auf Provokation, war an die Gegenseite adressiert in der Absicht, dort eine heftige Reaktion hervorzurufen. Trotzdem blieb ein eklatanter Unterschied: Die Mädchen waren, wenigstens zu Beginn, wesentlich versöhnlicher, bereit, die Überlegenheit der Jungen in manchen Punkten, vor allem beim Sport und im Werkunterricht, einzugestehen. Doch die Jungen billigten ihnen umgekehrt keine guten Eigenschaften zu. Sie sprachen keine Konditionalsätze, erwähnten keine Ausnahmen, ließen an den Mädchen nichts Gutes.

Wir besprachen die Ergebnisse mit den teilnehmenden Lehrerinnen. Eine von ihnen, Frau Renate Monghy, schildert ihre Beobachtungen.

»In der zweiten Hälfte der vierten Klasse ist es besonders extrem geworden. In der 3. Klasse waren die Mädchen und Jungen zwar immer getrennt, aber ohne Aggression. Sie haben sich einfach ignoriert. Schlimmer geworden ist es dann durch den Milan. Er ist neu dazugekommen, ein Flüchtlingskind. Er ist älter, schon 14, und hat eine ganz andere Perspektive. Eines der Mädchen hat ihm gefallen, und er wollte beim Faschingsfest mit ihr tanzen. Sie hat aber ihrem Alter entsprechend angewidert abgewehrt. Mit einem Jungen tanzen, nein, bäääh! Seit er da abgeblitzt ist, ist er zum Mädchenfeind geworden und hat die anderen Jungen mitgerissen.

Überhaupt sind Jungen irrsinnig anfällig auf Druck aus ihren Reihen. Die meisten Aggressionen gehen in meiner Klasse außer vom Milan vom Georg aus. Der brüllt irgend etwas, die anderen fühlen sich sofort unter Zugzwang und machen mit, auch wenn ihnen das sonst gar nicht entspricht.

Der Frank nimmt eine Außenseiterposition ein. Letztens hatten wir eine Einheit über Gesellschaftsspiele, er war der einzige, der anschließend in der Pause noch weiterspielte mit den Mädchen. Dafür wurde er aber nicht gegängelt von den Jungen, weil er einen guten Stand hat in der Klasse. Er ist zwar so ein blasses, zartes Kind, aber er wehrt sich. Wenn er angegriffen wird, dreht er durch und tobt, damit verschafft er sich Respekt.

In letzter Zeit ist es sehr extrem. Die haben sogar das Klassenzimmer aufgeteilt in Zonen, eine Zone ist den Mädchen verboten.

Die Gruppe ist nicht einheitlich. An einem Extrem gibt es die Machos. Dann gibt es die große Mehrheit, die so oder so denjenigen nachredet, die das Wort führen. Am anderen Extrem gibt es die neutralen Jungen, die auch mal neben einem Mädchen sitzen und mit ihnen spielen.

Manches von all dem ist wahrscheinlich eine altersbedingte Dynamik. Ich glaube, es ist wichtig, mit ihnen zu reden, ihnen klarzumachen, was da mit ihnen läuft, auch wenn nur ein Teil davon jetzt unmittelbar haften bleibt. Humor ist wichtig. Ich habe ihnen gesagt, daß sie noch knien werden vor den Mädchen und zittern, ob eine angerufen hat. Und umgekehrt auch. Ich habe ihnen erzählt, daß ich meinen Mann erstmals kennengelernt habe mit 16 und ihn grauenhaft gefunden habe und er mich auch. Wenn mir jemand gesagt hätte daß ich ihn eines Tages heirate, hätte ich gesagt nie, nie, nie.

Bei den Jungen, die ein entspannteres Verhältnis zu Mädchen haben, kann man Familiengründe dafür finden. Der Frank hat ein sehr liebevolles Verhältnis zu seiner Mutter, er ist auch sehr stolz auf sie, weil sie jetzt an der Uni studiert. Auch wenn er vielleicht darunter leidet, daß sie deshalb weniger Zeit für ihn hat, ist er schwer von ihr beeindruckt. Er zeigt immer, wie dick die Bücher sind, die sie lesen muß. Der Robert hat eine sehr intelligente ältere Schwester und außerdem eine jüngere Schwester, er hat gelernt, mit Mädchen in verschiedenen Altersstufen auszukommen. Dagegen ist der Georg der Anführer der Anti-Mädchengruppe. Er bekommt zu Hause wenig Wärme, wenig Fürsorge, er ist nicht stabil.«

Die Geschlechterpolizei

Hinter der Fassade moderner Schulgebäude herrschen die Gesetze des Dschungels. Da wird geschlagen, getreten, gedroht, da wird unterworfen und triumphiert. Systematisch werden empfindsame Jungenseelen auf Härte und Roheit trainiert – und so auf den Überlebenskampf draußen in der Welt vorbereitet.

»Mütter erziehen doch die Söhne« – aber nicht sie allein. Viele ungebetene Pädagogen wirken dabei auch noch mit.

Diese Geschlechtererziehung hat viele Schauplätze: das Fernsehen, die Verwandtschaft, die Nachbarn und natürlich die Schule. Dort verbringen Kinder und junge Leute den Großteil ihres Lebens, und dort stehen Geschlechtsrollen zwar nicht auf dem Lehrplan, gehören aber ganz unmittelbar zum Lehrstoff. Was uns dabei erschütterte: die Brutalität, die zum Erlernen der Männlichkeit gehört. Die Männlichkeit wird unseren Söhnen im wahrsten Sinn des Wortes eingeprügelt – von der sogenannten Peer-group, der gleichaltrigen Jungengemeinschaft, und mehr noch von den etwas älteren Jungen. Gemeinsam bilden sie eine Kontrollinstanz, die wir als »Geschlechterpolizei« beschreiben können.

Die Geschlechterpolizei ist allgegenwärtig, und sie ist erbarmungslos. Einfühlsam sollen unsere Söhne werden, phantasievoll, kooperativ? Das trostlose Imponiergehabe sollen sie ablegen, das Aufplustern, die Drohgebärden? Die Geschlechterpolizei hat anderes mit ihnen vor. Unseren Söhnen werden die weichen Eigenschaften ausgetrieben; sie leben in einer Subkultur der Grobheit und Gewalt, in der sie nur mit primitiven Dschungeltaktiken überleben können. Sie unterwerfen sich einem Anführer, lernen zu bluffen, werden von den Größeren getreten, prügeln auf einen Schwächeren ein, bilden Banden und suchen Trost und Beistand in der Jungengruppe.

Hinter der Fassade moderner Schulhäuser leben unsere Söhne in einer Wildnis, deren gezielte Absicht es ist, sie verrohen und abstumpfen zu lassen. Viele Eltern stört das, aber sie wissen nicht genau, was sie dagegen unternehmen sollen. Zu ihrem Unbehagen bagatellisieren manche Eltern die Probleme, – »so sind Kinder eben«, »das war schon immer so und wird immer so sein«. Gemeine Verprügelungen werden verharmlosend zu »Raufereien«, und Bosheit als jugendlicher Übermut interpretiert.

Manche Eltern, auch manche Mütter, akzeptieren gewalttätige Vorfälle sogar ganz dezidiert. »Das ist die Schule des Lebens«, war der Kommentar von mehr als einer Mutter, als gewalttätige Vorfälle beim Elternabend besprochen werden sollten. »Das härtet ab.«

Was Mädchen angetan wird, stört uns mittlerweile. Wir protestieren dagegen, daß sie vor sexuellen Belästigungen nicht sicher sind, daß ihr Selbstbewußtsein in der Schule nicht genug gefördert wird. Daß unsere Töchter weich und gefügig gemacht werden sollen, wenn nötig mit Gewalt, stört uns. Unsere Söhne werden auf andere Weise gefügig gemacht, werden »abgehärtet«, und das stört uns nicht?

Wer erzieht den Sohn zum Mann?

Über die Sozialisation von Mädchen gibt es viele Studien. »Wir werden nicht als Mädchen geboren«, lautete eine frühe Einsicht (und ein gleichnamiges Buch, siehe Seite 193) der Frauenbewegung – die Eigenschaften der Bravheit, der Zögerlichkeit, der Zierlichkeit werden antrainiert in tausendfacher subtiler Weise, angefangen mit dem rosaroten Strampelanzug mit Rüschen.

In der Fachliteratur ist der Mann dagegen immer noch ein unbeschriebenes Blatt. Wie wird er so, wie er ist – oder ist er einfach nur so, unhinterfragbar, eine Naturgewalt, ein unverrückbarer Felsen? Wer männliche Heranwachsende betrachtet, mag an ihnen die eine oder andere Männeralüre erkennen, mag erfreut oder irritiert bemerken, daß Jungen sich oftmals wirklich anders benehmen als Mädchen, schon sehr früh.

Unter kritisch denkenden Müttern gehört es heute zum selbstverständlichen Gesprächsstoff, daß Tochter und Sohn trotz Gleichbehandlung andere Spielsachen und Spielstile bevorzugten, daß die Mädchen eitler seien und die Jungen wilder, daß sich in den Schulpausen die Jungen balgen wie kleine Hunde, während die Mädchen sich Geheimnisse zuflüstern und, oh Gott, mit Puppen, mit frisierbaren kleinen Ponies und mit allerlei sonstigen pastellfarbenen Anachronismen spielen würden.

Doch ein zweiter Blick erweitert unser Bild. Denn männliche Kinder haben vielleicht ansatzweise einige der Verhaltensweisen, die uns an die klischeehafte Männlichkeit erinnern, aber sie haben auch reichlich all die Eigenschaften, die wir bei erwachsenen Männern so sehr vermissen.

Sie sind gefühlvoll. Noch mit zehn und elf Jahren weinen sie, weil ein Freund sie enttäuscht oder irgendein Ereignis sie verletzt hat. Sie sind einfühlsam und registrieren genau die emotionale Befindlichkeit ihrer Umgebung. Sie bemerken es, wenn ihr Lehrer heute ernst, ihre Mutter traurig, die große Schwester unerklärlich schroff ist. Sie können zuhören, Rat geben, trösten. Sie wissen über die persönlichen Umstände ihrer Freunde Bescheid. Sie können vor einer Entscheidung das Für und Wider erwägen und Kompromisse vorschlagen.

Oft sind sie tatsächlich viel beziehungs-, kommunikations- und liebesfähiger als ein erwachsener Mann. Die große Frage ist, was mit ihnen geschieht und wann und durch wen, um aus ihnen einen »richtigen Mann« zu machen.

Aus Beobachtungen von Müttern wissen wir, daß Jungen von der Umwelt und auch von anderen Jungen sehr stark kontrolliert werden im Hinblick auf ihre Anpassung an die Normen der Männlichkeit. Es gibt so etwas wie eine selbsternannte Geschlechterpolizei, eine freiwillige Miliz aus besonders eifrigen kleinen Männlichkeitsadvokaten, die andere Jungen vor dem Ausscheren bewahren. Mit einer Strenge, die an die Revolutionswächter des fundamentalistischen Iran erinnert, kontrollieren sie das Verhalten ihrer jungen Mit-Männer. Mit derselben Unerbittlichkeit, mit der erstere eine unter dem Kopftuch hervorlugende Haarsträhne ahnden, achten auch letztere auf geringfügige Abweichungen. Ihre Sanktionen: Spott, Ausschluß aus der Jungengruppe, Gewalt.

Achim wurde, mit vier Jahren, im Schwimmbad von etwas älteren Jungen verspottet, weil auf seinem Badetuch eine Katze – Garfield – abgebildet war. »Katzen sind für Mädchen.«

Karl wurde bis aufs Blut gepeinigt, als seine Klassenkameraden zufällig erfuhren, daß er am Vorabend die Hausaufgabe telefonisch bei einem Mädchen erfragt hatte. Ein Mädchen anrufen bedeutet, in sie »verliebt« zu sein.

Eltern können, müssen mit ihren Kindern über solche Vorfälle sprechen, sie relativieren, sie erklären. Sie können ihr Kind dagegen wappnen und darauf vorbereiten. Doch in der Schulklasse steht der 6jährige den Kontrollen der Geschlechterpolizei dann allein gegenüber; und wird sich hüten, den Spott seiner Altersgenossen leichtfertig auf sich zu ziehen.

Wer »erzieht« den Sohn zum Mann? Auf der Suche nach Antworten beschlossen wir, uns das Leben von Jungen in der Schule genauer anzusehen.* Wir hatten anekdotenhaft von Erstkläßlern im Gymnasium erfahren, daß sie häufig von

* Wir danken den beteiligten Schülerinnen, Schülern und Lehrern sehr herzlich für die tolle Mitarbeit. Besonders herzlichen Dank den ersten Klassen des Jahres 1993/94 des Theresianums und des Akademischen Gymnasiums in Wien und Herrn Professor Herbert Quirgst für die engagierte Unterstützung.

älteren Schülern geärgert, herumgestoßen und sonstwie schlecht behandelt würden. Um mehr darüber zu erfahren, teilten wir einen Fragebogen aus. Er wurde von den Erstkläßlern (10–11 Jahre alt) und den Fünftkläßlern (15–16 Jahre alt), letztere in ihrer Rolle als mutmaßliche »Täter«, beantwortet. Wir sprachen bewußt alltägliche Probleme an, um Ausnahmesituationen auszuschalten. Wir wählten daher Schulen, die von Mittelschichtkindern besucht werden, in denen Waffen, Drogen, Banden und dergleichen noch nicht Einzug gehalten haben. Es handelt sich um Ganztagsschulen in Wien. Der Fragebogen bezog sich auf altershomogene und altersheterogene Gewalt. Er war anonym, lediglich die Klassen- und die Geschlechtszugehörigkeit wurden abgegeben. Hier die Fragen, die von 160 Kindern beantwortet wurden:

Erste Klasse Gymnasium:

Viele Kinder in Deinem Alter erzählen, daß sie von Schülern aus den höheren Klassen geärgert (gestoßen, weggedrängt, verspottet etc.) werden. Ist dir das auch schon passiert? Was ist genau geschehen? Erzähle bitte drei Beispiele.

Wie hast du in diesen drei Fällen genau reagiert? (Bist du einfach weggegangen, hast du mit denen diskutiert, hast du zurückgeschlagen usw.?)

Hat sich sonst noch jemand eingemischt, um dir oder dem/der anderen zu helfen? Wer?

Wie fühlst du dich bei solchen Vorfällen? (Hast du z. B. Angst, bist du wütend, traurig etc.)

Erzählst du es normalerweise irgendwem, wenn so etwas passiert? Wem? (Freunde, Lehrer, Mutter, Vater etc.)

Welchen Rat geben sie dir oder würden sie dir geben?

Freunde:
Lehrer:
Mutter:
Vater:

Wie denkst du über solche Ereignisse? Stört es dich, daß so etwas vorkommt, oder findest du es nicht so schlimm?

Jetzt noch ein paar Fragen zu eurem Leben in der Klasse. Wenn du dir eine typische Woche vorstellst, wie oft kommt es da ungefähr vor, daß dir folgendes passiert: von einem Mitschüler absichtlich gestoßen, gezwickt, gewürgt, geschlagen usw. werden   ... mal

von einer Mitschülerin absichtlich gestoßen, gezwickt, gewürgt, geschlagen usw. werden   ... mal

von mehreren Mitschülern gemeinsam verprügelt werden   ... mal

Hast du dabei schon einmal richtig Angst gehabt oder bist verletzt worden? Erzähle bitte, was genau passierte.

Bist Du schon einmal von Mitschülern/Mitschülerinnen so verspottet worden, daß es dich richtig geärgert hat? Was haben die zu dir gesagt?

Wann hast du selber das letzte Mal gegen einen Mitschüler/eine Mitschülerin Gewalt ausgeübt? Wie kam es dazu?

Wie denkst du jetzt darüber – war das okay, oder tut es dir leid?

Fünfte Klasse Gymnasium:

Die jüngsten Schüler werden oft von den Schülern der höheren Klassen grob behandelt. Sie werden gestoßen, geärgert, vom Sportplatz verdrängt u. ä. Wie kommt es dazu?

Habt ihr, als ihr Erstkläßler war, Ähnliches erlebt? Erzählt bitte einige Beispiele, die ihr noch in Erinnerung habt.

Wie war das? War es euch egal, wart ihr zornig, gekränkt etc.?

Was treibt euch heute dazu, dieses Verhalten zu wiederholen?

Und was macht ihr heute genau, um die Erstkläßler auf ihren Platz zu verweisen?

Das erste und sichtbarste Ergebnis, wenn man die Antwortbögen vor sich liegen hat, ist ein optisches. Die Erstkläßler haben ihren Auftrag sichtlich ernst genommen und sich echte Mühe gegeben, obwohl die Aufgabe anonym war und nicht benotet wurde. Sie antworten ausführlich, nachdenklich. Sie schreiben schön. Sie verzieren ihre Fragebögen mit originellen Illustrationen; Fabrikschlote, Dinosaurier unter Palmen, Vogelhäuser, eigenwillige Selbstporträts schmücken ihre Ausführungen, eine ungewohnte optische Freude für die auswertenden Soziologinnen.

Die fünfte Klasse hingegen betrachtet diese ganze Angelegenheit sichtlich als Scherz. Sie antworten mit Sarkasmus und mit Witzen. Doch man muß kein Graphologe sein, um zu bemerken, daß ihr Schriftbild eine innere Aufwühlung verrät. Ist es die Pubertät oder das Thema? Sie versehen ihre Sätze gleich mit bis zu zwölf Ausrufe- oder Fragezeichen. Ihre Antwortbögen sind übersät von Durchstreichungen. Nur 6% antworten »normal«, d. h. ernsthaft und ohne verbale Exzesse – bei ihnen wirkt auch die Handschrift »normal«. Es ist augenscheinlich, daß die Fünftkläßler insgesamt sich in die Defensive gedrängt und provoziert fühlen. Insgesamt wirken sie wesentlich »kindischer«, unreifer und unartikulierter als die Erstkläßler.

Das zweite sofort ersichtliche Resultat – jedoch nur bezüglich der altershomogenen Gewalt – bezieht sich auf den Unterschied zwischen Mädchen und Jungen. Die Koedukation ändert wenig daran, daß Mädchen und Jungen zwei getrennte Welten bewohnen; sie sitzen im selben Klassenzimmer, und trotzdem ist es so, als würden sie in zwei verschiedene Schulen gehen. Die Schulklasse der Jungen ist grob, gewalttätig; die Schulklasse der Mädchen ist weitgehend friedlich. Sogar dem Klischee – und unserer persönlichen Mutmaßung –, daß Mädchen vielleicht verbal und psychisch böser zueinander sind als Jungen, widersprechen die Informationen unserer jungen Auskunftgeber.

In unserer Schule geht es nicht sehr gewalttätig zu,
Gott sei Dank. Aber Zwischenfälle gibt es immer. Wie
neulich mit Peter. Peter ist bei den anderen Jungen unbe-
liebt, ich weiß nicht warum. Jedenfalls haben sie ihm die
Jacke weggenommen und sie ins Klo getragen und dort in
einen Mistkübel gestopft. Und dann haben sie noch
draufgepinkelt. Das ist in meine Augen etwas, was
Mädchen einfach nicht tun würden. Die sind auch häßlich zueinander und können richtig gemein sein und auch
boshaft. Aber diesen primitiven Trieb, den anderen restlos zu demütigen, den haben sie nicht. Das ist einfach
nicht vorstellbar, bei Mädchen, daß sie auf den vernichte-
ten Gegner sozusagen noch draufpinkeln müssen. Da
steckt noch der Urwald drin.

Melinda

60% der Jungen, aber nur 16% der Mädchen wurden schon so
sehr verspottet, daß sie sich richtig kränkten. Noch krasser
wird es bei den körperlichen Ausschreitungen. Nur 6% der
Jungen, im Vergleich zu 83% der Mädchen, können von sich
behaupten, daß sie in einer durchschnittlichen Schulwoche nie
geschlagen werden. 66% der Jungen, aber nur 16% der
Mädchen sind ein- bis zweimal in der Woche der Gewalt ausgesetzt. 26% der Jungen, aber keines der Mädchen, erlebt öfter als zweimal in der Woche körperliche Grobheiten. Nicht
klar ist, in welchem Ausmaß diese Grobheiten, zumindest von
den Jungen, immer noch als Spiel aufgefaßt werden. Wir können jedoch annehmen, daß es nicht angenehm ist, von »mehreren Mitschülern gemeinsam verprügelt« zu werden. Einem
einzigen Mädchen widerfährt dieses Schicksal. Bei den Jungen
hingegen kommt das bei 26% ein- bis zweimal die Woche, bei
13% sogar mehr als zweimal vor.

Die Einschätzung der eigenen Friedfertigkeit ist bei den

Mädchen nicht subjektiv; auch die Jungen attestieren ihnen diese Eigenschaft. 93% der Jungen geben an, noch nie von einem Mädchen angegriffen worden zu sein. Das beruht auf Gegenseitigkeit; auch die Mädchen gaben an, von männlichen Klassenkameraden nicht attackiert zu werden.

Weniger als 2% der Mädchen, aber 80% der Jungen bekennen sich zur eigenen Gewaltanwendung, wobei 26% den Vorfall bedauern, 40% ihn nicht bedauern, weil sie sich provoziert fühlten, und 13% gemischte Gefühle beschreiben.

Doch dieser härtere Umgang miteinander verläuft immerhin nach gewissen Regeln. Wer bekannt dafür ist, daß er häufig ausrastet, wird oft von mehreren, darunter seinen besten Freunden, zurückgehalten; wer einen anderen genügend ärgert, muß sich nicht wundern, wenn der irgendwann zurückschlägt; eine Rauferei schließt nicht aus, daß die Streitparteien am nächsten Tag wieder die besten Freunde sind. Manches am Verhalten von Buben ist auch ihrer spezifischen Motorik zuzuschreiben und gehört in die Rubrik »Balgen«. Schlimm ist es nur für diejenigen, die aus irgendwelchen Gründen zu Außenseitern deklariert werden.

Das hört sich ganz anders an, wenn es um die Übergriffe der Größeren geht. Und hiervon sind auch die Mädchen nicht verschont. Wenn die Erstkläßler beschreiben, was ihnen von den Größeren angetan wird, wird der Ton viel ernster. Der Kräfteunterschied zu den Großen erzeugt eher Angst; dazu kommt das Gefühl der Demütigung, wenn man sich als Kleiner nicht wehren kann, zumal die Großen oft auch im Rudel attackieren.

Gorillas auf dem Schulhof

»Der andere Fall hingegen betrifft die Verletzung meiner persönlichen äußerlichen Freiheit, meines Leibes oder Lebens oder auch meines Eigentums überhaupt durch Gewalttätigkeit.

Erläuterung: [...] Es ist Beraubung der natürlichen äußerlichen Freiheit, sich nicht hinbegeben zu können, wohin man will, und dergleichen mehr [...] Obgleich Leib und Leben etwas Äußerliches ist, wie Eigentum, so ist meine Persönlichkeit doch darunter verletzt, weil in meinem Körper selbst mein unmittelbares Selbstgefühl ist.«

»Der Zwang, der durch eine solche Handlung gesetzt worden, muß nicht nur aufgehoben, d. h. die innere Nichtigkeit einer solchen Handlung nicht nur negativerweise dargestellt werden, sondern es muß auch auf positive Weise die Wiedervergeltung eintreten.«

Georg Wilhelm Friedrich Hegel,
»Texte zur philosophischen Propädeutik«

Das Kleinsein der Kinder ist nicht nur ein körperlicher Zustand, sondern auch eine soziale Statuszuweisung.

Demokratie heißt, daß alle die gleichen Rechte haben. Der moderne Rechtsstaat ist darauf gegründet, daß nur der Staat und seine Organe Gewalt ausüben dürfen, daß Bürger und Bürgerinnen, vom Staat auch voreinander geschützt, in Sicherheit ihres Weges gehen können.

Im Zuge ihres Aufwachsens erleben Kinder, informell, eine sehr konträre »politische Bildung«; sie lernen, daß die Stärkeren über die Schwächeren herrschen. Ihre Bewegungsfreiheit und ihr Recht auf Meinungsäußerung werden stark und willkürlich beschnitten. Und zwar nicht nur und nicht in erster Linie durch Erwachsene, die diese Kontrolle immerhin noch im Sinne eines Erziehungs- und Schutzauftrags ausüben, sondern durch andere, größere Kinder.

Die einzelnen kränkenden, ungerechten oder gewalttätigen Episoden, die uns beschrieben wurden, variierten sehr in ihrem Gewicht. Manche Menschen werden vielleicht finden, das meiste davon sei nicht so schlimm; man würde Kinder nur verweichlichen, wenn man schon die kleinen Ärgernisse ihres Alltags dermaßen ernst nähme; es gehöre einfach zum Erwachsenwerden dazu, vor allem eines Jungen, ein bißchen abgehärtet zu werden.

Es ist eine interessante Übung, in Diskussionen zu beobachten, wer diesen Standpunkt vertritt: Männer viel eher als Frauen. Und wenn man bei diesen Männern nachfragt, können die meisten sich daran erinnern, als Kinder auch unter der Grobheit der älteren Jungen gelitten zu haben.

Ein junger Verfechter der Abhärtungs- und Es-ist-schonnicht-so-schlimm-Theorie erzählte später, daß er als Junge einen weiten Schulweg mit der Bahn zurücklegen mußte. Während dieser Fahrt wurden die Kleinen regelmäßig von den Großen gequält; man nahm ihnen das Jausenbrot weg und verspeiste es genußvoll, warf ihre Hefte und Hausaufgaben aus dem Zugfenster und dergleichen mehr. Vor dieser Anreise, sagt er, hat er sich jeden Tag gefürchtet. Aber auch bei diesem Mann führten die eigenen Kindheitserlebnisse keineswegs dazu, dieses Verhalten in irgendeiner Weise in Frage zu stellen. Er vertrat vielmehr die Meinung, das »sei eben so«; das männliche Wesen hätte einfach eine rohe Komponente, könne sadistisch und machthungrig sein.

Wer die Erzählungen unserer 10- und 11jährigen studiert, kann eine andere Botschaft herauslesen. Man kann darin den Prozeß verfolgen, im Zuge dessen Sensibilität stumpf gemacht, der Gerechtigkeitssinn abgeschwächt, das humanistische Gleichheitsgefühl negiert wird.

Nicht auf die halbherzigen Harmonisierungsverkündungen in manchen progressiven Lehrplänen, sondern auf das reale Miteinander auf dem Pausenhof trifft der vielzitierte Begriff zu: soziales Lernen. Soziales Lernen findet überall und immer statt. Und weil Kinder eben Kinder sind, verläuft ihr Lernprozeß in kleinen Schritten. Schritte, die, für sich genommen, dem Erwachsenen unbedeutend erscheinen. Schreiben lernt man, indem man zunächst einmal seitenweise Striche und Kreise malt; am Buchstabentag wird nicht Goethe gelesen, sondern man formt aus Fimo lauter kleine J's. Und analog dazu wird den Kindern auch durch kleine, einfache Lektionen beigebracht, wer in der Welt etwas zu sagen hat, wie man sich durchsetzt, was man sich gefallen lassen muß.

Die Erstkläßler können sich noch an einer großen Schneekugel erfreuen, bis sie so oft kaputtgemacht wird, daß sie keine neue mehr bauen. Sie sind noch innerlich empört über Ungerechtigkeiten, bis sie lernen, daß man besser den Mund hält.

Im informellen Unterrichtsfach »Machtausübung« haben unsere Söhne eine Menge Stoff zu bewältigen. Sie lernen:
- daß Rang und Hierarchie auf der Grundlage von Zwang und Macht ausgeübt werden,
- daß Größere ihre schlechte Laune und ihr willkürliches Machtstreben an Kleinen ausagieren dürfen,
- daß es kein Recht an sich auf faire Behandlung gibt, sondern maximal die Möglichkeit, eine Ordnungsinstanz (Lehrer) zu Hilfe zu rufen,
- ihre Gefühle, vor allem Gefühle wie Angst und Unsicherheit, zu verbergen und zu unterdrücken, auch vor sich selbst.

Die Fragebögen haben uns, das sollten wir eingangs sagen, sehr berührt. Die Offenheit der Erstkläßler und ihre Bereitschaft, die eigenen Gefühle zu reflektieren und ihre Verletzbarkeit einzugestehen, das ausgeprägte Gerechtigkeitsgefühl, ihre plastischen Schilderungen und natürlich ihre Situation, als »Kleine« permanent die »underdogs« zu sein, all das sprach uns sehr an. Die Fragebögen schenkten uns einen Blick in eine andere Welt, in der andere Dinge wichtig sind, man andere Sorgen hat, andere Relationen herrschen.

Bei der Frage, ob sie selber auch schon gegen einen Klassenkameraden Gewalt ausgeübt hatten, gaben viele Kinder zum Beispiel das genaue Datum an. »Ja, es war am 24. 1.« Hat Dir jemand geholfen? »Ja. Die Isabella.«

Bei den Beleidigungen, die einen ernsthaft kränken können, hielten sich manche hingegen zurück. »Solche Worte möchte ich nicht in den Mund nehmen«, meint ein Kind; »das sage ich nicht«, widersetzte sich ein anderes.

Sie vertrauten uns ihre Wertung des Zwischenfalls an und ihre Überlegungen, wie sie einen Streit mit einem Freund wiedergutmachen könnten. (»Eigentlich tut es mir leid. Wenn er immer noch böse ist, werde ich dem Georg heute eine Fanta kaufen.«)

Vieles war von einer beglückenden, zufälligen Komik. Hat Herbert schon einmal Gewalt ausgeübt? »Ja, gestern. Der Thomas hat mich die ganze Zeit mit dem Fuß beim Ministrieren gestoßen. Nach der Messe habe ich ihn dann verdroschen.«

Wir erfuhren von ihren Verletzungen. Sie wurden von Siebtkläßlern mit Büchern beworfen. »Seitdem habe ich eine kleine Beule am Kopf, ich glaube, für immer.«

»Ein Großer kam mir entgegen. Er schimpfte mich Zwerg, was mir weiter nichts ausmachte, doch dann stellte er mir das Bein, und ich fiel um. Ich lief davon. In der Klasse bemerkte ich, daß ich sogar blutete.«

Ein anderer, der sich mit einer frechen Bemerkung gewehrt und dafür von den Freunden des beleidigten Größeren geprügelt wurde, verbrachte danach »eine Stunde in der Krankenstation«.

Auch die Demütigungen wurden schmerzhaft registriert, und wir nahmen Anteil am Schicksal von Franz, an dessen Pullover die Größeren »einen Stock abputzten, auf den vorher sieben Leute gespuckt hatten«, und von Benni, der von einem

Großen auf den Boden geschleudert wurde, während dessen Freunde »höhnisch lachten«.

Doch auch der vermutliche weitere Entwicklungsweg, die Zukunft unserer empfindsamen Auskunftgeber, bedrückte uns: In zwei oder drei Jahren würden die Jungen nicht mehr zugeben, auf gar keinen Fall, daß sie »Angst« hätten. Und in zwanzig Jahren würden sie niemals mehr eingestehen, daß sie »Bauchweh« hätten vor lauter Angst oder daß ihr »Herz schneller schlägt«, wenn Größere auf sie zukommen; bis dahin werden sie diese Empfindungen unterdrücken und statt dessen Magengeschwüre, Herzanfälle bekommen.

Viele der Konflikte zwischen Großen und Kleinen lassen sich unschwer als Territorialkämpfe erkennen. Die Kleinen befinden sich auf dem gemeinsamen Terrain, die Großen verjagen sie mit dem Hinweis, daß »Erstkläßler« dort keine Rechte haben. In diesen speziellen Schulen gab es verschiedene Orte, an denen dieser Konflikt entbrannte. Beim Coca-Cola-Automaten und auf dem Sportplatz ging es um die Verteilung von Gütern, aber auch um Status. Die Kleineren standen in der Schlange, die Größeren schoben sie zur Seite und gingen vor; die Kleineren spielten auf dem eigens für sie reservierten »Erstkläßler-Fußballfeld«, die Großen verjagten sie trotzdem. Damit wurden die Kleinen um ihre Chance gebracht, in der kurzen Pause ein Getränk kaufen zu können oder an diesem Tag Fußball zu spielen, aber es wurde zugleich eine Botschaft vermittelt: Wir sind größer, wir können über euch verfügen. Auf den Gängen ging es um die »Vorfahrtsrechte« und das Sicherheitsgefühl. Große versperrten den Kleinen den Weg, vor allem dann, wenn die Kleinen in die Klassenräume oder Gebäudetrakte der Großen gehen mußten.

Die Diskussion über »Frauen und Raum« ist soziologisch gut aufgearbeitet; in der Behandlung kleiner Jungen seitens großer Jungen erkennen wir viele Parallelen. Auch den kleinen Jungen »gehört« die Straße (bzw. der Gang, die Schule) nicht. Sie sollen möglichst wenig Platz einnehmen und zurücktreten.

Die eingangs angeführten Sätze Hegels zitierten wir schon einmal, in einem früheren Buch.* Damals untersuchten wir männliche Übergriffe gegenüber Frauen auf der Straße und in anderen öffentlichen Situationen. Die Parallelen sind zahlreich und auffallend: In beiden Fällen geht es um Macht und Status. In beiden Fällen wird signalisiert, daß der Stärkere ein Verfügungsrecht über die körperliche Sicherheit und Bewegungsfreiheit des Schwächeren hat. In beiden Fällen fühlt sich der Schwächere durch die permanente Möglichkeit solcher Übergriffe verunsichert und eingeschränkt. Und in beiden Fällen werden diesbezügliche Erfahrungen abgewertet mit dem Hinweis, das alles sei »normal«, trivial, ohne echte Bedeutung. Was wir damals einleitend über das Alltagsverhalten von Frauen schrieben, trifft auf Kinder genauso zu:

»Die alltäglichen Verletzungen der eigenen persönlichen Sphäre, die regelmäßigen, wenn auch abrupten Einbrüche in den Ablauf des Alltags werden zur Gewohnheit; es wird zur Gewohnheit, sich rasch wieder zu sammeln und des Weges zu gehen, Bemerkungen zu überhören; es wird zur Gewohnheit, sich selbst übermäßige Empfindlichkeit vorzuwerfen... Man gewöhnt sich daran.«

Gröbere Mißhandlungen stoßen auf allgemeine Mißbilligung, doch für die soziale Prägung wichtiger sind eigentlich die subtileren kleinen Vorfälle. Was Korda über den geschlechtsspezifischen Zusammenhang schreibt, gilt auch für die Dominanzachse klein-groß: »Eine der wichtigsten Methoden zur Aufrechterhaltung der [...] Dominanz in alltäglichen Interak-

---

* Benard/Schlaffer, Der Mann auf der Straße. Über das merkwürdige Verhalten von Männern in ganz alltäglichen Situationen. Reinbek b. Hamburg 1980

tionen ist das Bemühen, den anderen durch ständige, triviale Irritierungen ein Gefühl der Unsicherheit einzuflößen [...] «*

»Als der neue Cola-Automat in der Schule war, wollte ich mir ein Cola kaufen. Ich stellte mich in die lange Schlange und wartete. Auf einmal kamen Buben von der Oberstufe und drängten sich vor. Ich sagte, ›stellt euch hinten an!‹ Aber sie beschimpften uns nur. Als ich endlich an der Reihe war, läutete schon die Glocke.«

»Eines Tages spielten wir Basketball. Da kamen zwei aus der Oberstufe und wollten uns den Korb wegnehmen. Wir weigerten uns aber wegzugehen. Da nahmen sie uns den Ball weg und traten ihn weit weg. Wir liefen dem Ball nach, aber sie folgten uns. Nach einer Weile hatten sie uns eingeholt. Sie zogen uns an den Haaren, hauten uns und traten auf uns ein. Plötzlich kamen welche aus der 8. Klasse und vertrieben sie. Sie halfen uns aufstehen. Wer weiß, wie lang die anderen sonst noch auf uns gehaut hätten.«

»Einmal standen mein Freund und ich beim Cola-Automaten an. Da kamen Schüler aus der Oberstufe und stießen uns weg. ›He, wir waren zuerst hier‹, rief ich. ›Na was is, Kleiner?‹ sagte einer von ihnen. Mein Freund wollte nach vorn gehen, aber die Großen hauten uns. Wir liefen weg und versteckten uns in der Klasse.«

»Einmal beim Nachhausegehen stand ich in der U-Bahn-Station, und plötzlich zog mich ein Schüler aus der 6. oder 7. bei meinem Schultaschengriff zu Boden, so daß ich in einer Pfütze saß. Ich drehte mich um und sah den Buben, der sagte spöttisch, ›Du bist mir im Weg gestanden‹. Dann ging er lachend an mir vorbei.«

---

* Michael Korda, in: Another Voice, New York 1981

»Einmal stand ich am oberen Ende einer Stiege. Von hinten wurde mir ein Stoß gegeben, und ich flog die Stiege hinunter.«

»Es gibt oft Vorfälle auf dem Sportplatz. Unser Ball wird weggeschossen, unsere Kappen oder Hauben werden weggenommen, und im Winter werden wir mit Schnee eingerieben. Öfters gehen wir dann weg, weil wir nicht mehr spielen können und nur mehr geärgert werden.«

Den Mädchen geht es nicht viel anders. Zwar sind sie innerhalb der Klassengemeinschaft weitgehend von Gewalttätigkeiten ausgeschlossen, aber der Gewalt der Größeren sind sie genauso ausgesetzt.

»Letzten Donnerstag bin ich die Stiege hinaufgegangen, auf einmal sind fünf größere Buben gekommen. Sie überholten mich, dann sagten sie, ›schaut den häßlichen kleinen Erstkläßler an!‹ Anschließend stießen sie mich die Stiege hinunter. Ich sagte, ›ihr seid dumm‹.« Hat ihr jemand geholfen? »Nein, NIEMAND«, betont sie mit Großbuchstaben.

Manchmal kommt bei Aggressionen gegen Mädchen eine quasi-sexuelle Komponente dazu.
»Ich hatte mir im Turnunterricht den Finger verstaucht, und die Lehrerin schickte mich auf den Gang, um den Finger unter das kalte Wasser zu halten. Als ich dort bei der Wasserleitung stand, kamen große Buben und wollten mir mit einem Besenstiel das Hemd hochziehen. Ich konnte nicht weglaufen. Ich genierte mich, weil sie mich auch Erstkläßler genannt haben.«

»Einmal gingen mir große Jungen ins WC nach. Sie versuchten auch, die geschlossene Tür aufzumachen, aber dann kamen Leute, und sie sind davongelaufen.«

Aber auch bei den Jungen gibt es vergleichbare Vorfälle; sie werden z. B. gezwungen, in die Mädchentoilette zu gehen.

Manche Zwischenfälle sind ernsthaft bedrohlich. Ein Junge z. B. »ging im Winter in den Park der Schule. Am Anfang war es okay, aber dann kamen die Großen. Sie nahmen mich an den Beinen, schleuderten mich herum und ließen meine Füße los. Ich lag noch mit dem Gesicht nach unten im Schnee, da nahmen sie wieder meine Beine und rannten los. Sie rieben mich mit Schnee ein, hoben mich hoch und ließen mich fallen. Erst dann ließen sie mich gehen.«

Wie hat er reagiert? »Ich konnte mich nicht wehren, weil es sieben bis acht Große waren.«

Hier liegt die Botschaft in der Willkür, in der Chancenlosigkeit den Großen gegenüber und in der Tatsache, daß man allein schon infolge seiner Schwäche Aggression auf sich zieht. Oft wird das ergänzt durch die Botschaft, daß man sich bloß nicht wehren soll: »Einer sagte zu mir Zwerg. Ich antwortete, ›hallo, großer Zwerg‹. Deswegen holte er seine Freunde, und zwei hielten mich, der andere schlug mir in den Bauch.«

Episoden wie die folgenden hingegen könnte man als Bagatelle auffassen. Was ist schon passiert? Was ist schon groß kaputtgegangen?

»Einmal wollte ich im Winter mit meinen Freunden einen großen Schneemann (2 Meter) bauen. Wir machten drei Kugeln. Plötzlich kamen die Großen und hauten mit dem Fuß auf die Kugel meines Freundes ein. Ich setzte mich auf meine Schneekugel, um sie zu verteidigen. Mein anderer Freund, der die größte Kugel hatte, tat dasselbe. Doch als sie auf uns zukamen, flüchteten wir. Mit schnellen Tritten wurden dann auch unsere Kugeln zerstört.«

»Im Winter baute ich einmal mit meinem Freund einen riesigen Schneeball. Er ging mir bis zum Kopf. Wir hatten eine ganze Stunde für ihn gebraucht. Da kamen vier Achtkläßler. Sie vertrieben uns und zerstörten die Schneekugel. Ich hatte für diesen Tag genug.«

Der 10jährige Matthias schreibt, daß er sich nach diesem Vorfall »wütend« fühlte. Auf die Frage »stört es Dich, oder findest Du es nicht so schlimm« antwortet er, »mich stört es«.

Was daran störend ist, läßt sich auch aus den Antworten seiner Klassenkameraden herauslesen: das Gefühl der Hilflosigkeit, der absichtlichen Demütigung. Auch bei den meisten Einschränkungen, die Mädchen im Lauf ihrer geschlechtsspezifischen Sozialisation erleben, handelt es sich letztendlich um Bagatellen. Bedeutsam werden sie durch die übergreifende Botschaft, die Botschaft der Macht.

Bei den Erstkläßlern kommt diese Botschaft laut und deutlich an. Und es widerstrebt ihrem Stolz und ihrem Gerechtigkeitsgefühl. »Ich bin traurig und wütend weggegangen«, schreiben sie.

»Ich habe es fast allen erzählt, die ich kenne.«

»Ich lief wütend weg«, schreibt der Junge, der vom Cola-Automaten mit einer Ohrfeige verdrängt wurde. »Ich fühle mich benachteiligt«, fügt er hinzu, und »es stört mich sehr«.

»Es stört mich sehr, denn es kränkt mich«, schreibt ein anderer und kann seine Gefühle noch genauer beschreiben. Er fühlt sich, wenn die Großen ihn angreifen, »alleine, weil die mich so hassen«.

Ein Mädchen, deren Gruppe jeden Tag in das Oberstufenstockwerk gehen muß und das dort jeden Tag von den Großen angepöbelt wird, »stören« diese Vorfälle, »weil alle das gleiche Recht haben.«

Die Kinder registrieren sehr genau, daß es nicht um die Ereignisse selber geht, nicht um die versäumte Cola oder den kaputten Schneeball, sondern um die symbolische Aussage.

Dementsprechend fühlen sie sich »wütend, weil ich nichts machen kann«.

Ein Junge findet es »schrecklich, daß immer nur die Erst- und Zweitkläßler geschlagen werden. Weil ich mir dann kleiner als die anderen und dümmer vorkomme«.

Sein Klassenkamerad »ärgert sich darüber sehr, denn schließlich waren die auch einmal klein«. Und er kommt zu dem Schluß, daß »es mich eigentlich schon sehr stört, denn man muß seine Wut nicht an Kleineren auslassen«.

Matthias hatte ein besonders unangenehmes Erlebnis:

»Als ich in der Pause Tischfußball spielen wollte und bei einem Tischfußballspieltisch stand, kam ein Oberstufler und drückte auf der anderen Seite eine Stange hinein, so daß sie mir in den Bauch schlug. Ich fragte ihn, ›warum tust du das?‹ Da kam der Oberstufler zurück und gab mir einen Schubser, daß ich gegen die Wand flog. Das einzige, was er sagte war, ›das war für deine Frage‹. Dann ging er weg.

Und schon hat Matthias gelernt, was er laut Absicht der Großen wohl lernen sollte:

»Beim ersten Vorfall dachte ich mir, daß das ein Spinner sein muß, und ich war sehr wütend. Beim zweiten Vorfall fragte ich ihn, aber davon bekommt man ja nur noch mehr Ärger.«

Ein 11jähriger fühlt sich »wütend und machtlos«. In der Rechtschreibung falsch, in der Interpretation richtig faßt es sein Sitznachbar zusammen: »Es ist unfähr.«

Demütigend an diesen Episoden ist auch, daß man nicht adäquat reagieren kann. Von Größeren bedroht, oft sogar von mehreren Großen gleichzeitig belästigt, bleibt nur der Rückzug. Manche Kinder versuchen, wenigstens noch einen Protest anzubringen.

»Ich habe mich zwar dabei nicht gut gefühlt, trotzdem habe ich ihnen gesagt, daß ich sie gemein finde. Anschließend bin ich schnell in die Klasse gegangen.«

»Ich habe zuerst ein paar Wortmeldungen gegeben, und dann bin ich in unser Zimmer gegangen.«

»Manchmal schimpfe ich zurück, aber meistens laufe ich wütend weg.«

Um sich von dem Vorfall abzugrenzen und ihren Stolz zu behalten, müssen Schwächere eine Reaktion entwerfen. Die häufigste diesbezügliche Reaktion können wir mit dem Begriff der »Dissoziation« beschreiben. Man distanziert sich innerlich von Vorfällen, weil man nicht die Möglichkeit hat, sich anders zu wehren.

»Ich beachte sie nicht.«

»Ich gehe einfach weiter.«

»Ich gehe weg, ohne auf sie zu achten.«

Für Mädchen wird diese Reaktion meist eine dauerhafte Komponente in ihrem Verhaltensrepertoire; sie begleitet manche Frauen ein Leben lang und prägt ihr Verhalten in öffentlichen Situationen. Überall dort, wo eine Belästigung, ein Anpöbeln, ein kleinerer oder größerer körperlicher Übergriff möglich ist, üben sie Vermeidungsstrategien aus, und wenn sie den Vorfall nicht vermeiden können, schütteln sie ihn ab. Sie lernen, sich auf anderen Ebenen zu wehren und durchzusetzen und die primitiveren Vorfälle – ordinäre Zurufe auf der Straße, unerwartete Zudringlichkeiten u. a. – seelisch möglichst gar nicht an sich herankommen zu lassen.[*] Das geht so weit, daß sehr viele Frauen ab einem gewissen Alter gar keine körperlichen Gegenwehrreflexe mehr haben. In Selbstverteidigungskursen müssen sie sich diese erst mühsam wieder aneignen.

---

[*] Diese Entwicklungen haben wir ausführlich beschrieben in: Benard/Schlaffer, Der Mann auf der Straße. a. a. O.

Die Strategie der Dissoziation erlaubt es den physisch Schwächeren, trotzdem ihre Selbstachtung zu behalten. Sie sind zwar schwächer, aber die anderen sind dümmer, simpler, primitiver und außerdem noch moralisch im Unrecht. Glücklicherweise zählt im Leben nicht nur die Muskelkraft, daher kann man das Weglaufenmüssen, die Niederlage ohne allzu große Beschädigung des Selbstwertgefühls verkraften. Auch die Erstkläßler hielten sich – nicht zu Unrecht – in Konfrontationssituationen oft für die eigentlich Besseren, Klügeren.

»Ich habe mit ihnen diskutiert«, führt ein Junge an.

Ein zweiter, vermutlich in einer gewissen Fehldarstellung des Ablaufs, meint, er habe die brutalen Größeren »durch geschickte Fragen bloßgestellt«.

»Ich sagte, ›Idiot‹ und ging stumm weiter«, meint Andreas. Seine Formulierung verrät, daß seine verbale Selbstverteidigung wahrscheinlich sehr leise ausgefallen ist oder überhaupt im Bereich des Wunschdenkens blieb.

Thomas ist ehrlicher. »Bei solchen Vorfällen sage ich meist, ›laßt mich in Ruhe‹. Aber sie reagieren nicht oft.«

Sein Kamerad tröstet sich mit dem Gedanken, »daß die wohl blöd sind«.

Interessant an den Antworten ist die Art der Formulierung, die oft den Versuch verrät, eine etwas positivere Version der Dinge darzustellen. »Ich bin wortlos weggegangen«, zum Beispiel suggeriert eine gewisse Erhabenheit über die Vorfälle, eine innere Überlegenheit; diese anderen waren es nicht einmal wert, daß man das Wort an sie richtete.

Auch Jungen lernen, wie wir an den oben genannten Beispielen sehen können, das Gefühl der Schwäche, der Ohnmacht gegenüber einem ungerechten Stärkeren kennen. Auch sie müssen die Dominanzansprüche der Größeren ertragen. Doch sie haben später die Möglichkeit, wieder von den diversen Strategien der Schwächeren abzukommen. Sie können später selber dominant sein, allerdings um einen hohen Preis.

Als Erst- und Zweitkläßler haben diese Jungen einen klaren Blick dafür, was da eigentlich läuft. Sie sehen, daß die Großen sich in derber, eigentlich sehr dummer Art produzieren gegenüber einem Personenkreis, der sich gar nicht wehren kann. Sie erkennen und beschreiben das als dumm und unfair. Ihre Reaktionen darauf sind artikuliert und intelligent. Um später aber dieselben Vorrechte zu beanspruchen, müssen sie sich, sozusagen mutwillig, selber verdummen. Sie müssen die differenzierteren Überlegungen über Gerechtigkeit und ihr Mitgefühl für Kleinere und Schwächere ablegen, sie müssen mit 15 oder 16 dümmer und einfacher werden, als sie es mit 10 und 11 waren. Die primitive Vormachtstellung wird mit einem menschlichen Rückschritt erkauft.

Vielleicht läßt sich die deutliche Aggressivität in den Antworten der Fünftkläßler auf das dämmernde Wissen zurückführen, daß sie zwar größer, nicht aber besser geworden sind; daß sie einen Teufelspakt mit der Macht geschlossen haben.

Geschlechtsspezifische Unterschiede in den Empfindungen sind eigentlich keine auszumachen – Jungen und Mädchen machen gleiche erniedrigende Erfahrungen, und beide stört das. Die Jungen sind durchaus noch sensibel für ihre eigenen Empfindungen, auch für die Botschaften ihres Körpers. »Ich habe ein merkwürdiges Kribbeln im Bauch«, beschreibt einer seine Reaktion auf bedrohliche Konfrontationen.

»Manchmal fange ich an zu zittern«, schreibt ein anderer.

»Wenn ich an den Großen vorbeigehen muß, schlägt mein Herz lauter«, beobachtet der nächste.

Noch ist es kein Tabu für die Jungen, Gefühle wie Angst oder Kränkung zuzugeben.

Durch die Vielzahl an kleinen, trivialen Übergriffen wird diesen Jungen vermittelt, daß sie in einer Hierarchie leben, in einer Hierarchie, in der sie momentan ganz unten stehen. Sie haben aber die Möglichkeit, irgendwann aufzusteigen. Was ihnen geschieht, ist zwar ungerecht. Sie können sich nicht rächen, aber sie können die Ungerechtigkeit weitergeben. Sie werden irgendwann die Großen, die Starken sein.

Erste Anzeichen dafür, wie das leider laufen könnte, finden sich schon früh. Wie hat der Junge reagiert, dessen Schneeball zertrümmert wurde? Er hat »denen gesagt, sie sollen doch die Kugeln von den Mädchen zerstören«.

Auch der»Spott«, der einen »richtig ärgern« kann, hat mitunter eine geschlechterbezogene Note. Ein Junge führt als sein schrecklichstes diesbezügliches Erlebnis an, daß er gehänselt wurde mit »Du liebst XX und liegst mit ihr im Bett«. Bei der Frage nach den schrecklichsten Kränkungen erfuhren wir, daß auch die Bezeichnung »Mädchenliebhaber« äußerst beleidigend ist.

Die Fünftkläßler sind, aus ihren Fragebögen wurde es deutlich, nicht nur zynisch, sie sind auch zornig. Sie sind zu Recht zornig, denn eigentlich waren sie in vieler Hinsicht interessanter, als Persönlichkeiten reicher, als sie noch Erstkläßler waren. Man hat ihnen etwas weggenommen. Was sie nicht mehr haben, sollen andere auch nicht haben. Keiner soll es besser haben.

In der Physik gibt es Gesetze, die Bewegungen beschreiben. In der Soziologie könnte man auch solche Gesetze formulieren, etwa über die Gesetzmäßigkeit, mit der Menschen, die ungerecht behandelt werden, auch anderen das Leben schwermachen, um viele Mitleidende zu haben. Denkbar wäre natürlich auch, mit gemeinsamer Anstrengung einige zu unterstützen, damit es vielleicht einmal anders wird.

Der Kontrast zwischen den Antworten der Erstkläßler und denen der Fünftkläßler könnte nicht größer sein. Das stimmt auch dann noch, wenn wir berücksichtigen, daß sie naturgemäß aufsässiger und weniger kooperativ sind als die Kleineren, daß sie sich durch die Art der Fragestellung vielleicht herausgefordert und in die Defensive gedrängt fühlten, daß die Pubertät sie aufwühlt und dazu veranlaßt, besonders witzig und schlau und provokant sein zu wollen. Trotzdem ist auffällig, daß sie zum Beispiel die zweite Frage – nach ihren Erlebnissen in der ersten Klasse – nicht beantworten konnten. Manche behaupteten, sie seien damals vom Cola-Automaten verdrängt worden, obwohl es den Cola-Automaten erst seit diesem Jahr in der Schule gibt. »Nein, ich bin vergeßlich«, schrieb einer und kritzelte auf den Rest des verbleibenden Platzes lauter große Fragezeichen. Doch bei der nächsten Frage kann er sich plötzlich daran erinnern, daß »wir dann immer zurückgeschlagen haben«. Dann? Wann?

»Kann mich nicht erinnern«, schreibt ein anderer. Er schreibt es in ganz großen, dicken Buchstaben und unterstreicht es zweimal. Warum so heftig?

Auch Hermann kann sich an keine Erlebnisse erinnern. Doch bei der Frage nach seinen damaligen Reaktionen weiß er noch, »man mußte das alles einfach übergehen«. Was alles?

Unter seinen damaligen Reaktionen führt Michael an: »Ich schlage ihn, wenn ich gleich groß bin.« Doch daneben schreibt er dann, groß und mit Ausrufezeichen, »Nein!« Was bedeutet das? Daß er das damals dachte, heute aber nicht mehr? Daß er es dachte, es aber falsch war?

Andere antworten zunächst »normal«, um ihre Antwort sofort wieder zu relativieren. »Meistens fühlte ich mich ungerecht behandelt«, meint Richie. Und dann schreibt er gleich dazu: »Besonders im Krankenhaus.«

Georg erinnert sich immerhin daran, solche Erlebnisse gehabt zu haben, jedoch, wie er meint, nur »selten«. Gleich bereut er seine ernsthafte Antwort, streicht sie durch und beschreibt seine damalige Reaktion mit »es war super«.

Felix kann sich daran erinnern, daß ihm in der ersten Klasse einige Male ein Unrecht geschah. Aber, meint er weiter, »man lernt daraus. Man hält sich dann zurück.«

Im Vergleich zu den Fragebögen der Kleineren sehen diese

so aus, als hätten sie eine Schlacht hinter sich. Sie sind in orangem Buntstift ausgefüllt und mit Bleistift, Ecken fehlen und manchmal ist fast die Hälfte wieder durchgestrichen. Die Handschrift ist erbärmlich, dafür gibt es unzählige Frage- und Ausrufezeichen. Rein von der Optik, aber auch von der Art der Formulierung her würde man meinen, dies seien die Fragebögen der Erstkläßler, während deren Fragebögen, abgesehen von den kleinen Zeichnungen, fast erwachsen wirken.

Das gilt natürlich nicht für alle. Harald hat zwar am oberen Rand des Fragebogens einen privaten, feindseligen Briefwechsel mit seinem Sitznachbarn ausgefochten, die Fragen selber hat er aber geradlinig beantwortet. Er erinnert sich daran, öfters vom Fußballplatz verdrängt worden zu sein, als die »sogenannten Großen spielen wollten«. Wie das damals war? »Ich habe es deppert gefunden.« Und was macht er heute? »Wir vertreiben die Kleinen vom Basketballkorb (z. B.).« Ob er das auch »deppert« findet, sagt er nicht.

Elias hat beobachtet, daß bei Auseinandersetzungen »normalerweise die Älteren anfangen. Meistens kommt es dazu, weil die Älteren auch oft geschlagen wurden, als sie kleiner waren.«

Und wie das war, als er selber in der Ersten war? »Wir wurden öfters von den Größeren versohlt«, schreibt er und fügt kryptischerweise hinzu, »ich konnte daraus lernen.« Darunter steht, in großen Buchstaben, »Schule kann einen fertigmachen«.

Wie hat er damals auf die Übergriffe reagiert? Hier antwortet Elias zunächst in blauem Buntstift. Das radiert er dann aus, aber man kann es noch lesen: »Mir war klar, je älter ich werde, desto dümmer werde ich.« Darüber schreibt er dann in Tinte die korrigierte Fassung: »Mir war klar, je älter, desto dümmer.«

Was treibt die Großen dazu, dieses Verhalten, das sie damals ablehnten, später zu wiederholen? Zuerst bemerkt Elias in Buntstift philosophisch: »Wie du mir, so ich dir.« Doch damit ist er dann unzufrieden und fügt in Tinte hinzu: »Mich treibt nichts dazu, die Kleinen sind okay. Fast alle.«

Bei der Beantwortung der letzten Frage distanziert er sich endgültig von dem Machtgehabe. »Ich komme gut mit den Kleineren aus«, schreibt er. »Und sie auch mit mir. Wenn ich will, daß sie mich in Ruhe lassen, dann tun sie es auch.«

An den meisten Fragebögen erkennt man ganz deutlich das innere Schwanken der Jugendlichen. Sollen sie diese Sache nun ernst nehmen oder nicht? Es kann so oder so ausgehen.

Ein anderer Fünftkläßler bezeichnet sich als »Alex Anonymous«, ringt sich dann aber doch zu seriösen Antworten durch. Warum wiederholen die Großen diese Verhaltensweisen? »Es ist so«, erläutert er. »Wenn mann älter wird, kann man sich rächen.« Sein Bogen beinhaltet so viele Rechtschreibfehler (verschafft mit nur einem f, erregt mit nur einem r usw.), daß nicht definitiv gesagt werden kann, ob seine Schreibweise des »mann« Absicht oder eine freudianische Entgleisung war.

Tim wurde als Erstkläßler »brutal von einem großen Schüler an die Wand geworfen, so daß mein Ohr zum Bluten anfing«. Daran erinnert er sich, und auch daran, sich damals »gedemütigt« gefühlt zu haben. Dann streicht er das Wort »gedemütigt« wieder durch und schreibt, »gekränkt und traurig«.

Warum wiederholt man später dieses Verhalten? »Härte beweisen, Aggressionen, Schulstreß«, vermutet er. »Ich persönlich mache so etwas ohnehin nicht«, fügt er hinzu.

Fritz wurde als Erstkläßler »am Gang nicht vorbeigelassen«, es wurde ihm der Ball weggenommen. Er kann es auch interpretieren. Dabei geht es, sagt er, um die »Hackordnung. Es kommt halt vor. Man überlebt es.«

Und was macht er heute? »Niederbrüllen, Angst einjagen«, schreibt er, vermutlich ironisch.

Interessant als Ergebnis der Umfrage waren auch die Meinungen, Ratschläge und Unterstützungen, die den Kindern zuteil wurden. Hier waren wirklich eklatante Unterschiede festzustellen, im Hinblick auf Ratschläge, die Jungen und Mädchen erhalten und die Mütter im Vergleich zu Vätern erteilen. Den Mädchen wird überwiegend geraten, Konflikten aus dem Weg zu gehen und Vorfälle zu ignorieren. In zweiter Linie wird ihnen empfohlen, die Hilfe fremder Autoritäten einzuholen; es dem Lehrer oder der Direktion zu melden. Von Freunden und Freundinnen erhalten sie weitgehend Trost. »Sei nicht traurig.« »Mach dir nichts draus.« »Mir ist dasselbe passiert.« »Die sind blöd.« Mitunter wird ihnen auch Unterstützung versprochen: »Ruf mich das nächste Mal, ich helf dir.«

Söhne werden öfter zur Selbstverteidigung animiert als Töchter, und zwar vorwiegend von ihren Vätern. Es ist sehr aufschlußreich, auf den Fragebögen die Ratschläge von Müttern und Vätern nebeneinander zu betrachten.

Ralphs Mutter sagt: »Das mußt du in Kauf nehmen.« Sein Vater: »Wehr dich.«

Antons Mutter sagt: »Mach dir nichts draus.« Sein Vater: »Hau ihn mit ein paar Freunden so zusammen, daß er nachdenkt.«

»Sag es dem Professor«, rät Daniels Mutter. Sein Vater: »Schimpf oder schlag zurück.«

Justin erzählt es »nur meinem Vater, und der sagt dann, ich soll zurückschlagen.«

Roberts Mutter meint, er soll »einfach weitergehen und mich nicht darum kümmern«. Sein Vater schickt ihn zum Schuldirektor.

Bei Mädchen ist der Rat der Eltern einheitlicher. Wenn überhaupt, dann sind es hier die Mütter – vermutlich feministische

Mütter –, die zur Gegenwehr animieren, während Väter ihre Töchter lieber unter der Ägide eines beschützenden Lehrers oder Direktors wissen wollen. Oft sagen beide Eltern Dinge wie: »Hör einfach nicht hin.« Sie trösten sie mit haltlosen Versprechungen, wie z. B., daß es »bestimmt nicht mehr vorkommen« oder »das nächste Mal schon besser sein wird«.

Meist geben sie defensive Ratschläge: Das Mädchen, das in der Toilette belästigt wurde, erhielt den technisch nicht leicht durchführbaren Rat, »ab nun die Tür mit der einen Hand festzuzuhalten.«

Nicht wiederzuerkennen sind die Väter, bei ihren Söhnen so zuversichtlich und militant, wenn es um ihre Töchter geht. »Wenn du dir nichts anmerken läßt, hören sie wieder auf«, meinen die Väter dann plötzlich, oder: »Laß dich nicht ärgern, beachte sie einfach nicht.« Offensichtlich will man das Mädchen nicht einem Risiko aussetzen, indem man es zur aktiven Gegenwehr aufhetzt, ein Gedanke, der bei Söhnen ebenso berechtigt wäre, aber viel seltener erwogen wird.

Wie wir wissen, befolgen die Söhne den militanten Rat ohnehin nicht, können ihn auch gar nicht befolgen, weil er vollkommen unrealistisch ist. Wenn ein einzelner Erstkläßler von mehreren Großen geärgert wird, ist die grandiose Aufforderung des Vaters, sich zu wehren, zurückzuschlagen oder gar dem Großen eine »Lektion zu erteilen«, reine Schaumschlägerei.

Auch der Rat, »zum Schuldirektor zu gehen«, entbehrt einer realistischen Grundlage – ein durchschnittlicher 10jähriger wird nicht ganz allein mit einer Beschwerde zum Direktor gehen, weil die Hemmschwelle viel zu groß ist.

Offen bleibt die Frage, wie solche Aufforderungen auf den Sohn wirken. Legt er das ab unter »dumme Ideen nichtswissender Erwachsener« oder mißt er sich insgeheim an der Erwartung seines Vaters, in dem Wissen, ihr nicht gerecht werden zu können? Verinnerlicht er den Ratschlag für später und nimmt sich vor, irgendwann einmal der schlagkräftige, durchsetzungsstarke Typ zu sein, den sein Vater sich vorstellt? Oder sind das alles nur Floskeln, ritualisierte Botschaften zwischen Vätern und Söhnen?

Ich bin ein friedfertiger Mensch, und ich will einen Sohn erziehen, der vernünftig und als Mensch angenehm ist. Doch in der Volksschule ging es dann schon los. Nach der Schule und in den Pausen haben ihm irgendwelche Kinder nachgestellt, sie haben seine Mütze in den Dreck getrampelt, die Größeren haben ihn sogar geschlagen. Ich konnte ja nicht dabeisein, um aufzupassen. Er war sehr unglücklich. Er sagte, »Mama, die hauen mich immer«. Und ich hörte mich antworten: »Hau zurück!«

Es war so, als ob jemand anderer gesprochen hätte. Hau zurück? Das ist überhaupt nicht meine Lebensphilosophie. Doch was sollte ich ihm sonst sagen? Diskutier mit ihnen? Lauf davon?

Gudrun

Unbestreitbar ist, daß hier tendenziell schon Mädchen und Jungen unterschiedliche Wege einschlagen, Wege, die eigentlich beide problematisch sind. Die Mädchen lernen – und in den kommenden Schuljahren wird dieses Wissen, wie aus vielen internationalen Untersuchungen bekannt ist, noch gründlich vertieft werden –, hinzunehmen, zu verdrängen, Konflikten aus dem Weg zu gehen.

Aber auch die Jungen sind keinesfalls zu beneiden. Die Mädchen dürfen immerhin ihre Sensibilitäten, ihre kritischen Gedanken, ihr Gerechtigkeitsgefühl behalten; sie müssen das alles nur tief in sich begraben und lernen, mit ständigen Übergriffen fertigzuwerden. Die Jungen hingegen müssen abstumpfen. In den ersten Schulklassen können wir ganz genau beobachten, wie sie gezielt »abgehärtet« werden, wie sie lernen, in der Jungengruppe Trost und Unterstützung zu suchen, wie sie darauf vorbereitet werden, ihre Empfindsamkeit und ihr kritisches Denken einzutauschen gegen die Chance, am Privileg der Stärkeren teilzuhaben.

Die »Wiedervergeltung«, die laut Hegel unweigerlich eintreten muß als Antwort auf erlebte Übergriffe, richtet sich jedoch nicht etwa gegen die Täter, wie man meinen könnte, sondern gegen die nachfolgenden Opfer.

Unterdrückung kann politisieren, muß aber nicht. Ansatzweise führt die ungerechte Behandlung bei den jüngeren Schülern zu einem gemeinsamen Bewußtsein, zur Erkenntnis, daß sie eine Gruppe, die Gruppe der Schwächeren bilden. »Die behandeln uns Erstkläßler wie als wären wir welche vom Mars«, bemerkt eine 10jährige.

»Ich und meine Freundinnen helfen zusammen!« antwortet ein anderes Mädchen auf die Frage nach ihren Reaktionen. Welchen Rat geben ihr die Freundinnen? »Wir müssen zusammenhelfen und denen zeigen, daß wir einen Willen haben.«

»Die stoßen uns überall herum, dann kommen sie sich vor wie Könige«, beobachtet ein anderer Schüler.

Und seine Klassenkameradin meint: »Sie stoßen alle ersten Klassen, so als wären wir nichts.«

Doch dieses keimende politische Bewußtsein entwickelt sich nicht weiter. Statt dessen eignet man sich Strategien der Vermeidung, der Anpassung an. Man gibt, sobald man in irgendeiner Hinsicht die Gelegenheit dazu hat, die Gewalt an die nachwachsenden noch Kleineren weiter. Man spaltet sich nach Geschlecht; man findet sich ab.

Ihre besondere Wirkung erhält diese Prägung dadurch, daß sie von den erwachsenen Lehrpersonen bekräftigt wird – manchmal absichtlich, weil diese Lehrpersonen ein traditionelles Geschlechterbild haben und manchmal unbewußt.

Eine Mutter erzählte uns, daß ein Lehrer ihr beim letzten Sprechtag warnend folgenden Vorfall, ihren 6jährigen Sohn betreffend, erzählt hatte:

Das Klassenzimmer hat ein gemütliches Spieleck. Dort hielt sich Matthias auf. Der Lehrer holte ihn von dort an den Schreibtisch zurück, weil die Pause vorbei war. Matthias aber war gerade in ein Puzzle vertieft und verließ die Spielecke nur ungern. Er sagte zum Lehrer: »Nun hast du mir die ganze Freude verdorben.« Und über diesen Satz sorgte sich der Lehrer, da ihm die Formulierung »unmännlich vorkam«. Es sei nicht »normal«, daß ein Junge mit seinen Gefühlen argumentiere.

Traditionell gesinnte Lehrer und Lehrerinnen weisen während des Unterrichts häufig auf geschlechtsrollenkonformes Verhalten hin und ermahnen oder verspotten Kinder, die abweichen.

Doch auch junge Lehrer, die sich als modern begreifen, können unwillkürlich in dieselbe Kerbe schlagen. Herbert T. zum Beispiel ist für die Nachmittagsaufsicht verantwortlich und tut sich als Neuling manchmal noch schwer damit, die nötige Disziplin durchzusetzen. Wenn einige Jungen zu laut oder zu schlimm sind oder zu viel gerauft haben, streicht er allen Jungen an diesem Nachmittag das freie Spielen auf dem Spielplatz. Die Mädchen jedoch dürfen hinaus. Ihm erscheint diese Lösung sinnvoll, weil die potentiellen Störfaktoren in seiner Klasse eindeutig die Jungen sind. Auch wenn nicht alle Jungen gestört haben, gehören sie in den Augen der Lehrer doch zur Gruppe der potentiellen Störer und können eine Lektion vertragen. Diese Art von Sippenhaftung aber ist nicht nur ungerecht; gut ein Viertel der Gruppe wird unschuldig bestraft, durch Etikettierung werden außerdem noch Stereotypen festgelegt: »Mädchen sind brav, Jungen sind schlimm.« Diejenigen Jungen, die nicht schlimm waren, hätten einen Ansatzpunkt geboten, um dieses alte Vorurteil zu unterwandern. Statt dessen hat der Lehrer die Linien verfestigt, die Zuschreibung zementiert. Nun bilden Hans, Fritz, Jonas und Theodor heute nicht zufällig eine Minderheit, die »schlimm« war und an dem strahlend schönen Nachmittag deshalb im Zimmer bleiben muß, sondern in dem rüpelhaften Benehmen von Hans, Fritz, Jonas und Theodor hat sich rein zufällig heute das manifestiert, was eigentlich in allen Jungen drinsteckt, weshalb man auch alle Jungen bestrafen kann. Mit seiner Strafe will der junge Lehrer das Verhalten der Jungen verändern, doch er erreicht das Gegenteil. Er bestätigt und bekräftigt ihr Verhalten, weil er es ihnen als unveränderbare Eigenschaft zuschreibt.

Die Schulklasse würde unzählige positive Ansatzpunkte für Veränderung bieten. Wir können zum Beispiel davon ausgehen, daß die Gewalt der Größeren gegenüber den Kleineren aus einer Mischung von *Archaischem* (Territorialdenken, Hackordnung), *verdrehter Rache* (die Kleineren werden bestraft für etwas, was ihnen einst von Größeren angetan wurde, oder um Streß abzubauen, der von ganz woanders kommt) und *Gedankenlosigkeit* entsteht. Hieraus ergeben sich viele Möglichkeiten, eine Wende herbeizuführen. Das Machtstreben der Größeren, ihr Wunsch, als Platzhirsch aufzutreten, kann auch positiv kanalisiert werden. Mancherorts erfolgreich eingeführt wurde z. B. das sogenannte »Buddy-System«. Die Schüler aus den höheren Klassen bekommen eine erste Klasse zugeteilt, die sie in das Schulleben einführen und als deren Beschützer sie auftreten sollen. Damit werden urwüchsige Hierarchiegefühle konstruktiv umgelenkt.

Fürsorglichkeit ist eine Eigenschaft, die wir bei Söhnen fördern und begünstigen sollten. Die Ansätze dazu sind bei allen Kindern da. Bei Mädchen werden sie verstärkt, bei Jungen aber systematisch abgebaut. Warum sollen Söhne nicht auf ihre zukünftige Vaterrolle ebenso vorbereitet werden, wie

Mädchen auf ihre Mutterolle? Fürsorglichkeit ist auch eine väterliche Eigenschaft.

Bedenken wir in diesem Zusammenhang eine Geschichte, die uns eine Mutter erzählte. Ihr Sohn wurde kürzlich drei Jahre alt und wünschte sich zum Geburtstag sehnlichst einen Puppenwagen, wie er ihn bei einer Kusine gesehen hatte. Die Mutter erfüllte ihm den Wunsch. »Viele Leute haben das beanstandet: Nachbarinnen und auch fremde Leute auf der Straße lieferten unüberhörbare negative Kommentare dazu ab. Doch das Beste daran: Oft warfen diese Leute einen Blick in den Puppenwagen. Wenn sie dann sahen, daß Tobias seinen Teddybär darin spazierenführte, waren sie sichtlich beruhigt. Wenigstens spielte er nicht mit einer Puppe, das machte die Sache irgendwie noch okay.«

Eine triviale Episode, aber aussagestark. Mit einem Stofftier spielen ist noch »männlicher«, als sich mit einer Puppe zu befassen. Tierpfleger ist ein männlicher Berufswunsch, Kindergärtner nicht. Eine Puppe repräsentiert ein Baby. Die Pflege und Versorgung von Kindern und Babys ist unmännlich. Botschaften, die ihre Wirkung nicht verfehlen.

Exkurs: Ist Biologie Schicksal?

Hat es überhaupt einen Sinn, sich über Erziehung Gedanken zu machen? Wird man einfach als »Junge oder Mädchen geboren«, und sind damit die Würfel gefallen für den weiteren Entwicklungsweg?

Unvermindert brisant ist diese Fragestellung, unvermindert groß die Freude, mit der Emanzipationsgegner uns irgendwelche unterwürfigen weiblichen und irgendwelche herrschsüchtigen männlichen Primaten vor die Nase halten. Testosteron. Evolution. In alle Ewigkeit.

Wie groß ist der Anteil der Biologie, wieviel an der Situa-

tion von Männern und Frauen ist (hormonelle) Vorbestim-
mung, gegen die wir Weltveränderungsbesessene sinnlos
ankämpfen?

Zum einen: Diese Frage ist auch nach vielen Jahrzehnten der
Forschung weitgehend offen geblieben. Zum anderen: Veranlagung heißt noch lange nicht Schicksal, nicht einmal für Affen. Diejenigen, die biologistisch argumentieren, schummeln
meist, und sie können es sich leisten, weil wir alle im Biolo-
gieunterricht zu wenig aufgepaßt haben und ihren Behaup-
tungen nichts entgegenhalten können. Ein sorgfältiges Studium anderer Säugetiere beweist letzten Endes überhaupt
nichts, sondern führt uns nur die unendliche Vielfalt des möglichen Verhaltens und der möglichen sozialen Organisation
vor Augen. Die Natur gibt keine dezidierte Antwort, und
selbst wenn sie ein Muster erkennen läßt, hebt sie deren Aus-
sagewert durch unzählige Ausnahmen wieder auf. Die männlichen Tiere sind sexuell die Aggressoren? Nicht bei den brau-
nen Kapuzineräffchen. Dort werden die Männchen von den
Weibchen tagelang verfolgt. »Das Weibchen geht ihm nach, sie
rennt auf ihn zu, er läuft davon, sie hinterher, und wenn er
schließlich einhält, kommt es zur Paarung.«
  Männliche Tiere sind dominant? Nicht bei den Lemuren.
»Die Aggressivität ist ausgeprägt, und die dominanten Tiere
herrschen sichtlich über die anderen. Untergeordnete Männchen gewöhnen sich einen gebückten Gang an und krümmen
sich, wenn ein dominantes Tier erscheint... Aber die Weibchen sind davon nicht betroffen, jedes Weibchen kann beliebig
jedes Männchen verdrängen oder ihm schlechtgelaunt auf die
Nase schlagen oder ihm sein Essen wegnehmen.«*
  Es gibt Erkenntnisse, die man verallgemeinern kann, doch

---

* Carl Sagan/Ann Druyan, Shadows of Forgotten Ancestors, New York 1992.
Deutsch: Schöpfung auf Raten. Neue Erkenntnisse zur Entwicklungsgeschichte des
Menschen, München 1993

diese bekommen wir nur zu hören, wenn sie zufällig auch in das politische Konzept des vortragenden Biologen passen. Zum Beispiel geht aus der Fachliteratur eindeutig hervor, daß die »alleinerziehende Mutter« bei den Säugetieren die weitaus häufigste Familienform darstellt. »Fast alle Säugetiere organisieren sich in Gruppen von weiblichen Tieren mit ihrem Nachwuchs. Die männlichen Tiere erscheinen nur zur Paarung. Was die grundlegende Sozialstruktur anbelangt, sind die männlichen Tiere nur von einer schattenhaften Präsenz.«* Doch davon hören wir interessanterweise nichts, nie hören wir, daß die »Familienform« der alleinerziehenden Mutter buchstäblich etwas sehr »Natürliches« ist. Wer biologistisch argumentiert, vertritt in der Regel ein konservatives Weltbild und gibt nur diejenigen Ergebnisse an die breite Öffentlichkeit weiter, die dieses Weltbild untermauern.

Ferner ist Veranlagung nur ein Teil des Entwicklungsmotors. Zur großen Spannweite des möglichen Verhaltens trägt der Einfluß von Umweltbedingungen, tragen Erziehung und »Kultur« maßgeblich bei. Das gilt auch für Tiere.

So weist zum Beispiel ein und dieselbe Affenart, je nach ihrer sozialen Situation, grundverschiedene Verhaltensweisen auf. Carl Sagan und Ann Druyan kontrastieren drei Lebenssituationen, in denen Hamadryasaffen sich jeweils sehr unterschiedlich benahmen. Im Jahr 1925 entstand im Zoo von London die Idee, statt ein oder zwei müder Affen, eingezwängt in einen Käfig, einmal etwas ganz anderes zu versuchen und eine große Anzahl von Affen in einem offenen Gehege zu halten. Es sollten ausschließlich Männchen sein, was vermutlich schon schlimm genug ausgegangen wäre, da das eine sehr unnatürliche, spannungsgeladene Situation dargestellt hätte.

Doch durch einen Irrtum befanden sich unter den 100 angelieferten Tieren auch 6 Weibchen. Um das Ungleichgewicht

---

* Sagan/Druyan, a. a. O.

etwas zu schmälern, wurden 30 weitere Weibchen nachbestellt. Diese Affengruppe hatte also denkbar schlechte Voraussetzungen. Das Gehege war zu klein und bot, da es von einem Wassergraben umgeben war, den schwächeren Tieren keine Fluchtmöglichkeit. Man hatte die Tiere einfach irgendwie und irgendwo zusammengefangen, es gab keine gewachsenen Hierarchien oder Verwandtschaftsbindungen, die aggressionshemmend gewirkt hätten. Das große zahlenmäßige Mißverhältnis zwischen Männchen und Weibchen verursachte wilde Schlachten und Kämpfe, in denen die Weibchen buchstäblich zwischen zwei männlichen Rivalen zerrissen wurden. Nach einiger Zeit waren 64% der Männchen und 92% der Weibchen diesen Kämpfen erlegen. Die englische Fachpresse ließ sich damals über das grauenvolle Wesen der Affen und über die Brutalität des »Naturzustandes« aus, doch mit Natur hatte das nichts zu tun. Im Londoner Zoo bestand eine katastrophale Sozialstruktur, gepaart mit schlechten Umweltbedingungen – Umstände, die auch das Verhalten der Menschen entscheidend beeinflussen.

Der zeitgenössische Zoologe Solly Zuckerman stellte im Anschluß an dieses katastrophale Experiment Vergleiche an. In der echten afrikanischen »Wildnis« bildeten diese Tiere meist einigermaßen stabile Gruppen. Kämpfe waren selten. Weibliche Tiere wurden von männlichen Tieren dominiert und mitunter grob behandelt, aber niemals getötet.

Unter wiederum anderen Umweltbedingungen, nämlich dort, wo sie in sehr kleinen Gruppen zusammenlebten, entstanden bei einer weiteren Gruppe von Hamadryasaffen »eheähnliche«, monogame Verhältnisse; diese Exklusivbeziehungen wurden von größeren, stärkeren Männchen, die in der Wildnis bei der Partnerwahl das ausschließliche Sagen gehabt hätten, respektiert.

Seine Beobachtungen führten Zuckerman zu dem Schluß, daß das Verhalten von Affen keine Aufklärung verspricht über das Wesen der Primaten, geschweige denn der Menschen.

Konrad Lorenz, Desmond Morris und Robert Ardrey, drei Erfolgsautoren, die Verhaltensweisen von der Tierwelt auf den Menschen projizieren, arbeiteten in seinen Augen mit oberflächlichen, zum Teil konstruierten Analogien.

Andererseits scheint tatsächlich erwiesen, daß das männliche Hormon Testosteron zu bestimmten Verhaltensweisen prädisponiert. Testosteron macht aggressiv, das weibliche Hormon Östrogen macht friedlich, und Progesteron steigert die Bereitschaft, den Nachwuchs zu beschützen und versorgen. »Männliche Tiere«, schreiben Sagan und Druyan, »ertragen den Kampf nicht nur, sie scheinen ihn auch zu genießen. Mäuse laufen durch ein Labyrinth, wenn ihre einzige Belohnung dafür in der Chance besteht, mit einem zweiten männlichen Tier zu kämpfen.«

Das ist ein evolutionärer Vorteil, wenn es gilt, sich selber und die eigene Gruppe unter schwierigen und gefährlichen Umständen zu verteidigen. Doch es kann zum Nachteil werden, wenn andere Aufgaben anstehen.

Zwei Tierforscher stellten dazu ein interessantes Experiment an. Sie entwickelten für Ratten einen Test, der nur zu lösen war, wenn die Tiere kooperativ vorgingen, und dann erprobten sie, welche Art von »Team« diese Aufgabe am schnellsten erlernen konnte. Das Ergebnis?

»Weibliche Tiere und kastrierte männliche Tiere lernten ziemlich schnell. Männliche Tiere und kastrierte Tiere, denen man Testosteron gegeben hatte, lernten sehr viel langsamer. Es gab auch eine Anzahl von männlichen Tieren [...], die es überhaupt nicht lernen konnten.«

Männliche Tiere, die bis zum Zeitpunkt des Experiments allein gelebt hatten, lernten am schlechtesten. Die naheliegende Erklärung: Sie waren es einfach nicht gewöhnt zu kooperieren. Aber weibliche Tiere, die ebenfalls allein gelebt hatten, lernten sehr wohl. »Die Antwort scheint auf der Hand zu liegen: Wenn du ein männliches Tier bist und Einzelgänger, und plötzlich sollst du eine komplizierte Aufgabe gemeinsam mit jemand anderem lösen, dann macht Testosteron dich blöd.«

Die restlichen männlichen Teams lernten deshalb so langsam oder gar nicht, weil sie kämpfend ineinander verkrallt waren.

Das typische Testosteron-induzierte Verhalten ist nützlich, wenn es um Territorialkämpfe, um Hierarchien, um die Einschüchterung von Eindringlingen und das Abschrecken sexueller Rivalen geht. Es ist kontraproduktiv, wenn es um Kooperation, innovative Strategien und Streitschlichtung geht. Aber »Testosteron«, schreiben Sagan und Druyan, »ist nicht die ganze Geschichte« – nicht für die Tiere und schon gar nicht für den Menschen. Bei zahlreichen Tieren schwankt der Testosteron-Spiegel je nach Bedarf – steigt an während der Paarungszeit und der ersten Tage nach der Geburt von Nachwuchs, weil das männliche Tier dann Rivalen vertreiben und seine Partnerin mitsamt dem Nachwuchs beschützen soll, und sinkt danach wieder ab. In anderen Fällen spielt das östrogeninduzierte Verhalten der weiblichen Tiere eine sichtlich mildernde Rolle; die Weibchen bestimmen in relativ harmonischer Weise das Leben der Gruppe, während die Männchen eine bloß marginale Rolle spielen, oder sie entwaffnen sogar buchstäblich die kampflustigen männlichen Tiere, indem sie ihnen die Steine und Zweige aus den Fingern nehmen, mit denen sie sich bereits für einen Kampf gerüstet haben.

Möglich, daß männliche Lebewesen eine »Anlage« zu Gewalt, zu Dominanzverhalten, zu Risikoverhalten haben. Was wir aus unseren Anlagen machen, liegt jedoch zum großen Teil an uns. Vieles ist eine Frage der Lenkung, der Steuerung. Nicht jeder, der musikalisch ist, wird Opernsänger; wer jähzornig ist, kann sich gehenlassen oder kann lernen, sich zu beherrschen. Manche Extremberufe erfordern, wie Verhaltensforscher glauben, einen leicht pathologischen Ansatz. Nicht jeder Mensch kann Blut sehen, kann mit dem Messer in den Körper eines anderen Menschen hineinschneiden – wer es doch kann, kann Attentäter werden, oder Herzchirurg. Manche Menschen wissen, daß sie eine angeborene Neigung haben zu Suchtverhalten; sie sind aufgrund einer genetischen Veranlagung mehr gefährdet als andere. Es ist sehr gut, das zu wissen, denn dann kann man der Gefahr aus dem Weg gehen, kann gegensteuern.

Als Menschen, die wir in sozialen Verbänden leben, hat unsere Situation nur noch teilweise mit »natürlichen Veranlagungen« zu tun. Kultur und Erziehung haben unter anderem auch den Sinn, diese Veranlagungen zu steuern. Es ist der »natürliche Impuls« eines neugeborenen Menschen, seinen Gefühlen hemmungslos Ausdruck zu geben – zu schreien, Gegenstände herumzuschleudern, um jeden Preis den eigenen Willen durchzusetzen, und zwar sofort. Wenn wir in der Gruppe leben wollen, ist Affektkontrolle erforderlich. Wir leben schon lange nicht mehr in der Wildnis, und unsere ganze Gesellschaft ist darauf aufgebaut, daß wir in die Natur, auch in unsere eigene Natur, eingreifen: daß wir steuern und gegensteuern, kanalisieren und lenken, dies verbieten und das begünstigen, dies verhindern und jenes fördern. Die Zivilisation ist ein Prozeß der Selbstkontrolle, der Organisation, der Strukturierung.

Bei unseren Exkursionen in die Welt junger Männer sind wir auf massivste Interventionen gestoßen. Keineswegs wurden männliche Menschen in ihrem Naturzustand belassen; deutlich zeichnete sich zwischen dem Alter von Null bis Neunzehn der Prozeß ab, der sie in eine harte und kalte Welt hinein erzog. Der männliche »Naturzustand«, wo er sich überhaupt manifestieren konnte, war eher sehr ermutigend. Um so bedrückender war es mitzuerleben, wie ihre Vielseitigkeit und ihre Sensibilität ihnen weggenommen wurden, wie sie begrenzt und verhärtet wurden, durch Spott, Zwang und Abwertung. Die Kinder lehnten sich dagegen auf, aber der Druck war übermächtig und kam von so vielen Seiten. Manche, die diesen Druck ausübten, waren sich dessen gar nicht bewußt, z. B. Kindergärtnerinnen, die meinten, sie würden gar nicht beeinflussen, die aber in Wahrheit unentwegt steuerten. Andere, darunter oft die Väter, gingen bewußt von einem sehr engen, sehr definitiven Bild der anzustrebenden männlichen Persönlichkeit aus. In der Erziehung und in der Lebenswelt männlicher Kinder kamen neue Ziele, neue Wertvorstellungen, neue charakterliche Richtlinien nicht wirklich vor. Es wurde nichts, rein gar nichts unternommen, um ein besseres Zusammenleben dieser Kinder in ihren zukünftigen Familien vorzubereiten, um Eigenschaften zu fördern, die männliche Kinder noch besitzen und die einer späteren Vaterschaft zuträglich sein würden, oder auch nur um zu gestatten, daß die Kinder ihr eigenes Wesen entfalten können, daß ihren Empfindungen und Gefühlen Respekt entgegengebacht wird. Wenig an der männlichen Kindheit war beneidenswert; ihre Sozialisation war anders, aber keinesfalls freier als die der Mädchen.

Evolution ist nichts anderes als die Anpassung von Lebewesen an ihre Umwelt. Das heißt, Lebewesen entwickeln körperliche, aber auch soziale Eigenschaften, die ihr Überleben begünstigen. Wenn sich die Umwelt verändert, was sie laufend tut, muß sich auch das Lebewesen mit verändern. Das Wohlbefinden und Glück des einzelnen spielte bei diesen Prozessen keine besonders große Rolle, und nur so sind auch die Anforderungen an die klassische Männlichkeit zu verstehen. Männliche Menschen bildeten eine Art Kriegerkaste, jederzeit bereit, zu kämpfen und notfalls zu sterben, hart im Umgang mit sich selbst und gewillt, ein reduziertes Leben zu führen. Einige menschliche Grundeigenschaften wurden in Männern zu diesem Zweck begünstigt, andere unterdrückt. Dieser Prozeß erforderte viel Mühe, woran wir auch schon erkennen können, daß die von der Gesellschaft geforderte Männlichkeit für den Mann nichts »Natürliches« war. Sie verlangte einen hohen Preis und war oftmals äußerst unangenehm. Es gab Belohnungen, zu denen wesentlich die Dominanz und die Bevorzugung Frauen gegenüber gehörte.

Die Umwelt hat sich geändert. Wir haben heute ein anderes »Berufsbild« für den erwachsenen Mann. Er soll intelligent sein und fair, familienfähig und väterlich, kreativ und flexibel, und Lebensqualität gestehen wir ihm heute auch noch zu. Doch offensichtlich hat sich diese neue Stellenbeschreibung noch nicht überall herumgesprochen, sondern man will den Mann wie gehabt, denn unsere Söhne werden auf das alte Muster zugeschnitten, ohne viel Rücksicht darauf, was ihnen dabei verlorengeht.

Sind Söhne also irgendwie anders, von der genetischen, hormonellen Ausstattung her? Sie sind motorisch aktiver, aber das wird auch gefördert – in der Bekleidung, in den geäußerten Meinungen der Umwelt und auf viele andere subtile Arten werden Mädchen immer noch zur größeren körperlichen Zurückhaltung, zur Vorsicht und zum Stillhalten erzogen, während ein Junge sportlich und agil sein soll, sich schmutzig machen und etwas riskieren darf.

Sie sind territorialer und wettbewerbsorientierter, wobei auch hier die bestätigende Beeinflussung durch die Umwelt, auch durch die typischen Spiele, unübersehbar ist. Männliche Menschen müssen Erfolg haben, sollen siegen – das hören sie mittlerweile seit Jahrtausenden, und es wäre verwunderlich, wenn diese Botschaften nicht auch in ihr Unterbewußtes, in ihre psychische Konstitution eingegangen wären.

Aber auch die konträren Anlagen sind da. Wer mit Jungen zu tun hat und sich mit ihnen befaßt, kann sehen, was ihnen angetan wird. Sie werden deformiert, gezielt und mit Absicht und unter dem Vorwand, daß ihnen etwas Gutes angetan wird, weil sie so zu besseren, richtigeren Männern würden und ihrer Natur mehr entsprächen. Das behaupteten früher auch jene Gesellschaften, die Mädchen die Füße zu kleinen schmerzhaften Stummeln zusammenbanden, und das behaupten heute noch diejenigen Gesellschaften, die eine Verstümmelung der weiblichen Geschlechtsteile vornehmen. Beide behaupten, damit dem »weiblichen Wesen« zu größerem Ausdruck zu verhelfen, es attraktiver und »richtiger« zu machen.

Die Verhärtung der Jungen, ihr gezieltes Weglenken von mitmenschlichen Qualitäten und Gefühlen, von Selbsterkenntnis und Ehrlichkeit läuft unter derselben Devise. Sie sollen so ihrem eigentlichen Wesen nähergebracht werden; eine paradoxe Logik, denn seiner eigenen Natur entspricht man selbstredend sehr viel mehr, bevor die anderen an einem herumgewerkt und herumgeschnitten haben.

Söhne made in USA – Feministinnen auf dem Prüfstand

Feministische Mütter: Nun dürfen sie ja endlich beweisen, wie Söhne zu aufmerksamen, liebevollen und selbstbewußten Männern erzogen werden können.
Robin, Letty und Susan sind unterschiedliche Wege gegangen, und noch können ihre »Produkte« sich sehen lassen.

Feministin – und Mutter eines Sohnes. Nicht unbedingt ein Widerspruch, aber doch ein Anlaß, um innezuhalten. Wenn Feministinnen über die Erziehung des eigenen Sohnes nachdenken, können die Ergebnisse sehr unterschiedlich sein. Einige markante, mitunter provokante Stellungnahmen werden in diesem Kapitel präsentiert.

Die sechziger, die siebziger Jahre. Wie waren »Twenty-Something« und die Welt gefiel uns nicht so, wie sie war. Unsere grundsätzliche Unzufriedenheit führte schließlich dazu, daß wir auch über unser Leben als Frauen nachdachten. Und das machte uns, viele von uns, zu Feministinnen, kämpferisch, resolut, aufsässig, voller Elan und Experimentierfreude. Für die Selbstverständlichkeiten der Vergangenheit hatten wir keine Geduld, dafür üppigen Schwung für eine Zukunft. Frauen! Gemeinsam! Sind stark!

Auch Männer und Beziehungskisten konnten den Elan wenig bremsen, waren ganz im Gegenteil oft nur das Exerzierfeld, auf dem das keimende neue Kampf- und Selbstbewußtsein sich trainieren konnte. So mancher Mann fand sich plötzlich in der Position, alle Sünden zu symbolisieren, die Männer jemals an Frauen begangen hatten, sozusagen das fleischgewordene Patriarchat, an dem seine erzürnte Freundin (und deren Freundinnen) sich abreagieren konnten.

Mit der Zeit geschah, was politischen Aktivisten aller Ideologien, gleich welchen Geschlechts, immer geschieht. Sturm und Drang verebbten, die Zermürbungen und Verführungen des Alltags schliffen die Aufständischen ab, fingen sie ein. Nicht ganz, aber ein bißchen. Es war Zeit, sich im Leben einzurichten. Das brachte Ruhe, ein bißchen Komfort, aber es brachte auch tausend tägliche Abwägungen. Was akzeptiere ich, wo muß ich weiterkämpfen? Was ist noch gesunde Gelassenheit, was schon Verrat an den eigenen Idealen, was noch ein fairer, was schon ein fauler Kompromiß? Für Frauen, denen ihre Prinzipien nicht bloß in der Jugend, sondern auch im späteren Leben wichtig bleiben, gehören solche Abwägungen zum Alltag. Dabei handelt es sich um unzählige, eher unbedeutende Fragen, aber auch um Entscheidungen, solche, die das Leben grundlegend verändern. Soll ich heiraten, und wenn ja, wie verhalten wir uns, um die befürchteten Nebeneffekte der Institution Ehe zu vermeiden? Will ich Kinder?

Diese Etappe konfrontierte viele Feministinnen mit einem Ereignis, das sie erneut auf die Grundsätzlichkeiten ihrer Werte zurückführte: Sie bekamen Kinder. Töchter: alles klar. Die sollten frei, selbstbewußt und liebevoll gefördert aufwachsen.

Und Söhne. Die sollten: ja, was genau?

Ein kleiner männlicher Mensch. Wie sollte er werden? Konnte das überhaupt beeinflußt werden, oder würde man ihn ganz unweigerlich verlieren an die Übermacht einer immer noch frauenfeindlichen Umwelt?

Auf die vielen Fragen haben feministische Mütter unterschiedliche Antworten gefunden. Einige dieser Antworten wollen wir im folgenden vorstellen.

Für uns persönlich waren diese Gespräche sehr aufwühlend. Die Frauen vertraten sehr unterschiedliche, gleichzeitig aber sehr reflektierte Standpunkte. Die eine war in ihrer Haltung sehr konsequent, die andere viel gelassener. Was war nun richtig?

Robin Morgan gehört zu den tragenden Säulen der zeitgenössischen amerikanischen Frauenbewegung. Mit Gloria Steinem gründete sie die Zeitschrift »Ms.«; ihre Bücher waren für viele Frauen persönlich richtungsgebend.* Auch ihre Ehe mit dem Dichter Kenneth Pitchford und das letztendliche Scheitern dieser Beziehung hat sie in ihren Veröffentlichungen aufgearbeitet. Aus dieser Ehe stammt Sohn Blake.

Als wir Blake das erste Mal sahen, war er acht Jahre alt. Robin war anläßlich des Internationalen Frauentages von der UNO eingeladen, und Blake war mit seinen Eltern nach Wien gereist. Robin saß auf dem Podium, Blake im Publikum. Nach den Referaten meldete er sich zu Wort und richtete eine Frage an Germaine Greer. Warum, so wollte er wissen, schrieb sie eigentlich für Männermagazine, als Feministin? Das Publikum war entzückt, erfreutes Lachen begleitete seine Wortmeldung. An die Antwort Germaine Greers kann ich mich nicht erinnern, aber ich kann mich noch sehr gut an meine Skepsis erinnern. War das wirklich Blakes ureigene Idee, diese Frage zu stellen, und woher wußte er überhaupt von dem Artikel?

Etwas mehr als zehn Jahre später sahen wir ihn wieder. Er ist heute Musiker und Student, sieht seiner Mutter sehr ähnlich und lebt wie sie in New York, im Künstlerviertel Greenwich Village. Weder ist er aus Protest zum ruppigen Frauenfeind geworden, noch – was ein wenig überrascht – zum Vorkämpfer für irgendwelche politischen Ziele. Er ist ganz einfach ein freundlicher, umgänglicher, junger Mann.

»Ich hatte mir eine Tochter gewünscht, doch Ironie des Schicksals, ich bekam einen Sohn. Das ist unter Umständen für eine Feministin schwieriger, als wenn sie eine Tochter bekommt. Eine Tochter kannst du mit sehr direkten Botschaften erziehen: Du sagst ihr, daß sie kämpfen soll, daß sie sich durchsetzen soll, daß sie alles erreichen kann.

---

* Besonders: Going Too Far. New York 1977. Deutsch: Zu weit gehen. Dulmen 1980

Bei einem Sohn ist es diffiziler. Natürlich willst du, daß er sich als Mensch rundum verwirklicht. Gleichzeitig aber verfügt er über Privilegien, die ungerecht sind, die ihm nicht wirklich zustehen. Es ist also eine Gratwanderung.

Ich muß aber sagen, daß es mit Blake dann gar nicht schwierig war. Mit Kenneth gab es viele Probleme, aber ich muß ihm zugestehen, daß er ein wirklich guter Vater war. Während Blake aufwuchs, konnte er Frauen als stark und Männer als sanft erleben. Und wir lebten unsere Überzeugungen wirklich, wir redeten nicht nur darüber.

Ich wurde oft davor gewarnt, wohin das führen würde, daß ich meinen Sohn zum Neurotiker machen würde mit meiner Propaganda-Erziehung. Natürlich ist es mir eine Genugtuung, daß diese Prophezeiungen sich nicht bewahrheiteten. Und das Argument finde ich nach wie vor absurd. Propaganda wird von der Gegenseite betrieben, und zwar massiv. Im Vergleich dazu ist das bißchen Gegensteuerung, das man versucht, nicht einmal ein Tropfen auf heißem Stein.

Wie wir es mit Blake hielten... also, natürlich hatten wir geschlechtsneutrale Spielsachen. Auf dem Spielplatz wurde er einmal dafür verprügelt, daß er eine Puppe mithatte. Aber er war kein Außenseiter. Er sah dieselben Fernsehprogramme, er lag im »mainstream«. Aber er war an unserer politischen Arbeit beteiligt, und daher hatte er schon sehr früh Meinungen, oft konträre Meinungen. Wenn die anderen Jungen »Playboy«-Hefte in die Schule mitbrachten und sich kichernd die nackten Frauen ansahen, dann stellte er sie zur Rede. Er setzte sich ein, und er wußte auch immer, daß wir uns für ihn einsetzten. Er besuchte die Uno-Schule, wo man meinen sollte, daß es aufgeschlossener und fortschrittlicher zuging, und trotzdem wurden wir unzählige Male seinetwegen hinzitiert. Wenn die Lehrer etwas sagten, das er nicht für richtig hielt, hob er schon seine kleine Hand hoch. Zum Beispiel beim Erntedankfest, da sagte er ›also ich glaube für die Indianer war das alles nicht so toll‹. Oder zu Halloween sagte er ›aber das stimmt ja gar nicht, die Hexen waren keine bösen, häßlichen, alten Frauen, das waren ganz normale Frauen, die als Hebammen arbeiteten‹. Er widersprach also dem Lehrer, und schon wurden wir hinzitiert. Sie erwarteten wahrscheinlich, daß wir über seine Wortmeldung entsetzt sein und ihn rügen würden, aber wir waren natürlich jedesmal ganz begeistert. Das hat er gesagt? Toll! Gleichaltrigen gegenüber hatte er den großen Vorteil, daß er sehr gut war in Baseball und diesen Sport auch liebte; das verschaffte ihm Anerkennung. Aber er scheute nicht davor zurück, Anliegen aufzugreifen. Zum Beispiel hat er es erreicht, die Geschlechtertrennung im Sport aufzuheben. Er wollte Gymnastik machen, und eine Klassenkameradin wollte Fußball spielen, aber Gymnastik wurde nur für Mädchen und Fußball nur für Jungen angeboten. Das wollte Blake nicht hinnehmen, und gemeinsam mit uns und den Eltern des Mädchens konnten wir uns da durchsetzen.

Ein anderes Beispiel, er unterstützte den Wahlkampf von Bella (Bella Abzug ist gemeint) schon als kleines Kind, schon mit vier. Als sie verlor, sagte er, er würde sich später nicht um die Position des Klassensprechers bewerben. Es sollte lieber ein Mädchen kandidieren. Er meinte, die Leute müßten sich daran gewöhnen, daß Mädchen und Frauen solche Ämter einnehmen, damit Frauen wie Bella später einmal bessere Chancen hätten.

Mir war es wichtig, daß er diese Dinge nicht für uns tat, um uns zu gefallen. Erstens wäre das ihm gegenüber unfair gewesen, und zweitens hätte er irgendwann dagegen rebelliert.

Prinzipiell waren zwei Sachen, glaube ich, wichtig. Erstens: Wir haben ihn nie belogen. Auch nicht während unserer Trennung, die alles in allem acht Jahre dauerte. Diese Vorstellung, daß man Kinder beschützen und abschirmen muß, die ist einfach grundfalsch. Man erreicht damit nur, daß die Kinder sehr verstört werden, denn sie spüren genau, daß irgend etwas nicht in Ordnung ist, aber sie wissen nicht, was.

Zweitens, und das sehe ich erst rückblickend, war es gut,

daß er uns mit unseren Vornamen ansprach. Es hieß nie, komm zu Mammi und Daddy, sondern wir waren immer Robin und Kenneth. Wir waren wir selbst, nicht eine Rolle. Diese Benennungen bedeuten ja auch Macht. Ich will damit nicht leugnen, daß wir Macht über ihn hatten – das hatten wir natürlich, es ist unvermeidbar. Aber diese Macht wollen wir verringern, nicht betonen. Ich glaube, daß man damit das Bedürfnis der Kinder, später gegen einen zu rebellieren, vermeidet. Er mußte nicht beweisen, daß wir menschlich und fehlbar waren. Das wußte er schon von Anfang an.

Wenn wir etwas ablehnten, das er machte, dann sprachen wir darüber, sehr ausführlich. Später machte er darüber Witze. Er sagte, andere Kinder haben es gut, wenn sie schlimm sind, kriegen sie nur paar Klapse, aber ich muß *darüber sprechen*.

Er wurde auch unter Druck gesetzt von den Gleichaltrigen. Ich weiß noch, daß ich ihm aus Südamerika einen Poncho mitbrachte, so einen Umhang aus Wolle. Und er wollte den nicht anziehen, weil die Kinder in der Schule ihn auslachten und sagten, das sei ein Mädchenmantel. Ich sagte ihm, daß ein Poncho ganz im Gegenteil von den Gauchos getragen wird, von den Cowboys, also eigentlich, wenn man so will, ein urmännliches Kleidungsstück ist. Aber seine Klassenkameraden sahen das anders, und nach einiger Zeit legten wir den Poncho weg, und er trug ihn nicht mehr.

Aber sonst war unser Leben sehr politisch. Blake hat im Sommer Geburtstag, und dadurch konnte er nie ein Fest mit seinen Freunden feiern, denn die waren im Sommer nicht da. Daher machten wir im Frühjahr eine Party anläßlich des Geburtstages der Frauenrechtlerin Susan B. Anthony. Die anderen Kinder fanden das wahrscheinlich sehr seltsam, aber es war ihnen egal – Hauptsache, es gab eine Party. Und wir wandelten die Partyspiele ab, um ihnen eine passende Bedeutung zu geben. Das, woran wir glaubten, haben wir auch wirklich umgesetzt.

Ich bemerke immer wieder, und es macht mich traurig, daß

viele feministische Mütter das versäumen. Ich weiß nicht, warum. Vielleicht schrecken sie davor zurück, einer so kleinen männlichen Person eine dermaßen komplexe Information zuzumuten. Aber das ist ein Fehler, Kinder können auch komplexe Sachen gut verstehen. Du kannst ihnen erklären, daß sie in der Gesellschaft zu Unrecht eine privilegierte Stellung einnehmen. Damit verlangst du ihnen noch lange nicht ab, daß sie sich schuldig fühlen sollen. Du willst nur, daß die Situation ihnen bewußt ist. Du sagst ihnen: Sei dir bewußt, daß deine Vorteile auf Kosten einer anderen Person gehen. Das bezieht sich ja nicht nur auf Frauen, sondern stimmt auch in Hinblick auf Rasse oder Schicht.

Manche Feministinnen, aber das waren nur ganz wenige und ganz zu Beginn, haben ihre Söhne tatsächlich mit Propaganda überschüttet. Aber weitaus häufiger ist der umgekehrte Fehler: diese Einstellung bei feministischen Frauen, daß sie bereit sind, mit jedem Mann zu kämpfen, aber nicht mit ihrem Sohn. Oder sie sagen, du solltest kochen, du solltest dies und jenes machen, aber in Wahrheit bedienen sie ihn dann von hinten und vorne.

Oder sie sagen, oh ja, er ist sehr emanzipiert, und dann siehst du dir den Burschen an, und er liest sexistische Comics, er läßt seine Wäsche einfach auf den Fußboden fallen...

Wir haben mit Blake nicht nur gesprochen, wir haben ihm auch sehr viel gezeigt. Er kannte Mütter, die mit ihren Kindern von der Wohlfahrt lebten, er war mit mir in Frauenhäusern. Beim Zubettgehen lasen wir ihm Geschichten über Hexen vor, und das alles hat seine Weltansicht sehr geprägt. Zum Beispiel das Wort »faggot« (altmodisches Wort für Fackel, im amerikanischen Slang heute ein Schimpfwort für Schwule): Kennt ihr die Herkunft dieses Ausdruckes? Wenn sie im Mittelalter eine Hexe verbrennen wollten, dann holten sie zuerst ein paar Schwule aus dem Gefängnis und zündeten die an. Nur ein solches Feuer, glaubte man damals, wäre giftig genug, um eine Hexe zu verbrennen. Wenn sie in der Schule den Ausdruck

›faggot‹ als Schimpfwort benützten, war Blake jedesmal erstaunt. Für ihn waren das Märtyrer, Helden.

Unsere Trennung war für ihn sehr schlimm. Die eigentliche Scheidung erstreckte sich über zwei Jahre, von seinem 11. bis zu seinem 13. Lebensjahr. Ich weiß noch, daß wir in einem chinesischen Restaurant waren, als ich es ihm offenbarte. Und er legte seine Stäbchen nieder und sagte: ›Also Robin, weißt du, für dich wird es so besser sein. Du hättest das schon früher machen sollen, denn ich kann ja sehen, daß die Situation für dich unerträglich ist. Für mich aber ist das sehr unangenehm, daß ihr euch trennt.‹

Blake sieht sich als Künstler. Die Frauen, die ihm gefallen, sind immer feministisch. Er ist noch zu jung für eine dauerhafte Beziehung, aber seine bisherigen Liebschaften waren immer ernsthaft, und die Frauen waren immer selbstbewußt und gescheit. In Amerika hat man enorme Angst davor, daß eine unkonventionelle Erziehung aus einem Sohn einen Homosexuellen machen wird. Das ist lächerlich. In Wahrheit wäre die Welt viel interessanter, wenn Söhne ihren Müttern stärker nachgeraten würden. Statt dessen wachsen viele Kinder heute mit der Heuchelei ihrer sogenannten Väter auf. Die Väter sprechen zwar die richtigen Sätze, aber die Rhetorik entspricht nicht den Fakten. Statt dessen sehen die Kinder sehr genau, daß ihre Mütter zwei Jobs haben: den Beruf und die Familie. Sehr viele Familien legen ihre politischen Überzeugungen allabendlich vor der eigenen Haustür ab. Ausnahme: wenn diese Typen eine Tochter haben. Dann erwachen manche von ihnen zu erneutem politischen Bewußtsein, weil sie nicht wollen, daß *ihre* Tochter so behandelt wird. Aber ihren Söhnen gegenüber? Da sieht man nur ein ganz massives Weitergeben der alten Vorrechte.

Was eine Frau für ihre Söhne tun soll, wenn sie in einer solchen Beziehung lebt? Nichts. Sie kann nichts für ihre Söhne tun, wenn sie nicht vorher auf sich selber schaut. Sie muß sich fragen, warum sie in einer so ungleichen Beziehung lebt. Und dieses Hinterfragen wird ihren Kindern nicht schaden, sondern wird ihnen im Gegenteil sehr guttun. Es wird ihnen guttun mitzuerleben, wie aus ihrer Mutter ein selbstbewußter Mensch wird. Den Kindern irgendwelche Vorträge zu halten, ist sinnlos. Sie müssen sehen, wie du lebst, daß du dich wirklich einsetzt.

Was ich getan hätte, wenn Blake sich in eine meiner Meinung nach absolut bedenkliche Richtung entwickelt hätte? Also nach meiner Erfahrung ist es wichtig, dem Gesprächspartner die Konsequenzen seines Handelns klar zu machen. Er muß wissen, daß er dich mit seinem Verhalten verletzt. Keiner verletzt gerne einen anderen Menschen, es sei denn, er ist abnorm. Sagen wir also, daß Blake plötzlich gerne Musik mit sexistischem Text gehört hätte. Dann hätte ich gesagt: ›Das tut mir weh.‹ Diese Musik verletzt andere Menschen. Kinder haben einen stark ausgeprägten Sinn für Moral. Sie neigen auch dazu, Dinge schwarzweiß zu sehen. Das war oft sehr lustig. Beim Fernsehen gab es vielleicht irgendeine Meldung über Roosevelt. Dann fragte mich Blake, ›dieser Roosevelt, war der gut oder schlecht?‹ Und ich: ›Naja, das ist eine komplizierte Frage. Dies und jenes hat er gut gemacht, aber das und das war schlecht an ihm.‹ Mit der Zeit stöhnte Blake dann immer schon. ›Oh nein, lieber Gott, bitte! Ich weiß schon, es ist kompliziert!‹ Es wurde schon zu einem Spiel zwischen uns. Er: ›War das ein guter Mann oder ein schlechter Mann?‹ Und aus den Augenwinkeln betrachtete er mich schon voller Vorfreude, um sofort loszustöhnen, wenn ich zur Antwort ansetzte: ›Naja, das kann man so nicht sagen…‹«

Robins Standpunkt ist ein sehr konsequenter. Die Frauenfrage ist für sie Teil ihres umfassenden politischen Einsatzes; ihren Sohn nicht miteinzubeziehen, kommt für sie gar nicht in Frage. Genausowenig könnte man von einem überzeugten Katholiken erwarten, daß er seine Kinder nicht taufen läßt. So betrachtet, ergeben auch diejenigen Aspekte ihrer Erziehung einen Sinn, die zunächst vielleicht befremdlich wirken. Kann ein 4jähriges Kind sich authentisch in einem Wahlkampf engagieren, oder wird es mißbraucht? Ist ein Kindergeburtstag der geeignete Ort für politische Statements? In anderen Zusammenhängen stellt man solche Fragen auch nicht. Bei der Firmung sind Kinder zwölf Jahre alt und keinesfalls in der Lage, eine wirklich mündige religiöse Entscheidung zu treffen. Welches Kind in diesem Alter könnte die Firmung, wenn sie von den Eltern gewünscht wird, verweigern? Religiöse Ausbildung beginnt in der ersten Schulklasse, mit sechs Jahren; eigentlich ein enormer Eingriff in das Denken eines anderen Menschen, den wir damit rechtfertigen, daß wir dem Kind mit dem Christentum etwas beibringen, an das wir glauben, das wir für wahr und gut und richtig halten.

In der Schule schreiben Kinder alles mögliche ab, was nicht Faktenwissen, sondern Ideologie ist. Sie malen Fahnen und singen Bundeshymnen und lernen auswendig, was die Verwaltung gerade für gut und richtig hält. Warum soll Maria Himmelfahrt gefeiert werden und Susan B. Anthonys Geburtstag nicht?

Robins Sichtweise stimmt uns in manchem unbehaglich. Aus ihren Gedanken spricht eine große Anspannung, die einen schon beim Zuhören müde macht: Robin gönnt sich keine Atempausen, keine kleinen Inseln, keine österreichischen »Schlampereien«, sondern ist immer wachsam, immer im Einsatz. Doch auch philosophisch gesehen haben wir Probleme mit ihrer Sichtweise. In ihren Augen erfordert es einen dezidierten und konstanten Einsatz, um aus einem Sohn einen nicht-sexistischen Menschen zu machen. Er muß politisiert, bearbeitet, in alles einbezogen werden. Er muß Stellung beziehen, öffentlich, und das schon in jüngsten Jahren.

Ihre Grundprämisse – und das, was uns daran stört – wird deutlicher in zwei Briefen, die Robin während seiner Kindheit an ihren Sohn geschrieben hat und die in ihrem Buch »Going Too Far« abgedruckt sind. In späteren, kommentierten Neuauflagen merkt sie selber dazu an, daß diese Briefe sehr geprägt sind durch die Stimmung während der 60er Jahre. Heute denkt man nicht mehr in diesen Kategorien, redet man nicht mehr so. Sie beschreibt ihre Briefe rückblickend als naiv; uns stört daran eher, daß sie sentimental und ansatzweise auch manipulativ sind.

Den ersten Brief schrieb Robin, als die Geburt des Kindes sich ankündigte. Für das Kind, dessen Geschlecht sie noch nicht kannten, hatten sie einen der androgynen Vornamen gewählt, die es in der englischen Sprache mehrfach gibt – ebenso viele Mädchen wie Jungen heißen Blake. In diesem ersten Brief geht es um Politik im allgemeinen: Robin entschuldigt sich bei dem kommenden Kind für den erbärmlichen Zustand der Welt und der Umwelt und versichert dem Kind, daß seine Selbständigkeit von den Eltern respektiert werden wird. Nur in einem Nebensatz geht es ums Geschlecht. »Wenn du ein Mädchen bist«, überlegt Robin, »wird dein Leben besser sein als meines, mit geringerer Unterdrückung und mehr Menschlichkeit. Wenn du ein Junge bist, wirst du ebenfalls freier sein als die Menschen unserer Generation. Du wirst keine stereotype Männlichkeit leben müssen, die von der Unterdrückung des anderen Geschlechts abhängt.«

Der zweite Brief wurde geschrieben, als Blake vier Jahre alt war. Robin war auf einer Vortragsreise und schrieb dem Sohn folgendes:

»Lieber Blake,

ich bin gerade in einem großen Flugzeug...Du fehlst mir! Du fehlst mir so sehr, daß es sich wie Zahnweh anfühlt.

Heute früh, vor dem Abflug, besuchte ich mit einigen anderen Frauen das Haus von Susan B. Anthony – einer wunderbaren Frau, die vor vielen Jahren sehr mutig gegen einige böse Männer kämpfte. Das war vor langer Zeit, und die ist jetzt schon tot, also besuchten wir auch ihr Grab. Wir standen ganz still an ihrem Grab und dachten an sie, und wir weinten, weil sie so mutig war und weil wir uns wünschten, wir hätten sie gekannt. Es war ein denkwürdiges Erlebnis.

Nun muß ich weiterreisen (genau wie sie – sie reiste auch sehr viel), um andere Frauen zu treffen und mit ihnen zu besprechen, wie wir gegen die Pläne einiger böser Männer kämpfen können. Wenn ich nächste Woche heimkomme, werde ich dir viel darüber erzählen. Ich werde dir auch von Susan B. Anthonys Haus erzählen, von ihrer komischen alten Schreibmaschine und den Fotos von Frauen aus aller Welt, die an den Wänden hängen. Es freut mich so sehr, daß diese Geschichten über tapfere Frauen dich interessieren, denn das zeigt mir, daß du dich schon jetzt sehr bemühst, erwachsen zu werden und nicht so zu werden wie diese bösen Männer, die schlecht sind zu Frauen. Ich bin stolz auf dich, weil du interessiert und hilfreich und mutig bist. Ich schicke dir die Zeichnung, die du dir gewünscht hast... (Absatz über Belangloses) Kenneth, der dir beim Lesen dieses Briefes helfen wird, soll dir erklären, was ich meine, wenn ich sage, daß du der Honig in meinem Leben bist und er das Salz. Ich liebe euch beide, R.«

Der Brief – und er ist zwar persönlich, aber doch fairerweise auch öffentlich diskutierbar, da die Verfasserin ihn zur Veröffentlichung ausgewählt hat – bringt alles zum Ausdruck, was uns an Robins Zugang nervös macht. Es sind nicht einmal in erster Linie die »bösen Männer«, die zwar immer mit dem Beiwort »einige« versehen sind, aber trotzdem pädagogisch fragwürdig erscheinen. Zwei andere Dinge stechen ins Auge. Da ist erstens die sehr deutliche Botschaft an den Sohn, daß er sich aller Wahrscheinlichkeit nach in einen »bösen Mann, der schlecht ist zu Frauen« entwickeln muß, wenn er nicht bewußt dagegen ankämpft, wenn er sich nicht redlich anstrengt, nicht so zu werden. Das entspricht nicht unserer Meinung und widerstrebt uns außerdem zutiefst. Und dann störte uns zweitens die deutliche Mitteilung zwischen den Zeilen, daß ihre Liebe im Zusammenhang steht mit seiner Anpassung an ihre Erwartungen. Nicht ihretwegen, nicht um den Eltern zu gefallen und von ihnen geliebt zu werden, sollte er ihre politische Linie teilen, betonte Robin im Interview. Doch der Brief läßt erkennen, daß es nicht so war. Dem 4jährigen wird klar gemacht, daß sein Interesse an der Frauenfrage die Mutter freut und stolz macht.

Das wirkt manipulativ – doch andererseits, welche Erziehung ist nicht manipulativ? Die Motivation, den Eltern Freude zu machen und von geliebten Personen Anerkennung zu erhalten, ist ein wichtiger Antrieb für das Lernen und die Charakterbildung. Letztendlich störend am Brief ist vielleicht die Suggestion von Niederlage: Wenn man sich nicht sehr bemüht, wird aus dem lieben kleinen 4jährigen ein böser Mann. Wenn man nicht jede Chance nützt, auf ihn einzuwirken, auch noch den kleinsten Brief während einer Reise in ein Traktat verwandelt, wird er sein Herz dem Feind schenken. Und vielleicht hat auch hier noch Robin recht. Schließlich nützt auch die Gegenseite jede noch so kleine, scheinbar triviale Chance, um ihre bestehende Geschlechterordnung zu zementieren und in den Köpfen zu verankern. Jedes Werbeplakat, jede Fernsehminute transportiert neben ihrer Hauptbotschaft auch noch das Bild einer Normalität, die auf stereotypen männlichen und weiblichen Eigenschaften aufgebaut ist.

Beunruhigend, weil vermutlich sehr wahr, werden Robins Beobachtungen, wenn es um das Gros der feministischen Mütter geht. Das eine sagen, das andere tun – das ist bei jeder Art von Erziehung fatal und bei diesem Thema vielleicht ganz besonders. So denken und ganz anders leben – Kinder erkennen genau, wie die Dinge wirklich liegen. Die Art von Zusammenleben, die wir verändern wollen, ist allgegenwärtig und massiv. Wie impft man seine Kinder am besten dagegen? Mit ständigen Infusionen von gegenteiliger Beeinflussung, glaubt Robin.

Letty Cottin Pogrebin ist eine in den USA sehr angesehene Kommentatorin. Ihre Glossen zu politischen und kulturellen Ereignissen werden diskutiert. Sie hat drei Kinder, zwei Töchter und einen Sohn.

»In der Erziehung von Söhnen hat sich sehr wenig geändert, und das liegt weitgehend an den Müttern. Frauen sind viel eher bereit, sich gegen die orthodoxen Meinungen in Erziehungsfragen aufzulehnen, wenn es um eine Tochter geht. Bei einem Sohn wagen sie keine Experimente . Offensichtlich sind sie sich nicht ganz sicher, daß Neuerungen auch für ihre Söhne wirklich besser wären. Das Männliche gilt immer noch als das Bessere, daran wollen Frauen offenbar nicht rütteln, wenn es um ihre Söhne geht. Männlichkeit ist ein Vorrecht, ein Vorteil, und deinem Sohn willst du das nicht wegnehmen, weil du ihn liebst. Ihn weiblicher machen, unausgesprochen würde das in unserer Kultur heute immer noch bedeuten, daß man ihn abwertet. Das Weibliche ist das Schlechtere. Die meisten Frauen entscheiden sich für einen Kompromiß. Sie sind zufrieden, wenn der Sohn seine Mutter – also sie selbst – respektiert. Und dann soll er noch darauf vorbereitet werden, daß seine Frau eines Tages einen ebensoguten Job haben wird wie er. Doch den Kern seiner Emotionen, seine innere Substanz, rühren sie nicht an. Sie haben Angst, daß er sonst zum Außenseiter wird, daß er den Zugang zur männlichen Welt verliert. Es ist kaum zu glauben, was manche Frauen in Kauf nehmen, nur um ihren Sohn das Männliche nicht vorzuenthalten. Alleinerzieherinnen biedern sich oft bei irgendeinem besoffenen, unmanierlichen Nachbarn an, bloß damit der ihren Sohn auf den Fußballplatz mitnimmt.

Ich werde nie vergessen, wie mein Sohn – er war damals sieben – weinend aus der Schule heimkam, weil er verspottet worden war. Seine Schulklasse hatte einen Ausflug gemacht, und danach sollten sie einen Aufsatz schreiben über den Park, den sie besucht hatten. In seinem Aufsatz verwendete er das Wort ›lovely‹ (›wunderschön‹). Daraufhin wurde er von den anderen Jungen ausgelacht und gehänselt, weil die meinten, ›lovely‹ sei ein ›Mädchenwort‹. Ich habe versucht, ihn mit Humor gegen solche Erlebnisse zu stärken. Mein Mann und ich haben mit ihm über diesen Zwischenfall gesprochen. Wir haben ihm gesagt, daß die ganze Sprache ihm gehört. Wir sagten, ›alle Worte gehören dir. Du kannst jedes Wort haben, es gibt kein Wort, auf das du keinen Anspruch hast‹. Aber dieses kleine Beispiel zeigt schon, wie wachsam die bestehende Ordnung ist. Sie überwacht die Jungen in ihren formativen Jahren ganz genau.

Ich möchte den Eltern gern sagen, daß man nicht unbedingt schon von Geburt an alles richtig machen muß. Wenn man erst später erkennt, daß man zu stereotyp erzieht, kann man immer noch den Kurs wechseln. Mein Mann und ich zum Beispiel heirateten in den 60er Jahren, meine Töchter sind Zwillinge und wurden 1965 geboren, mein Sohn kam 1968. Den Feminismus entdeckten wir, mein Mann und ich, erst Ende 1969. Und auch dann dauerte es noch eine ganze Weile, bis wir ihm im Leben unserer Kinder einen Platz gaben. Man tut so vieles, ohne darüber nachzudenken. Ich erinnere mich, daß ich eines Tages auf dem Heimweg einen kleinen Basketballkorb entdeckte, so einen ganz kleinen, den man über die Tür hängt. Ich kaufte ihn und befestigte ihn im Zimmer unseres Sohnes. Als mein Mann heimkam, sagte er zu mir, ›ja bist du noch zu retten? Der ist doch erst zwei Jahre alt. Warum hast du den Korb nicht ins Zimmer der Mädchen gehängt, die sind sehr sportlich und schon fünf, die können damit wenigstend etwas anfangen!‹

Was ich damit sagen will: Wir haben improvisiert. Wir haben uns vorangetastet und selbst einen Weg gefunden, der uns und unserer Familie behagte. Man muß nicht schon von der Stunde Null an ein perfektes Konzept haben, und man kann auch später noch die Richtung wechseln.

Natürlich sind die Einflüsse der Außenwelt sehr stark. In verschiedenen Altersstufen wird die Anpassung mit unterschiedlichen Methoden erzwungen; in der Volksschule mit Spott, später durch Ausschluß aus der Peer-group. Was wir machten, als Gegengewicht, war reden. Wir sind sowieso eine äußerst gesprächige Familie, in der unentwegt geredet wird. Ich finde es auch wichtig, ehrlich zu sein. Wir sagten oft zu den Kindern, ›weißt du, das haben wir früher auch geglaubt. So haben wir früher auch gelebt, aber wir waren damit nicht glücklich, jetzt finden wir es besser.‹

Wir haben die Kinder gemeinsam erzogen, naja, nicht wirklich, aber im wesentlichen doch. Ich war die Flexiblere, wie so oft. Ich war Schriftstellerin und konnte meine Zeit ziemlich frei einteilen, mein Mann aber mußte in die Anwaltskanzlei. Und auch später, als ich Herausgeberin einer Zeitschrift wurde, kam ich früher heim als er. Er hatte zu Hause Frühdienst, zog die Kinder an und machte ihnen das Frühstück und brachte sie in die Schule, während ich noch schlief. Ich war für den Nachmittag zuständig, dafür arbeitete ich dann oft in den Abend hinein.

Ich habe die Kinder nicht an irgendwelchen politischen Sachen beteiligt, aber unser Sohn interessierte sich für das Schicksal der Mädchen in seiner Schule und setzte sich oft für sie ein als ihr Advokat. Oder er verbesserte die Lehrer, sprachlich. Wenn sie zum Beispiel ›jedermann‹ sagten, fragte er, ob sie denn wirklich wüßten, daß nicht auch von Frauen die Rede war. Waren sie denn sicher, daß nur Männer gemeint seien?

Wir hatten einige Prinzipien in der Erziehung. Wir sahen unsere Funktion als Eltern darin, lenkend zu versorgen und auch unsere Werte darzustellen. Ein solcher Wert: andere Menschen fair zu behandeln. Beim Fernsehen waren wir sehr streng, beim Sex sehr permissiv. Zum Beispiel mußten die Kinder am Wochende nie zu einer bestimmten Zeit nach Hause kommen, aber wir mußten immer wissen, wo sie sind. Das war eine fixe Regel, und die Kinder akzeptierten das. Es ging uns nicht darum, sie zu kontrollieren, es ging auch nicht um Sex, sondern es ging uns um ihre Sicherheit. Für uns eine stressige Zeit. Wir erhielten Anrufe um 2 Uhr früh, wir sind jetzt nicht mehr bei Lisa, wir gehen jetzt zu Bob. Dann um

2.30 Uhr, wir sind noch nicht bei Bob, wir sind bei McDonalds. Manchmal waren wir die halbe Nacht wach, weil die drei ständig anriefen, aber das war es uns wert. Natürlich haben wir, das war bei unserer Generation so, viel über Macht nachgedacht. Aber Eltern müssen das letzte Wort haben, und Kinder müssen auch die Autorität ihrer Mutter erkennen. Erst jetzt, wo alle drei Kinder über 20 sind, kann ich sagen, daß unsere Beziehung rein auf Freundschaftsbasis besteht. Vorher hatten wir Autorität, aber es ging nie um Macht.

Auffallend ist in unserer Kultur die enorme Angst vor Homosexualität. Eines kann ich garantieren: Man wird nicht schwul, weil man als Jugendlicher Geschirr gespült hat. Umgekehrt gibt es genug Homosexuelle, die als Kinder andauernd mit ihrem Vater Fußball spielten. Oder dieser Ausdruck ›kaputte Familie‹ – eine Familie ist nicht kaputt, weil sie keinen Mann vorzuweisen hat, und die Anwesenheit eines Mannes ist noch lange keine Garantie für psychologisches Wohlbefinden. Ich wuchs in einer intakten Familie auf, und ich kann Ihnen sagen, es war trostlos. Männlichkeit muß man nicht lernen und nicht lehren. Aber es scheint eine verbreitete Meinung zu sein, daß die Männlichkeit sehr prekär ist und bei jeder Veränderung zusammenbrechen kann. Wenn man nicht haarscharf aufpaßt, wird offenbar aus jedem Sohn eine Ballerina. Viele Männer, viele Väter stecken einfach in diesen Ängsten fest. Musik ist für sie zum Beispiel unmännlich. Wenn ihr Sohn Violine spielen will, rasten sie aus. Einen solchen Mann mußt du dann ins Konzert führen, wenn Menuhin spielt. Bitte sehr: ein Mann, ein echter Mann. Dann sagst du ihnen noch, was er verdient, und dann hat er was zum Nachdenken.«

Letty Cottin Pogrebin hat eine viel gelassenere Haltung, die ihrer gesamten Lebensführung entspricht. Sie hat sich zwar ein Leben lang für progressive Anliegen engagiert, aber sie ist nicht, wie Robin, politische Aktivistin, lebt nicht für die Politik. Der Sohn managt heute übrigens ein Restaurant, die Töchter arbeiten in den Medien.

Susan Seliger ist Herausgeberin der Zeitschrift »Working Mother«, einem Magazin für berufstätige Mütter, das in Amerika von zwei Millionen Frauen gelesen wird. Susan hat zwei Söhne. Sie repräsentiert eine Variante des Feminismus, die vor allem in den USA sehr stark vertreten ist, den eher liberalen, »kapitalistischen« Feminismus der Mittelschicht.

»Die massenhafte Präsenz von Müttern in der Arbeitswelt ist meiner Meinung nach die dramatischste Entwicklung unseres Jahrhunderts. In den USA sind fast 50% aller Mütter von Kindern unter einem Jahr berufstätig. Für die meisten ist das eine ökonomische Notwendigkeit, weil man mit einem Einkommen einfach nicht leben kann. Ich gehöre zu diesen Frauen. Bei meinem ersten Kind konnte ich immerhin noch von zu Hause aus arbeiten, bei meinem zweiten nicht mehr. Ich habe versucht, irgendwelche Unterschiede zwischen ihnen auszumachen, die vielleicht darauf zurückzuführen sind, aber ich sehe keine.

Die größte Gefahr in meinen Augen ist, daß wir unsere Kinder auseinandererziehen. Die Töchter erziehen wir nach feministischen Leitsätzen, aber wir erziehen keine Söhne, die unseren Mädchen später einmal geeignete Partner sein können. Wir haben eine enorme, neurotische Angst davor, unsere Söhne könnten unmännlich, könnten schwul werden. Wenn man sich das überlegt, ist es Wahnsinn: Woher kommt diese Idee, daß ein netter, intelligenter, einfühlsamer Mann schwul sein muß?

Wenn diese ungleiche Erziehung sich fortsetzt, werden Frauen und Männer sich auseinanderleben. Irgendwann wird der Abstand unüberbrückbar. In Amerika passiert das schon, bei den Schwarzen. Die Frauen sind weitaus verantwortungsvoller, gebildeter. Die schwarzen Männer verkommen, rutschen ab in Drogensucht und Kriminalität. Es gibt kaum mehr Ehen und Familien in der schwarzen Gemeinschaft.

Die Frage der Geschlechtsrollen wird in der Erziehung viel zu wenig aufgegriffen. Dabei ist es nachweislich möglich, das Bewußtsein durch Erziehung sehr stark zu beeinflussen. Die Kinder heutzutage haben zum Beispiel ein sehr ausgeprägtes Bewußtsein für Umweltfragen. Mein 5jähriger hat mir kürzlich sehr ausführlich, und sehr richtig, das Ozonloch erklärt. Er hatte im Fernsehen einen Bericht darüber gesehen.

Was die Geschlechterrollen anbelangt, ist die Beeinflussung der Kinder weitgehend noch ganz traditionell. Es ist besser, ein Junge zu sein; Jungen sind besser. Diese Botschaft kommt ganz deutlich rüber. Allein die Zeichentrickfilme. Die meisten Zeichentrickfilme sind für Jungen konzipiert, weil die Fernsehanstalten genau wissen, daß sich die Mädchen eventuell auch ein Jungenprogramm ansehen, während die Jungen nie und nimmer eine Mädchensendung ansehen würden.

Berufstätige Frauen geben sich sehr große Mühe, gute Mütter zu sein. Die machen sich viele Gedanken darüber, wie sie Beruf und Mutterschaft am besten verbinden können. Erziehungsfragen sind für unsere Leserinnen ein sehr großes Thema. Bei den Vätern hat sich auch einiges geändert, aber nicht genug. Es gibt zwar immer mehr Männer, die zum Beispiel eine berufliche Versetzung ablehnen, weil ihre Familien nicht umziehen wollen. Das gab es früher kaum. Trotzdem, was die Arbeitsteilung anbelangt, ziehen die Männer noch nicht mit. In vielen Familien gibt es deswegen jeden Abend einen Kampf. Irgendwann werden die Frauen dann des Streitens müde und machen lieber alles alleine.

Bezüglich der Erziehung von Söhnen herrscht eine große Unsicherheit. Niemand will sein Kind verletzbar machen. Du willst ihnen alle Mittel in die Hand geben, um in der Welt so gut wie nur irgendwie möglich bestehen zu können. Doch so, wie unsere Welt beschaffen ist, ist das eine widersprüchliche Aufgabe.

Und du hast nie die Gewißheit, daß du es richtig machst. Vor ein paar Tagen habe ich ein Telefongespräch mitgehört zwischen meinem größeren Sohn und einem Mädchen aus seiner Klasse. Er hat ihr zugeredet, sich für das Theaterstück zu bewerben. ›Du solltest es unbedingt machen‹, hat er zu ihr gesagt. ›Du bist wirklich gut.‹ Das habe ich gut gefunden. Gut für die Mädchen, wenn sie kollegiale Ermunterung auch mal von einem Jungen erhalten. Und gut für ihn. Bei den Frauen seiner Generation hat er später dann doch einen enormen Vorsprung, denn die werden Wert legen auf Partner, die sie respektieren und ermutigen.«

Susan verkörpert eine Position, die von Letty etwas resignierend beschrieben wurde: Unsicher über die Ziele der männlichen Erziehung, geben sich Mütter letztlich damit zufrieden, daß ihre Söhne zu ihnen eine gute Beziehung haben und der Berufstätigkeit einer zukünftigen Partnerin positiv gegenüberstehen. Sicherlich ist es ein Fortschritt, wenn zwischen Mädchen und Jungen in der Schule eine ungezwungenere, kollegialere Atmosphäre herrscht, wenn Söhne so aufwachsen, daß weibliche Ambition und weibliche Leistung für sie etwas ganz Selbstverständliches sind. Doch ist das schon genug?

Unsere Meinung

*Und wir, die Autorinnen, wie bewähren sich unsere
theoretischen Modelle in der Praxis?
Eigentlich ist wieder alles ganz anders.*

Aus Überlegungen im letzten Kapitel wollen wir uns nicht ausnehmen, denn mit unseren Söhnen traten diese Fragen auch in unser Leben.

Cheryl
(Söhne Alexander, 10, und Maximilian, 3)

Nicht nur Mütter, sondern jeder Mensch, der politische Wertvorstellungen hat, steht in Erziehungsfragen vor einer gravierenden Grundsatzentscheidung. Diese Entscheidung stellt eine echte Weggabelung dar, und ein großes Risiko. Soll man versuchen, seine Kinder ganz gezielt zu beeinflussen, oder kann man darauf bauen, daß das eigene Vorbild und die objektive Überzeugungskraft der eigenen Werte genügen? Soll man sie indoktrinieren oder darauf vertrauen, daß sie von selber eine »richtige« Entwicklung nehmen?

So formuliert, erscheint die Antwort klar: »Indoktrinieren« hat einen negativen Beigeschmack, Vertrauen hingegen ist etwas Schönes. Doch die Propagandisten fast aller bestehenden Wertsysteme, und zwar nicht nur der extremen, der radikalen, sondern auch der staatstragenden, die wir für ganz selbstverständlich halten und die über weitreichenden Konsens verfügen, gehen den ersten Weg. Sie indoktrinieren die Kinder, bleuen ihnen die Glaubenssätze frühestmöglich und immer

275

wieder ein, präsentieren ihnen diese Glaubenssätze als wahr und richtig und alles andere als falsch und schlecht.

Dieses Vorgehen stellt einen sehr starken Eingriff in die Person des Kindes dar. Ein Kind ist notgedrungen vertrauensvoll, kann Auskünfte noch nicht abschätzen, den Wahrheitsgehalt nicht selber überprüfen und sich innerlich nicht abschotten gegen Prägungen und die geschickte Steuerung durch einen umfassend stärkeren und klügeren Erwachsenen, von dem es abhängig ist, dem es gefallen will, den es liebt und von dem es geliebt werden möchte.

Eigentlich ist es Mißbrauch, intellektueller Mißbrauch, einem Kind neben den legitimen und generalisierbaren ethischen Grundsätzen auch noch die politische oder religiöse Richtung vorzugeben: Aber alle tun es. Wie frei ist man mit 21, etwas zu beurteilen, etwas gutzuheißen oder abzulehnen, das einem ab dem 4. Lebensjahr eingeimpft wurde? Eigentlich kann man einem Kind guten Gewissens nur sagen: Ich glaube das und jenes. Mir ist das und das wichtig.

Doch damit verbindet sich ein enormes Risiko. Nicht nur deshalb, weil das Kind, wenn es frei entscheiden darf, sich auch gegen die Dinge entscheiden kann, die einem selber die liebsten und teuersten sind. Sondern vor allem auch deshalb, weil die Entscheidung *dagegen* am Ende ja vielleicht auch nicht wirklich frei war. Vielleicht liefert man sein Kind, wenn man es selber nicht indoktriniert, damit bloß der Indoktrinierung durch andere aus.

Auch die gegenteilige Entscheidung bedeutet ein Risiko. Wenn man ein Kind in das eigene Denken einführt, rebelliert es vielleicht notgedrungen irgendwann dagegen, obwohl das Denken gut und richtig ist und dem Kind sonst entsprechen würde. Es lehnt dieses Denken eines Tages vielleicht trotzdem ab, weil es in der Natur des Menschen liegt, sich irgendwann gegen die Eltern aufzulehnen und aus Prinzip das Gegenteil von dem zu tun, »was die Eltern glauben und wollen und hoffen.

Grundsätzliche Erziehungs- und Prinzipienfragen dieser Art beschäftigen einen, wenn man vorausschauend an das Leben mit Kindern denkt. Wenn sie dann da sind, stellt einen der Alltag vor ganz andere, kleinere und größere Entscheidungen.

Die politische Bildung, die verantwortungsvolle soziale Aufklärung von, in meinem Fall, Söhnen ist dabei noch eine relativ einfache Aufgabe. Sie ergab sich ganz von selbst aus dem Leben von Kindern, dem Leben mit Kindern.

Ungerechtigkeit, Gewalt, Diskriminierung, es ist erstaunlich leicht, mit Kindern diese Begriffe zu diskutieren. Sie kennen das alles schließlich aus persönlicher Erfahrung. Ihre Entrüstung oder Verwirrung, wenn sie schlecht oder ungerecht behandelt werden, läßt sich empathisch ausweiten. Ich kann mich dann gemeinsam mit den Kindern ärgern über die Ungerechtigkeit, die ihnen widerfahren ist, und ihnen gleichzeitig mitteilen, daß es sehr vielen anderen Menschen auch so geht: weil sie schwarz sind oder behindert oder weiblich oder alt. Mit Kindern finde ich mühelos eine gemeinsame politische Basis in der Erkenntnis, daß es in der Welt unendlich viel Dummheit gibt, unendlich viele dumme Möglichkeiten, um sich selber wichtig und anderen Menschen das Leben schwer zu machen.

Es stellt sich heraus, daß die meisten Dinge, über die ich nachdenke, einem Kind absolut plausibel sind. Daß z.B. körperlicher Zwang, ausgeübt von einem Stärkeren, ärgerlich, frustrierend und demütigend ist, weiß jedes kleine Kind; man muß es nur in Worte fassen, um es zu einem einleuchtenden Prinzip zu machen. Und zu hoffen, daß dieses Prinzip den Söhnen auch dann noch erinnerlich bleiben wird, wenn sie eines Tages selbst zu den körperlich Stärkeren gehören.

Auch die Erfahrung, nicht angehört zu werden, ist männlichen Kindern vertraut. Es passiert ihnen oft. Da gibt es z. B. die Lehrerin, die nicht gelten lassen will, daß Alexander seinen Nachnamen richtig zu schreiben vermag. Er hat ihn richtig auf den Heftdeckel geschrieben, und sie hat ihn dann – falsch – auf Bernard »ausgebessert«; seinen Einwand dagegen hat sie nicht gelten lassen, weil er erst fünf ist und somit nicht so gut Bescheid wissen kann wie sie, nicht einmal über seinen eigenen Namen. Oder die andere Lehrerin, die ihn zwingt, am ersten Schultag vor der Klasse aufzustehen, damit sie ihn den anderen Kindern vorstellen kann, weil er ein »Neuer« ist. Er ist aber kein Neuer, sondern war nur ein halbes Jahr im Ausland. Die Klasse kennt ihn bestens, nur die Lehrerin kennt ihn nicht, weil sie neu ist. Aber sobald er den Mund aufmacht, um das Mißverständnis aufzuklären, heißt sie ihn schweigen. »Ich stand dort und durfte nichts sagen«, erzählt er finster. Das sind keine schrecklichen Dinge, die ihm widerfahren, sondern Kleinigkeiten. Trotzdem: Er empfindet sie als ungerecht, und sie sind auch ungerecht. Es ist unangenehm, nicht sprechen zu können, weil jemand Stärkerer einen einschüchtert. Dieses Gefühl gehört für Frauen in vielen Situationen zum Alltag; Männer haben keine Sensibilität dafür, weil sie sich nicht daran erinnern können, ein Kind oder Jugendlicher gewesen und das gleiche gefühlt zu haben. Ein gutes Gedächtnis ist oft der Schlüssel für soziales Empfinden.

Manchmal sind unsere diesbezüglichen Erlebnisse identisch. Zum Beispiel fliegen wir beide aus einem Schwimmbad, ich zwar nur indirekt, weil ich im amerikanischen Großhotel in Saudiarabien schon an der Pforte das große Schild lese, demzufolge weiblichen Gästen die Benutzung des Schwimmbades verboten ist. Alexander aber fliegt, mit sechs, buchstäblich hinaus, an einem strahlend schönen Sonntag, weil die Benützung des Schwimmbades in diesem Ferienkomplex »am Wochenende für Kinder unter 15 verboten« ist. Dabei war er an diesem Tag zufällig ein Musterkind. Er hat nichts getan, um den Vorfall zu provozieren. Er war genaugenommen nicht einmal im Schwimmbad, sondern saß nachdenklich und mucksmäuschenstill am Rand des Beckens und konnte gar keinen Erwachsenen stören, weil kein Erwachsener im Wasser war. Lediglich Alexanders Füße befanden sich auf verbotenem Terrain, doch das genügte schon, um einen Choleriker von seinem Liegestuhl hochfahren zu lassen. Und so komme ich doch noch dazu, meinen Vortrag über Schwimmen und Bürgerrechte zu halten – den Vortrag, den ich in Saudiarabien verfaßte, aber in Ermangelung eines geeigneten Publikums für mich behielt. Am Schwimmbeckenrand halte ich einen Vortrag über Diskriminierung und Familienfeindlichkeit. Wie kann ein Schwimmbad ausgerechnet am Wochenende, wenn alle Familienmitglieder zusammen sein können, für Kinder verboten sein? Man kann vielleicht Musik verbieten, Ballspielen und Planschen und Krach, aber doch nicht Kinder an sich. Was ist das für eine Regel, die einen Menschen nicht infolge seines Verhaltens, sondern infolge seiner Gruppenzugehörigkeit trifft? Später erzähle ich Alexander von meinem Erlebnis in Saudiarabien. »Das ist ja noch schlimmer«, urteilt er großzügig, »weil Frauen machen ja keinen Lärm, aber Kinder könnten vielleicht Lärm machen im Schwimmbad.«

Ich glaube, daß die fehlende Betroffenheit von Männern, ihre Ignoranz im Hinblick auf den Zusammenhang zwischen der Situation von Frauen und den auch von ihnen erwünschten Veränderungen in der Welt das vielleicht größte Hindernis für progressives Denken ist. Ein Kind kann noch reagieren und mitreagieren. Es ist notwendig, das empathische Vermögen männlicher Menschen zu fördern. Lernen heißt Wiedererkennen, und man muß kein Mädchen sein, um Zwang, Ungerechtigkeit, Bevormundung, stumpfsinnige Pauschalurteile zu erleben. Selbst beim Sexismus geht es nicht wirklich um Frauen; es geht um das, was eine stärkere Personengruppe willkürlich einer schwächeren Personengruppe antut. Für die Schwächeren bedeutet es immer dasselbe: ausgeschlossen werden, nicht ernstgenommen werden, keine volle Stimme haben, belächelt werden, kommandiert werden, in der Autonomie der eigenen Person nicht respektiert werden. Kinder erleben das, ununterbrochen. Daraus kann wahrscheinlich der Wunsch entstehen, später zu den Stärkeren zu gehören. Aber es kann auch moralisches Lernen fördern, indem man die erlebten Umstände ablehnt, prinzipiell und für alle.

Ich glaube ferner, daß wirklich gefestigte politische Werte nicht aus der gezielten Indoktrinierung entstehen, sondern aus viel zufälligeren Beeinflussungen, die den Charakter formen. Wenn ich überlege, warum ich Feministin wurde, dann finde ich in meiner Erziehung drei Elemente, die mit Feminismus eigentlich nichts zu tun haben. Das erste: eine starke Neigung zu Sozialkritik, zum Widerspruch gegen jegliche Art von Ungerechtigkeit bei allen mich erziehenden Personen, Eltern und Großeltern. Das zweite: ein ausgeprägtes Prinzip der Loyalität. Das Prinzip meiner Eltern war ein einfaches und altes: Die Familie sollte zusammenhalten. Ärger in der Schule, Probleme mit irgendwem? Später, zu Hause, wurde der Vorfall ausführlich besprochen, wurde man gerügt, doch nach außen hin präsentierten alle Familienangehörigen eine geschlossene Front. Später, als Feministin, kam mir dieses Prinzip zugute: Ich hatte Rückendeckung von zu Hause, und sogar mein traditioneller, südländischer Vater bemühte sich, manchmal kopfschüttelnd, meinen Argumenten zu folgen, einfach aus Zuneigung zu mir. Der dritte Faktor hing mit unserem Lebensstil zusammen. Bedingt durch den Beruf meines Vaters, mußten wir alle paar Jahre umziehen. Wir lebten in isolierten Militärsiedlungen und mitten in der Großstadt, in konservativen Gegenden und in kosmopolitischen, in Europa und in Amerika. Überall waren die Regeln ein wenig anders; jede Schule, jede Gemeinde hatte ihre Bestimmungen, auf deren Einhaltung sie bestand. Wenn wir Kinder irgendwo aneckten oder uns über etwas ärgerten, verteidigten unsere Eltern nicht automatisch die lokalen Bestimmungen. Das wäre, angesichts der enormen Variationsspanne dieser Regeln, auch kaum möglich gewesen. Oft waren die Regeln auch offenkundig absurd. In Kalifornien z.B. durften Mädchen in der Schule Sandalen tragen, die Jungen aber nicht. Warum? Bis heute hat mir niemand diese Frage beantworten können. Für diese und für sehr viele anderen Regeln gibt es keine bessere Erklärung, als daß an diesem Ort eben diese Regeln und Gewohnheiten herrschten, was immer wir auch persönlich davon halten mochten. Und daß wir uns zwar nicht damit anfreunden mußten, innerlich nicht zustimmen und uns auch nicht unbedingt anpassen mußten, daß wir aber irgendeinen Modus finden mußten, um damit umzugehen. Das war verdaulicher, als wenn meine Eltern die Regeln verteidigt hätten, und oft konnte man irgendeine Situation leichter ertragen, wenn man nicht auch noch zu Hause so tun mußte, als würde man sie gut finden. Diese quasi-ethnologische Einstellung zur Welt kann sehr nützlich sein. Sie ist pädagogisch überzeugend, weil sie wahr ist. Wenn zu den Kategorien »richtig« und »falsch« noch eine Kategorie für »ortsüblich« kommt, lebt man damit oft leichter. »Ortsüblich« eignet sich besonders gut als Erklärung für geschlechtsspezifische Regeln, die zwar nicht wirklich schlüssig sind, aber dennoch nach einer gewissen Einhaltung verlangen.

Ich hatte vor, meine Söhne politisch sorgfältig zu erziehen, doch in der Praxis sieht das dann oft anders aus. Doch ich betone die Analogie zwischen der Behandlung von Frauen und der Behandlung von Kindern. Ich nutze die Empirie für mich, um zu zeigen, daß viele gesellschaftliche Denkweisen, auch solche über Frauen und Männer, ganz manifest nichts mit Fakten, sondern nur mit Vorurteilen zu tun haben. Zum Beispiel dürfen Frauen in Saudiarabien nicht Auto fahren, weil man davon überzeugt ist, sie könnten das nicht. Dagegen ist für jedes europäische Kleinkind augenscheinlich, daß dies nicht stimmen kann. Ich ermutige sie, Dinge, die in ihren

Augen ungerecht sind, nicht schweigend hinzunehmen, und sie erleben in mir und meinen Freundinnen streitbare Personen, die sich oft engagieren und oft damit Erfolg haben.

Es erfordert keine besondere Anstrengung, grundsätzliche Dinge mit Kindern zu erörtern, und man muß dazu auch nicht besonders abstrakt werden. Das Thema der Gerechtigkeit ist in jedem Kinderleben zentral, weil Kinder laufend sehr ungerecht behandelt werden. Sie werden bevormundet, zu Unrecht bestraft, ignoriert. Das kann man ihnen nur begrenzt ersparen, doch man kann ihnen helfen, daraus zumindest die richtige und nicht eine falsche Lehre zu ziehen.

Wenn Regeln unsinnig sind, und Kinder sind oft mit unsinnigen Regeln konfrontiert, dann dienen diese Regeln meist der symbolischen Zurschaustellung von Macht. Denn Macht manifestiert sich am besten in der Willkür. Oder wie soll ich folgendes Ereignis interpretieren: Alexander ist sechs und geht in die zweite Klasse. Eines Tages kommt er sehr hungrig nach Hause. Das Mittagessen in der Schule konnte er nicht essen, erwähnt er beiläufig als Erklärung dafür. Warum nicht? Na, weil er, als er sich in der Schulcafeteria angestellt hatte für sein Essen, vergessen hat, das Besteck aufs Tablett zu legen. Erst beim Hinsetzen hat er das bemerkt. Er wollte sich ein Besteck holen gehen, aber das darf man nicht. Die Aufsichtsperson hat gesagt, daß ihm das früher hätte einfallen müssen, und hat ihm nicht erlaubt, noch einmal nach vorn zu gehen. Er hat dann versucht, mit den Fingern zu essen, aber das ging nicht und war außerdem peinlich. Also hat er nicht gegessen. Er hat dieses Essen bezahlt, wie ein Kunde in irgendeiner Cafeteria. Nur wäre es in jeder anderen Cafeteria undenkbar, daß einem das Besteck verweigert wird, daß man statt Service eine Belehrung erhält und hungrig aufstehen muß.

Macht ist in den Beziehungen zwischen Kindern und Erwachsenen äußerst wichtig, die Erwachsenen legen darauf großen

Wert. So war ich erstaunt, von der Aushilfslehrerin in der ersten Volksschulklasse zu erfahren, man habe heute über die Schulpflicht gesprochen. »Wir haben den Kindern erklärt, daß sie dazu verpflichtet sind, weil das Gesetz es verlangt. Es ist wichtig, daß sie das wissen.«

Ich kann nicht erkennen, was daran wichtig sein soll und warum sie so stolz darauf ist, den Kindern mit diesem Verweis auf Pflicht und Gesetz den Schulbesuch zu vermiesen. Gerade in der ersten Volksschulklasse sind die Kinder stolz, bereits »Schüler« zu sein, und begierig darauf, lesen und schreiben zu lernen. Der Tag, an dem mit echter Tinte geschrieben wird, ist ein Höhepunkt in ihrem Leben, und Ekstase bricht aus, wenn sie einen Taschenrechner verwenden dürfen. Schreibschrift ist das Statussymbol schlechthin, und die Klasse fiebert dem Tag entgegen, an dem sie diese Kulturfertigkeit erlernt. Schlechte Lehrer mögen es mit der Zeit ja fertigbringen, daß diese Lust am Lernen vergeht, aber in der ersten Volksschulklasse ist der Enthusiasmus noch vorhanden. Warum muß man mit dem Gesetz drohen? Und noch dazu Kindern, die eigentlich gar nicht die Adressaten des Gesetzes sind. Denn die Schulpflicht entstand historisch und richtete sich ganz gezielt an Eltern, um sicherzustellen, daß Kinder nicht in Fabriken oder auf dem Bauernhof ausgebeutet wurden, sondern in die Schule gehen durften.

»Politische Bildung« in späteren Jahren kann nicht wettmachen, was Kinder in ihrem Schulalltag und Kinderleben an undemokratischer Gesinnung serviert bekommen.

Ich denke dabei an einen Vorfall in der Volksschule. Während der Turnstunde hatte ein Kind names Amar ein anderes Kind gestoßen, so daß das Kind ziemlich fest gegen die Mauer fiel. Der Lehrer hatte das gesehen und wollte den Schuldigen rügen. »Komm sofort zu mir«, hatte er drohend gerufen, dabei aber auf einen anderen Schüler, auf den kleinen Mah, gedeutet. Der völlig unschuldige Mah trottete zum Lehrer und ließ sich zusammenschimpfen. »Sie sind beide Chinesen, und wahrscheinlich hat der Lehrer sie verwechselt«, erklärte mir mein Sohn diesen Vorfall. Warum hat Mah nicht protestiert? Er hatte es ja versucht, doch der Lehrer ließ ihn nicht ausreden. »Dieser Lehrer mag es nicht, wenn man ihm widerspricht«, erläutert Alexander weiter. »Er schickt einen dann gleich zur Direktorin.« Als Mutter sind meine Möglichkeiten zur Intervention begrenzt; man kann nicht ständig mit Beschwerden in der Schule auftreten. Doch man kann die Ereignisse ernst nehmen und gemeinsam mit dem Kind interpretieren. Je nach Interpretation kann ein solcher Vorfall dazu benutzt werden, Sensibilität zu erhöhen oder sie zu reduzieren.

Die Schule, aus der diese letzte Anekdote stammt, ist in Amerika. Dort läuft, während mein Sohn in der zweiten Volksschulklasse seine Erlebnisse macht, gerade der Golf-Einsatz, und die Zeitungen berichten ausführlich über die Entsendung der Truppen. Die Angehörigen – Verlobte, Ehefrauen, Mütter – beschreiben sich als »stolz«. Und die jungen Männer? Auf den Zeitungsfotos sehen sie jung, schrecklich jung, und unsicher unter ihren Helmen hervor, aber sie antworten lässig. Es gäbe eben einen »Job zu erledigen«, meinen sie. Die »Los Angeles Times« zitiert einen gewissen Sgt. Bunting: »Wenn der Präsident den Befehl gibt zu schießen, dann schießen wir. Wenn der Präsident sagt, ›Springt!‹ dann fragen wir nur, ›wie hoch denn?‹« Ist es meine Einbildung, oder gibt es einen Zusammenhang zwischen diesem Zitat und dem Turnlehrer? So brav wie die jungen Männer ist man doch nur, wenn man – am besten schon mit sechs oder sieben – gelernt hat, nicht zu widersprechen, willkürliche Regeln zu befolgen, nicht allzuviel über Gerechtigkeit nachzudenken. Daher geht es auch nicht wirklich darum, wieviel Zivilcourage man von einem kleinen Kind erwarten kann (nicht zu viel). Mehr noch geht es um das Nachdenken. Wie kann ein Kind in die Lage versetzt werden, die sinnvollen Regeln von den unsinnigen zu unterscheiden, zwischen notwendiger Anpassung und schädlicher Demütigung zu differenzieren?

Der einzige Experte, der sich mit der Möglichkeit eines solchen empathischen, moralischen, politischen Lernens bei Kindern befaßt hat, ist der amerikanische Forscher Robert Coles. Er untersucht die selbständigen sozialen Wahrnehmungen von Kindern; eine seiner Studien hatte den Rassismus in amerikanischen Südstaaten zum Thema. Er machte diese Studie zur Zeit der großen Rassenunruhen in Amerika, als die Regierung versuchte, die Apartheid in den Südstaaten aufzuheben und die Schulen zu integrieren. Gegen dieses Ansinnen leisteten die Weißen erbittert Widerstand.

Der Junge aus Georgia, den Coles in dieser Studie als Beispiel anführt, war 14 Jahre alt. Über seine schwarzen Mitbürger dachte er so wie alle Weißen in seinem Umfeld: Sie waren »Nigger«, drittklassige Lebewesen, und die Idee, sie in weiße Schulen zu schicken, war eine kommunistische Dummheit aus dem Norden. Seinen Weg zu einer persönlichen ethischen Entscheidung beschrieb dieser Junge in einem Gespräch mit Coles sehr plastisch:

»Ich wollte sie nicht in meiner Schule haben«, äußert er sich zu den schwarzen Schülern, die auf Regierungsbefehl eingeschleust werden sollten.

»Ich fand, daß die Schwarzen unter sich bleiben sollten, und wir Weiße sollten auch unter uns bleiben. Alle fanden das. Doch dann haben sie diese zwei Jungen hierhergeschickt. Es ist ihnen schlecht gegangen hier. Die Schule mußte sie unter Polizeischutz stellen. Wir wollten sie nicht hier haben, und das wußten sie. Wir haben es ihnen auch immer wieder deutlich gezeigt, damit sie es ja nicht vergessen würden. Ich war auch dabei. ›Hau doch ab, Nigger!‹ habe ich zu ihnen gesagt.

Doch dann, nach ein paar Wochen, sah ich mir einen dieser Jungen genauer an, und er kam mir gar nicht mehr so richtig wie ein Nigger vor, sondern einfach wie ein Junge. Egal, wie hart es zuging, er hat immer gelächelt, er stand immer ganz gerade da und war immer korrekt. Ich sagte zu meinen Eltern, ›schade, daß ausgerechnet so ein netter Junge das alles ertragen muß, nur weil irgendwelche blöden Richter sagen, daß alle Schulen integriert werden müssen.‹

Und dann geschah es. Ich sah, wie einige meiner Kameraden ihn wieder einmal beschimpften. ›Dreckiger Nigger‹ und so, haben sie zu ihm gesagt, und dann fingen sie an, ihn herumzustoßen. Die Polizei war gerade nicht da, und es sah schlecht aus für ihn. Ich ging hinüber und stellte mich dazwischen. Ich sagte, ›He, Schluß damit.‹ Sie haben mich alle angestarrt, als ob ich verrückt geworden wäre, meine Klassenkameraden und sogar der Nigger. Aber sie ließen ihn los, und der Nigger konnte weggehen.

Bevor er aber wegging, sagte ich etwas zu ihm. Ich wollte es gar nicht tun! Die Worte kamen einfach von alleine, ich war selber ganz überrascht. ›Es tut mir leid!‹ habe ich zu ihm gesagt. Dann ging er weg, und meine Freunde fielen über mich her. ›Was soll das heißen, es tut dir leid!‹ Ich wußte nicht, was ich antworten sollte, also habe ich gar nichts gesagt. Dann war es Zeit für die Turnstunde. Es war der merkwürdigste Augenblick in meinem Leben.«

Der Augenblick war »merkwürdig«, weil eine nie reflektierte Abstraktion plötzlich ein Gesicht bekam und das Gesicht der Abstraktion widersprach. Unerwartet und ungebeten meldete sich die Stimme seines eigenen Urteilsvermögens, und sie war lauter als die Stimme der Konvention. Diese Stimme sagte ihm, daß es sich hier, egal was Umwelt und Nachbarn behaupteten, um einen Jungen handelte, der ihm ähnlich war, um einen Jungen, in den er sich einfühlen, den er sogar bewundern konnte, weil er sich in einer schwierigen Lage so tapfer verhielt.

Diese Geschichte kontrastiert bedenklich mit einer anderen Geschichte, die eine prominente amerikanische Feministin mir erzählt hat. Es ging um ihren Sohn, neun Jahre alt. Eines Tages kam er nach Hause und erzählte, er sei auf dem Heimweg an einem Spielplatz vorbeigegangen. Dort habe er gesehen, wie drei Jungen gerade ein kleines Mädchen verprügelten. Und da habe er einfach nicht gewußt, welche Reaktion die korrekte sei. Sollte er dem Mädchen helfen, oder wäre das schon Ausdruck männlicher Herablassung, weil er damit zum Ausdruck brächte, daß er es ihr nicht zutraue, allein mit der Situation fertigzuwerden? In seiner Unschlüssigkeit sei er schließlich weitergegangen.

Meine Bekannte betrachtete das als Erfolg ihres Bewußtseinsbildungsprozesses: Ihr Sohn hatte ein Verständnis für die Komplexitäten der Thematik entwickelt. Ich konnte ihre Freude nicht so recht teilen; andere Reaktionen wären mir zwar weniger diffizil, dafür aber gesünder und begrüßenswerter vorgekommen. Diskriminierung, Rassismus, Sexismus heißt ja gerade, daß man ohne eigenes Dazutun in unfaire, unangenehme Situationen gerät. Warum soll man sich ganz allein daraus befreien müssen? Und wie konnte ihr Sohn das augenscheinlichste, einfachste Merkmal dieser Situation verkennen: daß drei zu eins in jedem Fall unfair ist und nach Intervention verlangt?

In anderer Richtung über das Ziel hinausgeschossen ist meiner Ansicht nach eine andere Feministin, Judith Arcana. In ihrem Buch »Every Woman's Son« beschreibt sie ihren Versuch, beim Sohn politisches Bewußtsein zu wecken. Sohn Daniel ist zu diesem Zeitpunkt fünf Jahre alt, und irgendwo hat er den Ausdruck »Vergewaltigung« gehört und will wissen, was das bedeutet. Arcana versucht es ihm zu erklären, aber ihre Erklärung verwirrt ihn bloß. Aus einem vorangegangenen Aufklärungsgespräch ist ihm erinnerlich, daß Sexualität etwas Angenehmes und Gutes sein soll, und nun kennt er sich nicht mehr aus. Seine Mutter vermittelt es ihm so:

»Ich beugte mich über ihn und streichelte seinen Arm. ›Ist das angenehm?‹, fragte ich ihn. Er nickte. Plötzlich schlug ich ihn auf den Arm. Er fiel hin. ›Siehst du‹, sagte ich ›mit meiner Hand kann ich dich streicheln, oder ich kann dir wehtun damit. Genauso kann ein Mann beim Sex mit einer Frau zärtlich sein, oder er kann ihr wehtun.‹«

Über die Erfolgschancen dieser Didaktik möchte ich keine Prognosen abgeben; ob dieser Anschauungsunterricht bei Daniel sehr sympathiefördernd wirkt, ist zu bezweifeln.

Robin Morgans Standpunkt, man müsse ein Kind ganz konsequent in die eigene Weltanschauung und politische Aktivität einbeziehen, verunsichert mich manchmal, aber ich gehe dann einen anderen Weg. Ich beschließe, auf die Intelligenz, den Gerechtigkeitssinn und das Urteilsvermögen junger Männer zu setzen; ob die Rechnung aufgeht, wird sich herausstellen.

Viele Mütter haben berechtigt Angst davor, daß die herrschende Ordnung ihre Söhne irgendwann, irgendwie »einkassiert«. Gegen diese Entführung können wir ihnen ein paar Leibwächter zur Seite stellen, und das sind: Vernunft, Humor und emotionale Einbindung in ein besseres, faireres Wertesystem.

Alexander ist sechs, seine Freundin Jamie, Tochter von Nachbarn, ist acht Jahre alt. Ich sitze an meinem Computer und überhöre ein Gespräch, das die beiden im Nebenzimmer führen. Jamie wird gerade adoptiert von dem Ehepaar, bei dem sie nun schon seit zwei Jahren lebt. Eine Therapie soll ihr helfen, die Ereignisse ihres bisherigen bewegten Lebens zu verarbeiten. Soeben ist sie von einer Therapiestunde heimgekommen, sie ist noch etwas aufgewühlt, und sie erzählt meinem Sohn einige Details über ihr Leben. Sie hat jahrelang in einem Heim gelebt. Sie hat einen kleinen Bruder, der von einer anderen Familie adoptiert wurde und von dem sie, infolge des Datenschutzes, keinen Aufenthaltsort weiß. Ihre leiblichen Eltern leben beide noch, aber auch von ihnen hat sie keine Adresse. Ihren Bruder und ihre Mutter will sie suchen, später, wenn sie größer ist. Ihren Vater will sie nicht suchen. »Der hat versucht, mich umzubringen«, erzählt sie Alexander, ganz sachlich, im Plauderton. »Er hat versucht, mich zu ertränken, weil er kein Mädchen wollte. Deshalb haben sie mich ihm weggenommen.«

Alexander ist fassungslos. »Der muß ja blöd sein«, kommentiert er entrüstet die Geschichte.

Ich sitze im Nebenzimmer, höre das Gespräch mit, billige insgeheim die Reaktion meines Sohnes und denke darüber nach, wie bescheiden meine Erwartungen eigentlich sind. Im Grunde erwarte ich von erwachsenen Männern nicht viel mehr als eine solche Reaktion. Sie sollen Partei ergreifen, sollen ohne 25 Zusatzklauseln eine Meinung haben, sollen einer Frau zuhören und auf das Schicksal anderer Menschen spontan reagieren. Das würde mir schon reichen, doch die wenigsten erwachsenen Männer bringen das noch zustande. Die wenigsten können auf solche Erzählungen antworten, ohne sofort ein »aber« hinzuzufügen. Die meisten fühlen sich durch jede Ungerechtigkeit, die einer Frau widerfährt, persönlich kritisiert und daher aufgerufen, jedes von Männern verursachte Übel irgendwie noch zu verteidigen. Wann wird im Laufe der Entwicklung aus dem spontanen Gerechtigkeitsgefühl eine blinde Geschlechterloyalität?

Was soll's denn werden? Ich kann nicht zählen, wie oft mir diese Frage gestellt wird, während meiner beiden Schwangerschaften. Ich weiß es zwar, und trotzdem erschreckt mich die Häufigkeit, mir der immer noch angenommen wird, ich wollte lieber einen Sohn bekommen. »Wollen Sie tauschen?« fragt mich meine Sitznachbarin im Warteraum des Frauenarztes, nachdem wir beide per Ultraschall einen Blick in die Zukunft geworfen haben. Ihr Scherz verbirgt ein Körnchen wahren Kummers – ihr Mann will einen Sohn, unbedingt einen Sohn, und heute muß sie ihm sagen, daß daraus nichts wird. »Na ja, dann eben beim nächsten Mal«, tröstet sie eine andere Wartende. Nächstes Mal? Fünf Monate dauert es noch, bis erst einmal die Tochter auf der Welt ist, und schon soll sie auf das nächste Mal hoffen?

In meinem Bekannten- und erweiterten Freundeskreis ist es nicht viel anders. Eine Kollegin bedauert ihre Fehlgeburt. »Und dabei wäre es sogar ein Junge geworden«, fügt sie noch hinzu. Mutter seines Sohnes – dann hätte ihr Freund, ein konservativer Arzt, sie bestimmt endlich geheiratet, glaubt sie, denn er hat sich schon immer einen Sohn gewünscht, von seiner Frau hat er nur zwei Töchter.

Oder die beste Freundin meiner Schwägerin. »Wie geht es Birgit?« frage ich beiläufig. Es geht ihr, erfahre ich, schlecht. Sie hat drei Töchter und alle Hände voll zu tun, aber trotzdem hat sie sich von ihrem Mann überreden lassen, es noch einmal zu versuchen, nämlich zu versuchen, doch noch einen Sohn zu bekommen. Und nun hat der Ultraschall verraten, daß es eine Tochter, eine vierte Tochter wird. Wird diese Tochter nie erfahren, daß sie ihre Existenz der vergeblichen Sehnsucht nach einem Sohn verdankt? Haben die anderen Töchter nichts von all dem mitgekriegt? Ist ihnen unbekannt, daß auch sie nur gescheiterte Genexperimente verkörpern?

Und dann noch Vera, die adrette Soziologin im Demographischen Institut, mit der ich mich oft unterhalte, wenn ich die Bibliothek besuche. Vera ist so alt wie ich, ihr Mann ist lässig und witzig und arbeitet für den Rundfunk; politisch sind sie ein bißchen links. Soeben hat Vera das Ergebnis der Amniozentese erfahren, alles okay, sie ist sehr erleichtert. »Der Arzt wollte mir gleich das Geschlecht sagen«, erzählt sie, »aber ich wollte es nicht wissen.« Ihr Mann nämlich will unbedingt einen Sohn und wäre enttäuscht, wenn sich jetzt herausstellen sollte, daß es ein Mädchen wird. Wenn das Baby dann erst da ist, ist es ja etwas anderes. Dann freut man sich so oder so. Aber jetzt will Vera sich ihre letzten Schwangerschaftsmonate nicht durch seine Enttäuschung verderben lassen.

Ich bekomme zwei Söhne, worauf meine Umwelt unterschiedlich reagiert. Menschen, die mich nicht kennen, gratulieren mir ganz besonders zu einem Sohn; »besonders beim ersten Kind« sei das doch einfach ideal. Einige meiner Gegner betrachten es als amüsante Ironie, daß gerade ich zwei Söhne habe.

Mein Alltag hat sich, soviel stimmt, in gewisser Hinsicht maskulinisiert, und ich selbst habe mich merklich verändert. Ich werde z. B., was meine Turnlehrerinnen jahrelang vergeblich anstrebten, sportlich(er). Ich kann beim Basketball mithalten und bin, wenn alle Stricke reißen und wirklich Not am Mann ist, ein brauchbarer Torwart. Mein Fernsehgerät steht überproportional oft auf Eurosport, und Michael Jordan ist mir fast schon so vertraut, als wäre er ein weiteres Familienmitglied. Ich kann in einem Gespräch über Casino Salzburg durchaus mithalten; ich kann die Vor- und Nachteile von Reusch-Fußballhandschuhen erörtern; ich kenne die Namen der vier Ninja-Schildkröten und kann an der Farbe ihrer Stirnbänder erkennen, welche von ihnen Leonardo ist. Daß ein Baukran eigentlich ein ästhetischer Gegenstand ist, auf den das Adjektiv »schön« paßt, ist eine Einsicht, die ich in vielen, vielen schmerzvollen Stunden der erzwungenen Betrachtung erwerben konnte. Meine Feinmotorik profitierte vom Versuch, Mario über den menschenfressenden Pilz springen zu lassen. Ich machte den Führerschein, nicht nur weil Kinder immer so viel Gepäck haben, sondern auch, weil es mir peinlich war, meinen Kindern einen autofahrenden Vater und eine nichtautofahrende Mutter zu präsentieren. Es steht außer Zweifel, daß meine Söhne nicht die einzigen sind, die im Laufe unseres Zusammenlebens »sozialisiert« wurden.

Zwei Söhne zu haben bedeutet auch, daß einem die Welt der jungen Männer zur ausgiebigen Beobachtung offensteht und daß man ausführlich erfährt, was die restliche Umwelt über junge Männer denkt.

»Oh«, sagt die Nachbarin, freundlich bestrebt, uns nach unserem Umzug in der neuen Nachbarschaft willkommen zu heißen. »Bestimmt sucht Alexander Kinder in seinem Alter, mit denen er spielen kann.« Sie denkt angestrengt nach, runzelt die Stirn, schüttelt dann bekümmert den Kopf. »Ich wüßte schon ein paar Kinder in seinem Alter«, sagt sie dann, »aber es sind alles Mädchen.«

Ein Junge mag nicht mit Mädchen spielen – unzählige Male wird mir im Alltag diese Wahrheit serviert, zuerst bei Alexander, dann bei Max. Zum Zeitpunkt dieser Gespräche sind sie eineinhalb oder zwei Jahre alt, und die Geschlechtszugehörigkeit ihrer Spielgefährten ist ihnen, wie ich mit Sicherheit weiß, vollkommen egal.

Später wird es heißen, Kinder würden »ganz von selber« geschlechtsgetrennt spielen, doch die Erwachsenen leisten auf jeden Fall ihren Beitrag dazu, vielleicht ohne sich dessen richtig bewußt zu sein. Ganz selbstverständlich laden sie, zu Geburtstagsfeiern, meist geschlechtsgleich ein. Mehr als einmal ruft mich, während dem Kindergarten- und Volksschulalter, eine Mutter an, die sich vergewissern will, daß ihre Tochter nicht bloß irrtümlich in eine Knabenfeier hineingeraten ist.

Ein gewisses Maß an scheinbar zwanghafter, von den Kindern ausgehender Apartheid ist nicht zu leugnen. John Leo beschreibt es plakativ, aber nicht unzutreffend so: »Einmal die Woche war ich in unserem Kinderkollektiv an der Reihe. Um 8.30 Uhr trafen die Kinder ein, und um 8.31 Uhr hatten sie sich nach Geschlecht sortiert. Danach saßen die Mädchen an einem langen Tisch, plauderten, bastelten und zeichneten, und die Jungen schleuderten sich gegen die Wände, schrien, zertrümmerten Spielzeug und machten mich fertig.«

Diese Segregation ist zweifellos gegeben, aber sie ist nicht lückenlos. Alexander hatte von Anfang an auch Freundinnen. Sein allererster richtiger »Freund« im Kindergarten war ein Mädchen, Sarita, in weiteren Jahren gefolgt von Candice, Jamie und Tara. Wenn ich mir diese Mädchen ansah, hatten sie ein gemeinsames Merkmal: Sie waren, abstrahierte man von ihren Locken und ihren grazilen Bewegungen und ihren süßen Gesichtern, androgyne Typen. Sie zeichneten nicht leise am Tisch wie die anderen Mädchen, aber sie schleuderten sich auch nicht gegen die Wand wie viele der Jungen, sondern boten ein mittleres, gemäßigteres Spielverhalten. Mit seiner Wahl zeigte Alexander, daß er immerhin integrierter war als ich; in meiner Kindheit hatte ich, ab dem Alter von fünf Jahren, nie einen männlichen Spielgefährten.

Wenn sich allerdings Blöcke bildeten (und ab der dritten Klasse sowieso), war er bei den Jungen. Auch aus Interesse; die Jungen hatten die *Mask*-Autos, und die waren jederzeit attraktiver als die Mein-Kleines-Pony-Plastikpferdchen der Mädchen. Nur bei den Klatschspielen der Mädchen wären etliche Buben gerne dabei. Ich sehe es ihnen an, wenn ich in die Schule komme und einige der Jungen am Rand der Mädchengruppe stehen, unauffällig und ganz cool, aber insgeheim fasziniert von der Fingerfertigkeit und den Rhythmen. Aber der Zusammenhalt der Jungengruppe ist stärker. Da wird gestoßen, gerauft, teilweise sichtlich nur in einem Übermut der physischen Energien, teilweise aber mit Zusammenhängen, die mir nicht einleuchten, die mir aber barbarisch erscheinen. Danach befragt, schildert mein Sohn komplexe Regeln, die mir nicht weiterhelfen, die ihm aber ziemlich plausibel zu sein scheinen. Es eröffnet sich mir eine neue Welt mit einer fremden Logik.

»Was habt ihr heute in der Pause gemacht?«

»Gekämpft. Der Gregor, der Fabian und ich haben gegen den Vanja und den Manfred gekämpft.«

(Erstaunen meinerseits) »Aber der Vanja war doch immer dein bester Freund!«

»Mmmmmhmm, ist er eh.«

»Wieso wart ihr dann gegeneinander?«

(geduldig) »Na, weil sonst hätten wir ja nicht kämpfen können. Es muß ja zwei Seiten geben.«

»Aber warum war Vanja nicht auf deiner Seite?«

»Na, weil ich beim Kämpfen immer mit dem Gregor bin, und der Vanja ist immer mit dem Manfred.«

Anfangs denke ich an meine eigene Kindheit und begreife nichts. Mit meinen allerbesten Freundinnen, Sonja, Elisabeth und Uschi, »kämpfte« ich nicht. Wir stritten manchmal, doch dann war es ernst, und es konnte viele Tage dauern, bis wir uns wieder versöhnten. Die »beste Freundin« durfte sich gewiß nicht zur Gegenseite bekennen; im Kodex der Mädchenfreundschaft war das undenkbar. Die beste Freundin war in jedem Fall die beste Freundin, egal, ob das dem Spiel nützte oder schadete. Wenn Teams gebildet wurden, mußte man sie als Mitspieler wählen, sonst wäre sie zu Recht beleidigt und gekränkt; Freundschaft war schließlich wichtiger als irgendein Spiel. Wer sich ein Team wählen durfte, wählte nicht nach sportlicher Begabung, sondern nach Zuneigung, und aus der Reihenfolge des Aufgerufenwerdens konnte man erkennen, wo man in der Rangliste der Freundschaft bei dieser Person stand.

Bei den Jungen gelten – ich weiß es aus der soziologischen Literatur und kann es im Alltag meiner Söhne jeden Tag bestätigt sehen – andere Regeln. In Alexanders Volksschule in der Währingerstraße entfaltet sich die soziologische Theorie so akkurat und täglich, als ob die Kinder frühmorgens den Text studieren und ihn dann geflissentlich umsetzen würden:

»Die Jungen bilden zweckorientierte Gruppen, und ob die einzelnen Mitglieder der Gruppe sich mögen oder nicht, ist nicht so wichtig. Auch ein aggressiver oder sonstwie unbeliebter Mitschüler darf mitmachen, wenn er irgendein Talent hat, das dem Spiel dienlich ist. Die Mädchengruppe hingegen ist gewillt, ein bestimmtes Mädchen nur deshalb auszuschließen, weil ›wir sie nicht mögen‹.«[*]

---

[*] Pitcher/Schultz, Boys and Girls at Play. a.a.O.

Das Sozialverhalten der Jungen ist anders. Das heißt nicht, daß bei ihren Freundschaften keine Gefühle aufkämen. Erik muß nur zu Vanja sagen, daß er ab nun nicht mehr sein Freund ist, und schon fließen Tränen. Was mir als obsessiver Soziologin besonders gut gefällt, ist die Chance für ununterbrochene Diskussion über soziale Belange. Warum schaut diese Frau so böse? Warum darf man dies, aber nicht das? Die Neugier eines Kindes gegenüber den sozialen Regeln und dem sozialen Verhalten anderer Menschen ist grenzenlos, ihre Hemmschwelle gering. Eigentlich ist jedes Kind ein Soziologe.

Aber nachdenklich stimmt mich in den ersten Jahren des Zusammenseins nicht ihre Geschlechtszugehörigkeit, sondern die Stellung meiner Kinder als Kinder, gegenüber den Erwachsenen, zu denen ich zähle.

Da ist allein schon die Tatsache, plötzlich »Mutter« zu sein. Als Mitglied der hochpolitisierten Protestgeneration war »Mutter« in meinen Augen ein Amt, ein Titel, der ein gewisses Mißtrauen weckte. Eltern waren, fast wie Polizisten, Autoritätsträger – eine Funktion, in der ich mich nicht so recht sehen konnte. Doch die Geburt von Kindern schafft Fakten. Zum ersten Mal in meinem Leben hatte ich damit z. B. das Gefühl echter Verantwortung. Zwar war ich schon sehr oft in Situationen gewesen, die allgemein als verantwortlich bezeichnet werden: ein Seminar leiten, ein Referat halten. Doch den Kindern gegenüber hatte ich zum erstenmal das Gefühl, daß »Verantwortung« mehr war als eine Floskel. Erstmals traf ich Entscheidungen stellvertretend für einen anderen Menschen, der noch nicht mitreden konnte, der von mir und meinem Urteilsvermögen abhängig war. Zum Beispiel lehnte ich für eines meiner Kinder die vom Arzt empfohlene Behandlung ab, weil ich fand, daß sie mehr Trauma als Nutzen bringen würde. Dazu mußte ich unterschreiben, daß ich die ärztliche Intervention verweigere. Wie sich herausstellte, hatte ich damit recht, ging es dem

Kind noch am selben Nachmittag wieder viel besser, aber in der unmittelbaren Situation war es ein Risiko. »Auf eigene Verantwortung, gegen ärztlichen Rat«, stand auf dem Zettel, und ich mußte tief durchatmen, bevor ich ihn unterschrieb.

Als Mutter habe ich nicht nur Verantwortung, sondern auch Macht. In der Mutterrolle dreht sich die sonstige Situation von Frauen um: Im Umgang mit Kindern, also auch mit Söhnen, sind sie die Größeren, die körperlich Stärkeren, diejenigen, die mehr Geld und mehr zu sagen haben. Als Mutter habe ich die Gelegenheit, zwischen Macht und Verantwortung balancierend meine demokratische Gesinnung auf die Probe zu stellen. Wann muß ich Druck, sogar Zwang ausüben gegenüber einer Person, die noch nicht in der Lage ist, Konsequenzen richtig abzuschätzen? Wie fair bin ich gegenüber einem unterlegenen Kontrahenten?

Was ist das überhaupt, eine Mutter? Wie soll die Erziehung sich gestalten? Die Literatur dazu ist so umfangreich wie widersprüchlich. Zu jedem Aspekt, profan bis philosophisch, gibt es ausufernde Fachliteratur, und gleichzeitig sind sich die Experten nicht einmal darüber einig, ob ein Säugling auf dem Rücken schlafen soll oder auf dem Bauch.

Der Mangel an Orientierungshilfen, der sich in diesem Fall geradewegs aus dem Überfluß ableitet, war für mich nur kurzfristig ein Problem. Es tun sich zwei Quellen auf, die mir unerwartet die Richtung weisen: Was ich in der Pädagogik vergeblich suche, finde ich in Philosophie und Science-fiction. Endlich verstehe ich, warum ich an der Uni zwei Pflichtsemester Philosophie absolvieren mußte: Das Dekanat dachte dabei vorsorglich an meine kommende Mutterschaft. Die esoterischen Fragen, die wir im Seminar behandelten, für meine kleinen Kinder sind sie selbstverständlich und dringend. Was ist Realität? Was ist Wirklichkeit und was nur Schein? Kinder stehen, zumindest in den allerersten Monaten und Jahren, echt und ehrlich vor diesen Fragen und wissen keine Antwort darauf.

Und außerdem sind Kinder auch noch kleine, intergalaktische Touristen, die von unbekannter Stelle auf diesem Planeten gelandet sind und sich hier, in der totalen existentiellen Fremde, irgendwie zurechtfinden müssen. Mit der Hilfe Ortskundiger.

Erziehung? Disziplin? Ich kann wenig Zusammenhang erkennen zwischen diesen Forderungen und den Situationen, in denen Kinder sich befinden. Ein Kind ist in erster Linie jemand, der hier neu ist, und völlig fremd.

Alexander ist eineinhalb. Er sitzt in der Badewanne, besonders lang, sehr zufrieden. Plötzlich ist er beunruhigt. Er stellt eine schreckliche Veränderung an seinen Fingern fest: Die schönen Fingerkuppen, sie sind ganz verrunzelt! Sind sie jetzt für immer kaputt?

Er ist drei und macht eine tolle Entdeckung. Wenn er sich schnell im Kreis dreht, dreht sich danach auch das ganze Zimmer. Er ruft mich herbei, damit auch ich an dem fantastischen Ereignis teilhaben kann. Er dreht sich erneut, diesmal für mich, dann plaziert er mich sorgfältig an genau die Stelle, an der er gerade gestanden hat und sieht mich erwartungsvoll an: Jetzt muß auch ich das sich drehende Zimmer sehen können. Für ihn stellt sich das Ereignis so dar: Durch sein Drehen hat er das Zimmer dazu gebracht, daß es sich ebenfalls dreht. Und: Wenn ich genau dort stehe, wo er gestanden hat, muß ich folgerichtig auch genau das sehen, was er gesehen hat.

Kinder sind Menschen ohne Selbstverständlichkeiten. Sie können nichts annehmen, nichts voraussetzen, sie haben keine vorgefaßten Meinungen. Jeden Tag sind sie umzirkelt von komplizierten Grundsatzfragen. Was ist Wirklichkeit? Was sind die Eigenschaften der Dinge? Wann ist etwas kaputt, und wann hat es nur vorübergehend eine andere Gestalt angenommen? Was heißt Leben? »Armer Käfer«, sagt der einjährige Alexander mitleidsvoll zur verletzten Biene, die sich am Wegrand dahinschleppt. Genauso anteilnehmend sagt er wenig später »armes Papier« zu einer zerrissenen Heftseite im Buch.

Welche Beziehung herrscht zwischen Ereignis und Wahrnehmung? Wenn etwas passiert, und keiner nimmt es wahr, ist es dann überhaupt wirklich geschehen? Wenn einer etwas wahrnimmt, müssen die anderen es dann nicht auch alle sehen können?

Alexander ist zwei. Wir essen in einem Gasthaus, und er hat ein riesiges Glas Wasser. Es rutscht ihm aus der Hand, fällt auf den Boden und zerbricht. Ein Kellner kommt und räumt sehr freundlich, ohne jeden Vorwurf, die Scherben weg, aber Alexander weint. Alle trösten ihn, der Kellner beeilt sich, ihm ein neues Glas Wasser zu bringen. Aber er kann sich nicht beruhigen. Er will kein anderes Wasser haben; er will sein Wasser wiederhaben, das Wasser, das da auf dem Boden liegt. Sein Ansinnen wirkt irrational, es sei denn, man denkt an Heraklit. Die vorplatonischen Philosophen würden ihn verstehen: Er hat einen Augenblick lang Einsicht gehabt in die Bedeutung von Verlust, von Zeit, von Vergänglichkeit. Er will etwas ungeschehen machen, doch das geht nicht. Jede Sekunde ist einmalig, und keine kehrt jemals wieder; »Man kann nicht zweimal in denselben Fluß steigen, die Dinge sind, und sie sind nicht.«

Wenn ich eine mütterliche Rolle für mich suche, dann orientiere ich mich am Berufsbild der Fremdenführerin. Ich kann die Sehenswürdigkeiten zeigen, die Gewohnheiten der Eingeborenen erklären und dolmetschen. Ich kann die Sitten schildern und erläutern, daß manche Verstöße dagegen von den Eingeborenen ganz und gar nicht geschätzt werden. Oft bin ich auch noch Advokatin, die ihren kleinen, viel zu gutgläubigen Mandanten aus diversen Patschen hilft.

Meine Pädagogik des Tourismus bewährt sich in kleineren

Alltagssituationen. Mein Sohn geht in die erste Klasse. Er macht seine Hausaufgabe, ich sitze neben ihm und lackiere meine Fingernägel lila. Das gefällt ihm; er will, daß ich seine Fingernägel ebenfalls lackiere. Ich will es ihm nicht verwehren, will ihm aber auch nicht verschweigen, daß es dazu eine ausgeprägte gesellschaftliche Meinung gibt: Nagellack tragen üblicherweise nur Mädchen und Frauen. Warum? Darauf gibt es nur eine ethnologische Antwort. Weil die Menschen hier einfach glauben, daß es so sein soll: Es ist ortsüblich. Anderswo ist das anders, in anderen Ländern schminken sich auch die Männer. In Persien zum Beispiel malen sich viele Männer der älteren Generation die Hand- und Fußflächen mit Henna rot an und verwenden Kajal rund um die Augen. Hier aber wird ein Junge, der mit Nagellack in der Schule erscheint, höchstwahrscheinlich zu hören bekommen, das sei nur für Mädchen. »Na und?« meint mein Sohn schulterzuckend, also lackiere ich ihm experimentell einmal zwei Fingernägel. Am nächsten Nachmittag kehrt er heim, tief beeindruckt von meinen prognostischen Fähigkeiten. Tatsächlich hieß es, Nagellack sei nur für Mädchen. Diesen Hinweis habe er mit seiner momentanen lakonischen Lieblingsantwort »na und?« quittiert. Danach hätten sich die anderen Jungen die Fingernägel mit Filzstift angemalt.

Nicht jede Regel läßt sich so schmerzlos brechen, das weiß ich. Aber der Grundsatz gilt eigentlich immer: Ich kann Information anbieten und dazu noch meine persönliche Meinung. Ihr Leben bestimmen, für ihre Entscheidungen geradestehen und die Konsequenzen ausbaden müssen unsere Kinder letztendlich selber.

»Die psychische Struktur«, schreibt der Sozialpsychologe Lloyd de Mause, »muß durch den engen Kanal der Kindheit gelangen. Deswegen sind, wenn wir eine Kultur verstehen wollen, ihre Methoden der Kindererziehung nicht nur ein Aspekt unter vielen. Sie sind die Voraussetzung für die

Weitergabe und Entfaltung aller anderen kulturellen Elemente. Sie setzen dem, was diese Kultur erreichen kann, feste Schranken.«*

Sexismus ist auch ein »kulturelles Element». Seine Fortsetzung verlangt nicht wirklich einen starken Mann, sondern eigentlich einen ängstlichen, einen angepaßten, einen, der nicht zu viele Fragen stellt und nicht nachdenkt. Insofern sehe ich keinen grundsätzlichen Unterschied zwischen dem Erziehungsziel für Töchter und für Söhne. Töchter wollen wir stark machen. Aber Söhne müssen wir auch stark machen. Nur wenn sie stark sind, können sie anders denken, selber denken.

Edit (Tochter Laura, 7, und Sohn Rafael, 5)

An einem kalten Februarmorgen spaziere ich mit meiner einjährigen Tochter Laura quer durch den Wiener Volksgarten zum Krankenhaus. Wenige Stunden später gehen wir denselben Weg zurück. Mittlerweile wissen wir, daß unser vorwiegend weiblicher Haushalt im August einen kleinen Buben beheimaten wird. Mein Arzt ist bei der Mitteilung des Testergebnisses in aufgeräumter Stimmung. Die Kombination feministische Mutter und Sohn ist für ihn Anlaß für eine Reihe von humoristischen Anmerkungen wie zum Beispiel: »Sie können jetzt mit der Veränderung der Männer bei der Stunde Null anfangen.« Die Mutterschaft ist insgesamt noch eine sehr kurze, neue Lebensphase für mich. Ich sehe viele Dinge des Alltags, die ich früher in die Kategorie Banalitäten eingereiht hätte, unter einem neuen Blickwinkel. Die faltbaren Buggies lerne ich hassen, sie klemmen ewig, sie sind nicht sehr stabil, dafür aber teuer, was leider ins Gewicht fällt, da ein aufge-

---

*Lloyd de Mause, History of Childhood. New York 1974

wecktes Kind wahrscheinlich mindestens zwei Modelle verbrauchen wird. Bei einem Einkauf treffe ich einen bekannten Kinderpsychologen. Sein mißbilligender Blick fällt auf den friedlich schlummernden Säugling im Kinderwagen. »Wie kannst du dein Kind in diesem Gefährt liegen haben«, poltert er los. »Ich bin ein alter Mann, aber stark genug, um das Kleine quer durch die Stadt zu tragen!« Sein Blick streift allerdings nicht das vollgestopfte Lebensmittelsackerl, das im Gepäckgitter des Kinderwagens deponiert ist. Diese Szene wirft ein interessantes Licht auf die Konstellation: Mutter, die psychologischen Ansprüche an Mutterschaft, die damit verknüpfte Arbeit (Lebensmitteltransport), der männliche Blick auf Frau und Kind – abstrakt und unberührt von den existentiellen Erfordernissen des Alltags. Die Erziehung eines Kindes gestaltet sich wie eine Reise mit unbekanntem Ausgang. Man ist ausgestattet mit einer Unzahl von schriftlichen und mündlichen Informationen, Richtlinien, Anweisungen, Wünschen und Hoffnungen. Fest steht nur der Beginn der Expedition, aber nicht ihr Ausgang.

Als Rafael geboren wird, ist Alice Millers »Drama des begabten Kindes«* gerade ein vieldiskutierter Bestseller. Sie beschreibt ihre Analysanden als Menschen, die mit einem Bild einer glücklichen, zufriedenen Kindheit in die Analyse kamen. Diese Menschen müßten eigentlich ein starkes, stabiles Selbstbewußtsein haben, überlegt Miller. Aber das Gegenteil scheint eingetroffen zu sein. Miller sieht die Ursache für nicht positiv verlaufende Erziehungsprozesse in der emotionalen Befindlichkeit der Erziehungspersonen bzw. in deren eigenen frühen narzistischen Störungen. »Je mehr man Einsicht gewinnt in die ungewollte, unbewußte Manipulation der Kinder durch die Eltern, desto weniger bleiben einem Illusionen über die Veränderbarkeit der Welt und die Neurosen-Prophylaxe erhalten.« Diese Sätze stimmen sehr nachdenklich, weil die Vor-

---

*Alice Miller, Das Drama des begabten Kindes. Frankfurt 1979

stellung, ein Kind zu erziehen, nicht loslösbar ist von der eigenen Geschichte, dem eigenen Weltbild. Wieviel kann man aber legitimerweise bewußt lenken? Welchen Bemühungen liegen unbewußte Motive zugrunde, wo sind die eigenen Schwachstellen und blinden Flecke angesiedelt? Jede Mutter wird bestrebt sein, sensibel und einfühlsam auf den Entwicklungsprozeß ihres Kindes zu reagieren. Das Leben mit Kindern wirft ein neues Licht auf die Auseinandersetzung mit der eigenen Geschichte. Bestimmte Gefühlsausbrüche, Ungeduld, Eile, bekommen eine neue Dimension, weil sie – wenn sie gegenüber den Kindern auftreten – mit dem Selbstbild einer guten, kompetenten Mutter kollidieren.»Eine Mutter, wie wir sie selbst gebraucht hätten – empathisch und offen, verstehend und verständlich, verfügbar und verwendbar, durchsichtig und klar, ohne unbegreifliche Widersprüche, ohne beängstigende Requisitenkammer – eine solche Mutter haben wir nicht gehabt, und die kann es ja gar nicht geben, denn jede Mutter hat in sich ein Stück unbewältigter Vergangenheit, das sie dem Kind unbewußt vermittelt. Jede Mutter kann nur da empathisch sein, wo sie von ihrer Kindheit freigeworden ist, und muß unempathisch reagieren, sofern sie durch Verleugnungen ihres Schicksals unsichtbare Ketten trägt.«[*] Wie will ich als Mutter sein? Die Antwort liegt auf der Hand. Tolerant, nicht manipulativ, ein gutes Rollenmodell.

Die Ansprüche der Kinder sind schwierig zu erfüllen, sie wollen alles. Rafael ist drei Jahre alt. Wir sind auf dem Spielplatz, ein Flugzeug fliegt relativ niedrig über unsere Köpfe hinweg. Er springt aufgeregt auf und ruft seinem Freund zu, er soll sofort herkommen. Stolz erzählt er ihm: »Meine Mama kann auch fliegen, gestern war sie dort oben.« Er meint, daß ich am Vortag von einer Flugreise zurückkam. Einerseits ist er begeistert, wenn ich ihm von meinen Reisen erzähle, er fragt auch immer, wie die Kinder an den jeweiligen Orten leben,

---

[*] Alice Miller, Das Drama des begabten Kindes. a. a. O.

gleichzeitig möchte er, daß ich immer, jede Minute des Tages, bei ihm bin. In der Straßenbahn deutet meine Tochter fasziniert auf den Fuß einer Inderin im traditionellen Sari. Sie trägt Ringe an ihren Zehen, die Laura völlig faszinieren, sie will mit mir umgehend darüber sprechen, wie schade es doch ist, daß wir Ringe nur an den Fingern tragen.

In der Zwischenzeit hat sich Rafael seinem Lieblingsspiel zugewandt: Er versucht die Typen der vorbeifahrenden Autos zu identifizieren. Jeeps und Landrover haben es ihm besonders angetan, er fragt hartnäckig nach, warum sich ein solches Objekt seiner Begierde nicht in unserem Familienbesitz befindet. Ich war keine entschlossene Vertreterin der »Buben spielen mit Puppen«-Fraktion, weil ich selbst klassische Mädchenspiele langweilig fand. Meine Tochter hatte auch mehr Spaß an nicht unbedingt rollenkonformen Aktivitäten, so daß ich sehr überrascht war über die Vehemenz der offensichtlich genetisch determinierten Impulse bei Rafael. Selbst die Kleidungsfrage stellt zeitweise ein Dilemma dar. Unentschlossen hält er sein Lieblingshemd in der Hand und fragt mich, ob Gelb eigentlich eine Mädchenfarbe sei.

Ich werde oft gefragt, ob es schwieriger ist, ein Mädchen oder einen Buben zu erziehen. Eine Freundin wünscht sich speziell ein Mädchen, als sie schwanger wird, sie glaubt, sich besser vorstellen zu können, welche Klippen und Fallen man sorgfältig umschiffen muß, um ein selbstbewußtes und starkes Mädchen zu erziehen. Identifikation und Intimität scheinen, an der Oberfläche betrachtet und schon allein aufgrund der eigenen Lebensgeschichte, mit einer Tochter leichter, selbstverständlicher, wenn auch konflikthafter realisierbar.

Das Wort »Erziehung« weckt bei vielen von uns nicht unbedingt positive Assoziationen. Ich bin zwar mit einer resoluten Großmutter, einer ambitionierten Mutter und einem milden Vater aufgewachsen, die mich in meinen Bestrebungen nach Selbständigkeit und Unabhängigkeit nie einschränkten, trotzdem waren die Botschaften meiner Umwelt in den späten fünfziger Jahren sehr gemischt. Selbst in unserer Klasse verlief zwischen den Buben und den Mädchen eine unsichtbare Demarkationslinie. Schlechte schulische Leistungen wurden bei Buben und Mädchen deutlich anders bewertet, Buben wurden viel stärker unter Druck gesetzt, den Anforderungen zu entsprechen, sie saßen schon in ihren adoleszenten Jahren als kleine prospektive Familienerhalter in den Bänken, während es für Mädchen, deren Leistungen zu wünschen übrig ließen, noch den halb ehrenhaften Absprung in die »Knödelakademie« gab (ein hauswirtschaftlich orientiertes Gymnasium).

Ich glaube, daß heute vieles für Mädchen leichter geworden ist – trotz aller Ungerechtigkeiten und fortdauernden Diskriminierungen. Die meisten Einschränkungen im Sozialisationsprozeß sind relativiert worden, Mädchen werden sportlich genauso gefördert wie Buben, sie kleiden sich viel bewegungsfreundlicher als die früheren Mädchengenerationen. Buben hingegen sind oft in einem Dilemma: Die alten Spiele machen ihnen noch ungeheuren Spaß, aber die meisten klassischen Mädchenspiele langweilen sie und sind ihnen eigentlich nicht zuzumuten, weil sie objektiv langweilig sind und sich die Mädchen auch teilweise davon abzusetzen beginnen. Natürlich haben zum Beispiel trotz meines anfänglichen Widerstandes auch bei uns die Barbiepuppen Einzug ins Kinderzimmer gehalten, natürlich bekam Rafael die männliche Version, einen gewissen Ken, geschenkt. Nach kurzer Zeit wurde die kleinen Plastikungeheuer aus ihrer adretten Barbiestube entfernt und von den Kindern »operiert«. Heute liegen sie in einem Korb aufgehäuft, der ein Hospital darstellen soll, während Laura und Rafael lieber in den Prater Baseballspielen gehen.

Der Individualpsychologe Alfred Adler hat den Begriff »Gemeinschaftsgefühl« ins Zentrum seiner analytischen Betrachtung zur Sozialisationstheorie und menschlichen Entwicklung gestellt, und die Realisierung dieses Begriffs scheint mir absolut essentiell für die Sozialisierung der zukünftigen Männer zu sein. Wenn man den Beschwerden der Frauen zuhört, drehen sich diese in konzentrischen Kreisen um den mangelnden Kooperationswillen und die nicht vorhandene Orientierung auf die Gemeinschaft seitens der Männer, sowohl auf der Ebene der Familie als auch der Gesellschaft. »Auf der Suche nach den Wurzeln des Gemeinschaftsgefühls, die Möglichkeit einer Entwicklung desselben beim Menschen vorausgesetzt, stoßen wir sofort auf die Mutter als den ersten wichtigsten Führer. [...] Der Vater, die anderen Kinder, Verwandte und Nachbarn haben dieses Werk der Kooperation zu fördern, indem sie das Kind zu einem gleichberechtigten Mitarbeiter zum Mitmenschen anleiten.«* Kooperation und Gemeinschaftsorientierung als Erziehungswerte und -prinzipien sind zentraler Teil der Lebensgestaltung von Müttern gemeinsam mit ihren Kindern. Die Väter werden noch sehr daran arbeiten müssen, um ihr männliches Rollenbild nicht nur physisch zu verkörpern, sondern endlich mit Inhalten zu füllen. Und es scheint kein anderer Weg dorthin zu führen als über direktes Sprechen. Ein kleiner Ausflug in einen japanischen Forschungsbericht zum Verhältnis von Teenagern zu ihren Vätern macht die Dringlichkeit dieser Forderung deutlich: Über die Hälfte der 13- und 14jährigen geben an, daß ihre Väter »nie« mit ihnen sprechen.

---

*Alfred Adler, Der Sinn des Lebens, Frankfurt 1980

Gedanken zur Erziehung
der zukünftigen Männergeneration

Eine Schlußbemerkung

Als wir diese Studie begannen, erwarteten wir zwar, daß junge Männer in ihrer Eigenschaft als Kinder unsere Parteilichkeit gewinnen würden. Doch wir hätten nicht damit gerechnet, daß gerade auch ihre junge Männlichkeit uns so viel Anlaß zu Empathie bieten würde. Männlich, das gilt als Privileg, das sich als sehr teuer erkauft und sehr fragwürdig erwies.

»Aber die Mütter erziehen doch die Söhne« – in den vorangegangenen Kapiteln konnten wir diesen Satz ergänzen. Wir konnten einige der vielen anderen Persönlichkeiten kennenlernen, die hier in weiteren Hauptrollen auftreten. Wir trafen die Väter, die insbesondere ihren Söhnen oft mit einer rätselhaften Härte begegnen; einer Härte, die vermuten läßt, daß schwerwiegende seelische Verletzungen und eine ausgeprägte Ambivalenz gegenüber der eigenen geschlechtlichen und gesellschaftlichen Rolle dahinterstehen. Wir beobachteten die weitgehend unbewußten kleinen, oft nur winzig kleinen Eingriffe, Steuerungen und Anmerkungen von Kindergärtnerinnen und sonstigen Erziehungsbeauftragten, die zwar selber daran glauben mögen, daß sie modern und stereotypenfrei erziehen, die unsere Kinder in Wirklichkeit aber in die alten Bahnen lenken. Wir erkannten im Verhalten und in den Kommentaren von Verwandten, Lehrpersonen, Nachbarn und auch in uns selber den steten Tropfen der Konvention, der jeden vermeintlichen Fortschritt unseres Denkens immer wieder aushöhlt.

Die Konvention ist mächtig, aber die größte Barriere gegen soziale Veränderung liegt in diesem Fall in der Angst der Frauen. Angst lähmt das Denken und schränkt das Handeln ein. Wer Angst hat, kann keine gute Arbeit leisten. Müttern wird vieles, wird alles vorgeworfen. Uns erscheint ein einziger Vorwurf berechtigt: daß sie sich aus Angst in der Ausübung ihrer wichtigsten elterlichen Aufgabe beeinträchtigen lassen. Sie verteidigen ungenügend das Recht ihrer Kinder, besonders ihrer Söhne, auf eine freie und individuelle Entfaltung. Sie haben Angst vor den verzogenen Mundwinkeln ihrer Schwiegermütter und den möglichen abschätzigen Gedanken anderer Mütter. Sie haben Angst davor, den Partner zu verlieren oder zu verdrießen, wenn sie Partei ergreifen für das Kind. Sie haben Angst davor, die Beziehung zwischen ihrem Sohn und dessen Vater zu beeinträchtigen, selbst wenn dieser Vater dem Kind manifest schadet durch Gewalt oder ständige Beleidigung. Sie haben Angst vor Konfrontationen im Kindergarten. Sie haben Angst davor, daß ihr Sohn im Leben keinen Erfolg haben wird, wenn er vom Schema abweicht. Vor lauter Angst sehen Mütter ihr eigenes Kind oft gar nicht mehr, sondern werden zu Vollstreckerinnen eines fremden Plansolls. In ihrem Wunsch, das Kind zu schützen, wählen sie die altbewährte Methode der Anpassung. Der evolutionär sicher nützliche, wenn auch mittlerweile etwas primitive Grundgedanke: durch Tarnfarbe vermeiden, daß das Junge irgendwie auffällt und größere Beutetiere auf sich aufmerksam macht.

Doch wir leben nur metaphorisch, nicht mehr buchstäblich im Dschungel, und mit dieser Art von panikgeleiteter, primitiver Beschützung ist nur ein Teil der elterlichen Aufgabe erfüllt. Die Aufgabe der Erziehung besteht außerdem noch darin, die persönliche Entfaltung des Kindes zu ermöglichen und ihm einen nicht nur physisch, sondern nach Möglichkeit auch sozial sicheren Entwicklungsraum zu bieten.

Männer haben ein menschheitsgeschichtlich bisher noch unergründetes Potential; niemand kann sagen, was aus ihnen werden könnte, welches neue Gleichgewicht zwischen Männlichkeit und Weiblichkeit entstehen könnte, würden ihre Qualitäten nicht so rigoros beschnitten, würden sie nicht so gnadenlos in das Schema gepreßt. Bei den jungen Männern ist das noch nicht passiert oder erst in Ansätzen. Sie zeigen noch die vielfältigen Dimensionen, die in ihnen stecken. Sie haben noch Kontur, Herz und Individualität.

Junge Männer sind ein kleines Fenster in eine mögliche andere Welt – und wir, ihre Mütter, müssen dafür sorgen, daß das Fenster nicht wieder geschlossen wird.